Horst Bosetzky

Kappe und die verkohlte Leiche

Kriminalroman

Jaron Verlag

Horst Bosetzky alias -ky lebt in Berlin und gilt als «Denkmal der deutschen Kriminalliteratur». Mit einer mehrteiligen Familiensaga sowie zeitgeschichtlichen Spannungsromanen avancierte er zu einem der erfolgreichsten Berliner Autoren der Gegenwart. Zuletzt erschienen im Jaron Verlag von Bosetzky die Werke «Das Duell des Herrn Silberstein» (2005) und «Die schönsten Jahre zwischen Wedding und Neukölln» (2006).

Originalausgabe
1. Auflage 2007
© 2007 Jaron Verlag GmbH, Berlin
Alle Rechte vorbehalten. Jede Verwertung des Werkes und aller seiner Teile ist nur mit Zustimmung des Verlages erlaubt.
Das gilt insbesondere für Vervielfältigungen, Übersetzungen, Mikroverfilmungen und die Einspeicherung und Verarbeitung in elektronischen Medien.
Umschlaggestaltung: Bauer + Möhring, Berlin
Satz: Pinkuin Satz und Datentechnik GmbH, Berlin
Druck und Bindung: Westermann Druck Zwickau

ISBN 978-3-89773-554-5

EINS
Freitag, 11. Juni 1910

IRGENDWIE HATTE HERMANN KAPPE heute Abend ein komisches Gefühl – als wenn der Tod auf ihn wartete. Sein Vater, der 1870/71 in den Krieg gezogen war, hatte davon erzählt, wie manche Kameraden am Abend vor der Schlacht genau gewusst hatten, dass sie fallen würden.

Hermann Kappe starrte in die Kerze, die auf seinem Schreibtisch stand. Viel fehlte nicht mehr, dann war sie heruntergebrannt. Er stand auf und sah seinem Kaiser, dessen Bild säuberlich geputzt an der Wand der Wache hing, lange ins Gesicht. In den blassblauen Augen Seiner Majestät Wilhelm II. glaubte er ein geringschätziges Lächeln zu erkennen. Das mochte wohl mit seiner Figur zusammenhängen. Mit seinen 175 Zentimetern Körpergröße hätte Hermann Kappe keine Chance gehabt, von Friedrich Wilhelm I. in die Schar der Langen Kerls eingereiht zu werden. Doch was ihm an Länge fehlen mochte, glich er an Breite wieder aus, das heißt, er war sehr kompakt gebaut und hätte auch als Ringer oder Boxer eine Chance gehabt. Bei Menschen seines Typus bestand die Gefahr, im Alter korpulent zu werden, doch das musste ihn im Augenblick nicht kümmern, war er doch im Februar gerade erst 22 Jahre alt geworden. Schnell laufen und gut springen konnte er, hoch wie weit, aber er war nicht eben wendig und ein schlechter Turner. Auf dem Kasernenhof hatte ihm das einigen Spott seines Feldwebels wie seiner Kameraden eingebracht: «Der hängt ja wie 'n nasser Sack an der Reckstange!»

Kappe hatte in Berlin bei den Grenadieren gedient, und sein großer Traum war es, in die Hauptstadt zu gehen und dort sein

Glück zu machen. Aber hatte er das nötige Format dazu? Schaute er in den Spiegel, kamen ihm Zweifel. Zu rund und gemütlich sah er aus, hatte noch ein richtiges Kindergesicht. Da half sein martialischer Bart nur wenig. Ein Krieger schaute anders aus. Auch mit seiner Augenfarbe war er unzufrieden: Vergissmeinnicht war nichts für einen richtigen Mann.

Kappe war Schutzmann in jenem Storkow, das in südöstlicher Richtung rund fünfzig Kilometer von Berlins Stadtmitte entfernt an einem langgestreckten See zu finden ist. Manchmal wurde es mit der gleichnamigen Ortschaft in der Nähe Zehdenicks verwechselt. Da in der Gegend um den Storkower und den Scharmützelsee eine Diebesbande ihr Unwesen trieb, hatte Kappe sich entschlossen, nach Einbruch der Dämmerung noch einmal einen kleinen Rundgang durch sein Revier zu unternehmen. Doch als er die Wache verließ, kamen ihm Bedenken. Es schien gewittern zu wollen, und schon als Kind hatte er immer eine fürchterliche Angst davor gehabt, vom Blitz getroffen zu werden. Er gab sich einen Ruck und wandte sich zur Schleuse hin. Besonders Obacht zu geben war darauf, dass in der Nähe der alten holländischen Hebebrücke kein Lagerfeuer entzündet wurde, denn deren Holz brannte wie Zunder. Nein, es war alles in Ordnung. Auch die Kirche lag friedlich im Schein matter Laternen. Er rüttelte an der Tür. Abgeschlossen. Als er den Markplatz überquerte, kam eine Gruppe fröhlicher Zecher aus dem Hotel Berlin. Kappe grüßte militärisch, denn es waren allesamt Honoratioren.

«Guten Abend, Herr Bürgermeister.»

«Kappe, den Herrn da sofort festnehmen!», rief der Apotheker und zeigte auf das Storkower Stadtoberhaupt. «Das ist ein ...»

«Nicht doch, Jochen.» Der Arzt bemühte sich, dem Apotheker den Mund zuzuhalten.

«Peng! Peng!», machte der Apotheker und zielte mit seinem Zeigefinger, als sei der ein Pistolenlauf, auf den Rektor.

«Seid doch nicht so albern!», schrie der Rektor und schwang einen abgerissenen Zweig wie einen Rohrstock. «Setzen, sonst ...! Hier wird nicht Tschech gespielt.»

Kappe wandte sich ab. Es war ihm immer peinlich, wenn sich ehrbare Männer wie Kinder benahmen. Wenn die Jungen in Storkow Tschech spielten, ging er immer dazwischen, um das zu unterbinden, aber jetzt …? Er empfand das Tschech-Spiel als zutiefst pietätlos. Schön, die Geschichte war inzwischen 56 Jahren her, aber trotzdem … Am 26. Juli 1844 hatte der Storkower Bürgermeister Heinrich Ludwig Tschech im Hof des Berliner Schlosses ein Pistolenattentat auf Friedrich Wilhelm IV. verübt. Tschech war in Storkow entlassen worden, nachdem er sich mit der herrschenden Clique angelegt hatte, und war in Rage geraten, weil ihm der preußische Staat nirgendwo eine andere Stelle geben wollte. Zwar war der König nur leicht verletzt worden, aber Kappe fürchtete, dass damit für immer und ewig ein Makel auf Storkow liegen würde und seine Karriere erschwerte.

Kappe machte sich auf zur Burgruine. Wenn Gesindel von Berlin herüberkam oder auf dem Weg in die Hauptstadt war, nächtigte es hier besonders gern. Im Halbdunkel trat er auf etwas, das furchtbar schepperte. Er bückte sich und entdecke ein kleines Emailleschild. Als er es zur nächsten Gaslaterne getragen hatte, konnte er es entziffern: *Halt! Habe ich auch nichts vergessen?*

Alles war schwarz eingerahmt, und auf Höhe der mittleren Zeilen war rechts und links je ein Loch in das Blech gebohrt worden, um es anschrauben zu können. Am Rand erkennbare Ratscher ließen darauf schließen, dass es jemand in der Eisenbahn abgeschraubt und dann verloren hatte. «Menschen gibt's», murmelte Kappe und steckte das Schild vorn links in seine Brusttasche. Kam er morgen früh am Bahnhof vorbei, konnte er es dem Stationsvorsteher in die Hand drücken.

Ein Geräusch ließ ihn zusammenzucken. Es klang wie eine kleine Explosion. Er blieb stehen und lauschte. Da war es schon wieder: Plobb, plobb! Komisch. Dem musste er unbedingt nachgehen. Ob da jemand versuchte, einen Verschlag zu öffnen? Nein, Hammerschläge waren es nicht.

Bald sollte Kappe das Rätsel gelöst haben, denn sein Schulfreund Ludwig Latzke kam ihm entgegen, und der hatte einen Fußball dabei, den er beim Laufen in regelmäßigen Abständen vor sich auftippte.

«Unterlassen Sie bitte den ruhestörenden Lärm!», sagte Kappe, und es war nicht ganz klar, wie dienstlich er das meinte.

Latzke schlug den Ball mit dem Spann als Vorlage zu Kappe. «Los, Kopfball!»

Das ging natürlich nicht – wegen der Pickelhaube. Deshalb fing Kappe den Ball und klemmte ihn unter den Arm. «Hast du jetzt abends noch Fußball gespielt?»

«Nee, ich komme von meinem Cousin in Schauen. Dem hab ich geholfen, sein Haus zu streichen.» Latzke war Maler. «Und als Lohn dafür hat er mir 'n Fußball geschenkt.»

«Schönes Leder.» Kappe warf den Ball zurück. Während seiner Dienstzeit in Berlin hatte er beim FC Germania 88 Fußball gespielt. Dort wurden Ordnung und vaterländische Gesinnung großgeschrieben, für seinen Geschmack etwas zu groß. Jeder Torerfolg wurde mit Hochrufen auf den Kaiser gefeiert, und wer zu spät zum Spiel kam, hatte zehn Pfennig Strafe zu zahlen. Fehlte er ganz, erhöhte sich die Strafe auf 25 Pfennig. Als Ludwig Latzke in Berlin vorübergehend auf dem Bau gearbeitet hatte, war auch er zu Germania gestoßen, und so sangen sie jetzt: «Heil dir, Heil, Germania! Mög es lange noch ertönen: Stoßet zu – hurra, hurra!»

In einem Haus ging ein Fenster auf. «Ruhe da unten, sonst hole ich den Schutzmann!»

Kappe machte, dass er weiterkam. Ein Blick war auf alle Fälle noch auf die Badestelle zu werfen, ob da auch nichts Unsittliches getrieben wurde, und ein weiterer auf die Villen Richtung Karlslust und Hubertushöhe, denn wenn es für Einbrecher etwas zu holen gab, dann dort.

Da, wo der Große Storkower See von zwei Landzungen eingeschnürt wurde, hatte sich der Major Ferdinand von Vielitz nach seinem Abschied vom Kaiser-Franz-Garde-Grenadier-Regiment in Berlin am südwestlichen Ufer ein Landhaus errichten lassen. Da er des Öfteren im Ausland weilte, hatte er Kappe gebeten, immer mal wieder ein Auge auf sein Anwesen zu werfen. Zwar verfügte er über eine Köchin und ein Faktotum, aber die waren alt und hörten schwer, und wenn sie sich in ihre Kammern verkrochen hatten, konnte man das ganze Haus ausräumen, ohne dass sie es bemerkten. Kappe ging aber auch gern zu dem Alten, um mit ihm zu plaudern, und Vielitz füllte bei ihm so etwas wie die Rolle eines Großvaters aus, oder nein – mehr die eines geistigen Ziehvaters.

Kappe verließ die schmale Straße, um direkt am Ufer entlangzugehen und sich dem Vielitzschen Grundstück von der Seeseite her zu nähern. Nun gab es in der Mark Brandenburg zwar keine Mittsommernacht wie oben in Schweden, aber stockfinster war es dennoch nicht, und er kannte jeden Meter Weg so gut, dass er nicht ein einziges Mal stolperte.

Schaurig hallten die Rufe eines Käuzchens über den See. Der Tod war dabei, jemanden zu holen ... Kappe blieb unwillkürlich stehen, um zu lauschen. Hinter ihm knackten die Zweige. Neben ihm raschelte es im Unterholz. Fast schien es ihm so, als würde ihn jemand verfolgen. Aber wer? Und warum? Aus den unergründlichen Wassern des Sees schien jeden Augenblick ein Hakenmann aufzutauchen, um sich auf ihn zu stürzen und ihn in die Tiefe zu ziehen. Kappes Vater war Fischer und glaubte, dass auf dem Grunde der märkischen Seen Nix und Hakenmann zu Hause waren, die dafür sorgten, dass immer wieder Menschen ertranken. «Wir stehlen ihnen die Fische – und das ist ihre Rache.»

Hermann Kappe hielt das für ausgemachten Unsinn, aber ein bisschen bänglich war ihm doch. Gegen seine Natur kam niemand an. Wie immer, wenn er sich selber vorwarf, ein feiger Hund zu sein, versuchte er es mit dem Trick, an Old Shatterhand zu denken. Ein Großcousin aus Köpenick hatte ihm einige zerfledderte Karl-May-Bände mit nach Wendisch Rietz gebracht, und Kappe hatte sie Seite für Seite mit heißem Herzen verschlungen. Ein Junge brauchte nicht viel Phantasie zu haben, um die Gegend um den Storkower und den Scharmützelsee für den Wilden Westen zu halten. Kappe musste unwillkürlich schmunzeln, denn kam er Vielitz mit Old Shatterhand, Winnetou, Old Firehand und Sam Hawkens, dann geriet der in Rage, weil ein Sohn Brandenburg-Preußens seiner Ansicht nach andere Idole haben sollte, zum Beispiel die Generale Seydlitz, Ziethen und Blücher. «Aber du bist ja noch jung, und was nicht ist, kann ja noch werden.» Ohne die Fürsprache des Majors wäre er in seinem Alter nie und nimmer Schutzmann in Storkow geworden.

Hermann Kappe war in Wendisch Rietz am 2. Februar 1888, im Dreikaiserjahr, auf die Welt gekommen. Der Familienname wurde vom örtlichen Pfarrer auf das spätlateinische *cappa* zurückgeführt, die krempenlose Kopfbedeckung, während sein Vater meinte, die Urahnen hätten an der Oberhavel gesessen, wo knapp östlich von Zehdenick das Dörfchen Kappe lag.

Während Kappe dies alles durch den Kopf ging, hatte er sich der Vielitzschen Villa auf etwa hundert Schritt genähert. Im «Salon Seeblick», wie der Major das größte seiner vielen Zimmer getauft hatte, brannte helles Licht. Also war dieser zu Hause und hatte Besuch. Aber die Büsche waren so dicht, dass sie es Kappe zunächst verwehrten, über die Terrasse hinweg einen Blick in den Salon zu werfen. Er musste weiter vordringen und sie zur Seite schieben. Denn er war ein viel zu neugieriger Mensch, als dass er der Versuchung nicht erlegen wäre, sich näher heranzuschleichen. Ein bisschen kam er sich vor wie ein Voyeur, aber dass Vielitz Damenbesuch hatte, war kaum anzunehmen. Oder doch? Es hieß, er solle es früher toll getrieben haben. Nein, was Kappe da hörte, waren ausschließlich Männerstimmen. Zwei. Der Brummbass des alten Haudegens war unverwechselbar, die andere Stimme war Kappe fremd.

Endlich war er weit genug heran. Vorsichtig teilte er die Büsche mit den Händen. Als er sich freie Sicht auf Terrasse und Salon verschafft hatte, traf ihn fast der Schlag: Von Vielitz stand mit erhobenen Händen vor seinem Kamin, in Schach gehalten von einem Einbrecher in schwarzem Anzug. Dessen Pistole war drohend auf die Brust des Majors gerichtet.

«Her mit den Schlüsseln zu Ihrem Tresor! Wird's bald!», rief der Eindringling.

«Ich habe keinen Tresor», antwortete von Vielitz.

«Möchten Sie, dass ich Sie über den Haufen schieße?!»

«Möchten Sie gehenkt werden?», fragte der Major zurück.

So schien es schon eine Weile zu gehen, und Kappe fragte sich, ob der Eindringling nicht doch irgendwann die Contenance verlor und abdrückte. Wie es schien, war er kein mit allen Wasser gewaschener Zuchthäusler, sondern in seinem Gewerbe nur ein kleines Licht – und damit schwer zu kalkulieren. Wenn ihn der Major mit seiner Kaltblütigkeit weiter reizte ...

Kappe musste eingreifen, bevor es zu spät war. Gebückt huschte er über die Terrasse. Das gelang ihm absolut lautlos und ließ ihn darauf hoffen, unbemerkt in den Rücken des Mannes zu gelangen. Ihm mit der linken Hand die Waffe entreißen und ihn gleichzeitig mit der Rechten würgen und zu Boden reißen, das musste alles in einer Bewegung geschehen. Nur so ließ sich der Major noch retten.

Eine der Flügeltüren stand eine Handbreit offen, und Kappe musste sie nur ein paar Zentimeter weiter nach innen drücken, um in den Salon schlüpfen zu können. Ein Kinderspiel, zumal er aus der Dunkelheit kam. Doch die Tür knarrte, und der Eindringling fuhr herum. Als er Kappe erblickt hatte, zögerte er keinen Augenblick, auf ihn zu feuern. Auf die Brust, ins Herz. Und schon mit dem ersten Schuss hatte er getroffen. Kappe schrie auf und stürzte zu Boden.

ZWEI
Montag, 19. September 1910

DIE SONNE war noch nicht richtig aufgegangen, als sich Gustav Dlugy auf sein Fahrrad setzte, um zur Arbeit auf dem Kohlenplatz zu fahren. Er wohnte als Untermieter bei seinem Bruder in der Linienstraße und musste hinüber nach Moabit, in die Sickingenstraße.

Im Jahre 1910 war Berlin vieles zugleich: Industriemetropole, Hauptstadt des Kaiserreichs und größte Mietskasernenstadt der Welt. In den Arbeitervierteln waren überfüllte und viel zu kleine Wohnungen die Regel. Großfamilien mit neun und mehr Kindern lebten in Wohnküchen. War etwas mehr Platz, suchte man sich Untermieter. Schlafburschen, die im Schichtdienst arbeiteten, teilten sich ein Bett. Viele hatten nicht genug zum Beißen.

Als Dlugy die Invalidenstraße erreicht hatte und den Lehrter Bahnhof erblickte, kam ihm zum ersten Mal die Galle hoch. Er und seinesgleichen konnten sich kaum den Sonntagsausflug nach Werder leisten, und andere, die am Bahnhof ihre Koffer ausladen ließen, fuhren an die See. Ausbeuter! Und gegenüber in der Ulanen-Kaserne saßen diejenigen, denen die Herrschenden ihre Macht verdankten. Aber die Revolution war nahe, das fühlte er. Der Sturmwind würde sie alle hinwegfegen: den Kaiser, die Generale, die Kapitalisten. Er musste nur sehen, dass er sich dabei rechtzeitig hervortat. Er war nicht auf die Welt gekommen, um ein Leben lang Kohlenarbeiter zu bleiben.

Gustav Dlugy wäre ein wunderbarer Herkules gewesen, wenn man in Berlin schon Filme gedreht hätte. So aber wurde ihm nur angeraten, ein zweiter Athlet Apollon zu werden. Der hatte im

Reichshallentheater die Leute allabendlich mit seiner Nummer «Wegtragen eines Klaviers samt dem Pianisten» zu Begeisterungsstürmen hingerissen. Seine Muskelpakete hatte sich Dlugy aber nicht durch Hantel- und Expandertraining erworben, sondern durch das Schippen von Kohlen. Jahrelang war er zur See gefahren und hatte sich sein Geld als Heizer verdient. Oben an Deck waren die Reichen flaniert, hatten in den Salons diniert und sich im Tanze gewiegt, unten im Bauch des Schiffes hatte er in höllischer Hitze für einen Hungerlohn geschuftet. Kein Wunder, dass er sich, wieder in Deutschland, denen angeschlossen hatte, die die Welt verändern wollten.

Geboren war Gustav Dlugy als vorletztes von acht Kindern im tiefsten Wedding, in der Ackerstraße. Sein Vater hatte bei der Reichsbahn als Gleisbauarbeiter angefangen und sich zum Rangierer hochgearbeitet. Oft war der kleine Gustav zum Stettiner Bahnhof gelaufen, um ihm zuzusehen, wie er zwischen die Puffer sprang, immer in Gefahr, zerquetscht zu werden. «Dann is sein Brustkorb nich mehr dicka als 'n Kartoffelpuffa», fürchtete die Mutter. «Du wirst ma uff keen Fall ooch Ranjiera.» Das würde er doch, hatte er entgegnet, denn er würde einmal so stark werden, dass er die beiden aufeinander zurollenden Waggons mit bloßen Händen aufhalten konnte. Und so hatte er Tag für Tag kräftig geübt. Dann aber hatten sie bei der Bahn keine Rangierer brauchen können, sondern Heizer für ihre Loks. So war Gustav Dlugy angelernt worden und hatte seinen Dienst auf den Schnellzugmaschinen versehen, die zwischen Berlin und der Ostsee unterwegs waren, der «Badewanne der Berliner».

Die Schiffe im Stettiner Hafen hatten ihn nicht sonderlich interessiert, aber eines Tages war es zu einem heftigen Streit zwischen ihm und seinem Lokführer, dem Meister, gekommen, und als der ihn beleidigt hatte, war Dlugy die Hand ausgerutscht. Obwohl er nicht einmal richtig zugeschlagen hatte, war bei dem anderen ein Kieferbruch diagnostiziert worden. Daraufhin war Dlugy wegen gefährlicher Körperverletzung und eines tätlichen Angriffs auf einen Vorgesetzten für einige Monate ins Gefängnis gewandert, und nach seiner Zeit in Moabit hatte ihn die Reichsbahn nicht mehr haben wollen. Eigentlich wurde er in ganz Deutschland geächtet. Da entsann er sich wieder der Schiffe im Stettiner Hafen und konnte auch anheuern. Aber länger als vier Jahre hatte er die Sklaverei nicht ertragen können, und so war er wieder nach Berlin zurückgekommen, um hier als Kohlenarbeiter seine Brötchen zu verdienen.

Als Dlugy in der Sickingenstraße angekommen war, hörte er seine Kollegen lautstark diskutieren. Er stellte sein Rad an die Mauer, lauschte kurz und begriff sofort, dass das seine große Chance war, sich zu profilieren und in seiner Gewerkschaft größeres Gewicht zu bekommen. Jetzt oder nie! Er sprang auf einen Handkarren und ergriff das Wort. «Lasst uns kämpfen, Kollegen!», schrie er. «Auch wenn es nur um Pfennige geht. Aber es sind die Pfennige, die uns bitter zum Leben fehlen – für Brot und Margarine, für Milch und für unsere Kinder. Schluss mit den Hungerlöhnen!»

«Schluss mit den Hungerlöhnen!», kam das Echo aus den Kehlen seiner 140 Kollegen, Kohlenträger und Kutscher, die sich um sechs Uhr morgens auf dem ausgedehnten Lagerplatz versammelt hatten.

Dlugy machte eine kleine Pause und sah zum Bahnhof Beusselstraße hinüber, wo gerade ein Ringbahnzug abgefertigt wurde. Aus dem Schornstein der Lokomotive schossen mit Urgewalt Rauchwolken in den diesigen Himmel. Auf die zeigte er mit großer Geste. «Da seht ihr es: Die Kohle ist es, die in dieser Welt alles in Gang hält, unsere Kohle. Ohne sie bleiben alle Züge stehen, gibt es keine Elektrizität und kein Gas, können wir uns kein Essen kochen, erfrieren wir alle. Und wie dankt man uns das? Mit Hungerlöhnen!»

«Pfui!», schrien alle. «Wir wollen mehr Geld!»

Dlugy informierte sie darüber, dass die Lohnkommission der beteiligten Gewerkschaften von der Firmenleitung aus dem

Kontor gewiesen worden war. «Rausgeworfen hat man uns, als wir gefordert haben, den Stundenlohn von 43 auf 50 Pfennig heraufzusetzen. Das ist eine Schande, denn wir arbeiten mehr als alle anderen – zwölf Stunden am Tag.»

«Vierzehn!», riefen die Kutscher.

«Vierzehn», wiederholte Dlugy. «Zwölf bis vierzehn. Und darum sage ich in Richtung dieser Firmenleitung: Wer nicht hören will, muss fühlen! Muss fühlen, dass er kein Geld mehr in die Kassen bekommt, wenn wir die Arbeit niederlegen.»

«Streik! Wir streiken!»

So wurde es einstimmig beschlossen. Dlugy war zufrieden mit seinem Auftritt und machte sich daran, die Streikposten zu organisieren. Als das erledigt war, setzte er sich auf sein Rad und fuhr zu seiner Stammkneipe in der Rostocker Straße, die bei der Polizei als Anarchistentreff verschrien war.

«Wenn det mal nich der Funke is, der det Pulverfass in de Luft jehn lässt», sagte der Wirt, als ihm Dlugy von der Ausrufung des Streiks der Kohlenarbeiter berichtet hatte. «In janz Moabit brodelt et mächtig. Und pass uff, wat ick dir sage: Et wird ooch Tote jeben.»

«Da kannste jetrost eenen druff lassen», fügte sein Zapfer hinzu.

DREI
Dienstag, 20. September 1910

DIE FIRMA KUPFER & CO., zu deren Eigentümern auch der Großindustrielle und Zechenmagnat Hugo Stinnes gehörte, gab zu den Ereignissen auf ihrem Gelände eine knappe Erklärung ab, in der es unter anderem hieß:

Am 15. September bekamen wir von dem Deutschen Transportarbeiter-Verband ein Schreiben, in dem, ohne dass vorher von Seiten der Arbeiterschaft eine Andeutung gemacht war, eine Lohnerhöhung von 43 Pfennig auf 50 Pfennig für die Stunde für Arbeiter und auf 33 von 30 Mark pro Woche für Kutscher gefordert wurde. Der Stundenlohn von 43 Pfennigen ist höher als der, der in fast allen Berliner Kohlengeschäften gezahlt wird. Deshalb war von vornherein das Ansinnen des Transportarbeiter-Verbandes nicht diskutabel. Trotzdem sind wir dem Ersuchen nachgekommen und haben das Schreiben dem Verband der Kohlenhändler unterbreitet und dem Transportarbeiter-Verband einen Vorbescheid gegeben, dass wir auf die Sache zurückkommen würden. Am 18. September ist diese Antwort im Besitz des Transportarbeiter-Verbandes gewesen, aber am 19. September um sechs Uhr früh erklärten die Arbeiter, nicht mehr arbeiten zu wollen, weil wir die Forderung nicht bewilligt hätten. Der Streik ist danach völlig vom Zaune gebrochen. Wir beschäftigen 150 Arbeiter und haben die größten Kohlenplätze in Berlin, es steht für uns außer Frage, dass die Arbeiter bei uns eine Machtprobe machen wollten.

Und auf diese Machtprobe ließ man es gern ankommen. Einige willige Arbeiter fand man in der eigenen Firma, außerdem warb man über eine Hamburger Agentur fünfzig Kräfte an, sodass am

Dienstagmorgen sechs Kohlenwagen den Platz in der Sickingenstraße verlassen konnten, eskortiert von fünfzig Berittenen und fünfzig Schutzleuten zu Fuß. Die wenigen Streikposten vermochten sie nicht aufzuhalten. Um fürderhin besser gewappnet zu sein, begannen diese, das Straßenpflaster aufzureißen.

Paul Tilkowski, der zwar in der Sickingenstraße wohnte, aber auf einem anderen Moabiter Kohlenplatz arbeitete, verfolgte dies alles mit Kopfschütteln. Er war durch und durch unpolitisch, und wenn ihn ein Funktionär ansprach, ob er in die Gewerkschaft eintreten wolle, warf er ihm das nächstbeste Brikett an den Kopf. Der Streik der Moabiter Kohlenarbeiter interessierte ihn einen feuchten Kehricht. Er war froh, dass er Arbeit hatte, und wollte nichts anderes als arbeiten. Ob er nun 43 oder 50 Pfennig in der Lohntüte hatte – das machte den Kohl auch nicht mehr fett.

Er war der Erste – und womöglich auch der Einzige –, der heute auf dem Kohlenplatz von Gottfried Kockanz in der Wiclefstraße zur Arbeit erschien. Kein Problem, er hatte einen Schlüssel. Bevor er die erste Tür aufschloss, riss er erst einmal die Zettel ab, die man an den kompakten hölzernen Zaun geklebt hatte, der den Platz wie eine Festungsmauer von der Straße trennte: *Plumeyer's Bartwuchsbeförderer. Garantiert unschädlich! Vom kaiserl. Patentamt gesetzl. geschützt. – Bügele Deinen Cylinderhut selbst auf mit Cylindrol!*

Der Kohlenplatz war eingeklemmt zwischen den Mauern der beiden angrenzenden vierstöckigen Miethäuser und erinnerte von weitem an einen ausgeschlagenen Zahn in einem sonst gleichmäßigen Gebiss. Paul Tilkowski hatte einige Mühe, das Tor aufzusperren, denn die beiden Flügel hingen schon so schief in den Angeln, dass die Bretter unten über das Pflaster schleiften. Da das Grundstück bald bebaut werden sollte, investierte Kockanz kaum noch etwas. Obwohl er keine eigenen Fuhrwerke hatte und seine Briketts und Steinkohlen mit Handkarren ausfahren ließ, musste die Einfahrt breit genug sein, damit die Wagen der Anlieferer hindurchpassten. Kockanz' Kunden waren die Haushalte und kleinen Läden ringsum. Oft hatten die Leute so wenig Geld, dass sie mit einem Blecheimer kamen und sich fünf Presskohlen holten. Eine Goldgrube war diese Kohlenhandlung nicht, aber Kockanz besaß noch eine andere nebenan in Charlottenburg, die mehr einbrachte, und sollte, wie es hieß, auch noch über andere Einkünfte verfügen.

Tilkowski stampfte durch den schwarzgrauen Kohlengrus, als wäre es feiner, weißer Sand am Ostseestrand. Links stand die mit Karbolineum gestrichene Baracke, die Kockanz als Büro diente, und rechts gab es einige windschiefe Unterstände, um die Kohlenvorräte und das aufgestapelte Brennholz vor Regen zu schützen. Groß umzuziehen hatte er sich nicht, und so wollte Tilkowski, wie immer in der wärmeren Jahreszeit, seine abgewetzte Tasche mit der Stullenbüchse und der Flasche mit Muckefuck auf das Fensterbrett legen und dann mit der Arbeit beginnen, als er bemerkte, dass eine Scheibe des Kontors eingeschlagen war und das Fenster offenstand. Wieder einmal ein Einbruch. Er fluchte vor sich hin. Als ob hier etwas zu holen wäre! Vielleicht lag der Einbrecher noch auf Kockanz' Couch und schlief.

Tilkowski griff sich sicherheitshalber eine Schaufel, ehe er rief, ob da jemand sei. Keine Antwort. Vorsichtig schloss er nun auf und machte sich daran, die einzelnen Räume zu durchsuchen. Die Schreib- und die Rechenmaschine sowie ein paar Groschen waren geklaut worden. Das Telefon stand noch auf dem Schreibtisch und funktionierte auch, sodass sich Tilkowski vom Amt mit seinem Chef verbinden lassen konnte. Die Polizei sollte Kockanz lieber selber anrufen.

«Mache ich», sagte Kockanz, nachdem er ausgiebig über die herrschenden Verhältnisse geschimpft hatte. «Der Mob darf ja heute machen, was er will. Nun gut. Ich komme nachher vorbei.»

Tilkowski hängte den Hörer wieder auf. Endlich konnte er anfangen. Er arbeitete gern. Es machte ihn stolz und glücklich, wenn er mit seiner Kraft und seiner Geschicklichkeit Güter und Lasten bewegen konnte. Je mehr und je schwerer, desto besser. Jeden

Tag musste er sich beweisen. Wenn ihn jemand einen Kraftprotz nannte, empfand er das als Auszeichnung.

Paul Tilkowski hatte etwas Animalisches an sich, wie er mit nacktem Oberkörper in der milden Septembersonne stand und Koks in Jutesäcke schippte. So edel sein Körper auch gebaut war – für sein Gesicht hatte die Natur nur wenig übriggehabt. Wenn ihm die Spielkameraden in der Ackerstraße den Spitznamen «Neandertaler» verpasst hatten, dann sprach das für deren ausgezeichnete Beobachtungsgabe. Auch überragende Intelligenz war Tilkowski schwer nachzusagen. Sein Spieß bei den «Stoppelhopsern» hatte es ganz passend auf den Punkt gebracht: «Du kannst wirklich nicht weiter denken als wie ein Bulle scheißt.» Zwei Dinge aber konnte Paule wunderbar: tanzen und die Mädchenherzen entflammen. Man erzählte sich von ihm, dass er einige Zeit in Paris gelebt und dort als Aufpasser in einem Bordell gearbeitet habe. «Da hatta ooch seine Liebeskünste her, von die Damen da.» Vorstrafen hatte er auch schon einige auf dem Konto, die meisten wegen Körperverletzung. War er betrunken und kam ihm dann einer dumm und dämlich, schlug er auf der Stelle zu – und er war jedes Wochenende betrunken.

Hermann Kappe war nun schon seit drei Wochen in Berlin, aber noch immer kam er sich in der Hauptstadt irgendwie verloren vor. So zuckte er unwillkürlich zusammen, als sein Vorgesetzter ihm sagte, er möge sich nach Moabit in Marsch setzen, von der Kohlenhandlung Kockanz in der Wiclefstraße sei ein Einbruch gemeldet worden und die dortige Wache habe wegen der Streikunruhen keine freien Kapazitäten. «Und die wissen, dass wir Sie hier am Alexanderplatz als Supernumerar zur freien Verfügung haben.»

Kappe schaute nicht eben intelligent drein, weil er keine Ahnung hatte, was das war, ein Supernu ... Eigentlich ein Überzähliger, genauer gesagt, eine Dienstkraft, die im Stellenplan nicht vorgesehen war, aber aus den verschiedensten Gründen beschäftigt wurde. Bei Kappe hieß der Grund Ferdinand von Vielitz. Nachdem ihm Kappe das Leben gerettet hatte, war der Major nach Berlin gefahren und hatte seine Verbindungen spielen lassen. Schließlich war Kappe nach Berlin versetzt worden und sollte sich nun in der täglichen Kleinarbeit als Kriminalwachtmeister bewähren.

«Und vergessen Sie nicht, sich Ihr Schild in die Brusttasche zu stecken», sagte der Vorgesetzte.

«Sehr wohl.» Kappe machte eine leichte Verbeugung und ignorierte den leisen Spott in der Stimme des anderen. Er wusste sehr wohl, dass die Berliner Kollegen dazu neigten, alle, die aus der Mark Brandenburg oder anderen preußischen Provinzen kamen, von vornherein als Hinterwäldler und Dorftrottel zu betrachten. Einige mochten neidisch auf ihn sein, war er doch von den Zeitungen als Held von Storkow ausgiebig gefeiert worden. Wie er sich dem Einbrecher todesmutig entgegengestellt hatte. Dessen Kugel wäre ihm auch wirklich ins Herz gedrungen, wenn sie nicht von dem abgeschraubten Schild in seiner Brusttasche abgefangen worden wäre. So hatten ihn nur die Wucht des Geschosses und der Schock zu Boden stürzen lassen, doch verletzt worden war er nicht im Geringsten. Im Glauben, ihn getötet zu haben, hatte der Schütze von seinem Opfer abgelassen und war ins Freie gestürzt. Der Major hatte ihn nicht weit verfolgen können, denn sich um Kappe zu kümmern war ihm wichtiger erschienen. «Kappe, das werde ich dir nie vergessen!» Und sein Dank hatte darin bestanden, dafür zu sorgen, dass sich Kappes Herzenswunsch, als Kriminalwachtmeister nach Berlin zu gehen, endlich erfüllte. «Nun danket alle Gott!», hatten sie in der Storkower Kirche gesungen. Dass es so hart sein würde, sich hier in der Hauptstadt durchzubeißen, hätte er sich allerdings nicht träumen lassen.

Hermann Kappe machte sich auf den Weg nach Moabit. Zur Stadtbahn war es nicht weit. Er ging gern über den Alexanderplatz. Wo anders als hier konnte er üben, Berliner zu werden? Unübersichtlich war es hier, von allen Seiten kamen Straßenbahnen und Automobile wie Geschosse auf ihn zu, er musste Kraft- und Pferdedroschken, Fahrrädern, Handkarren und eiligen Fußgängern ausweichen. Dazu kam der Lärm. Und immer wieder irritierten ihn die eleganten Damen, die an ihm vorüberrauschten. Wie glücklich mussten die Männer sein, die so ein Weib besaßen! Klein und unscheinbar kam er sich da vor, und am meisterten schüchterte ihn die Berolina ein, deren Standbild nun schon seit fünfzehn Jahren den Alexanderplatz beherrschte. «Frau Bürgermeisterin» hatte der Volkswitz sie getauft. Ihre ausgestreckte linke Hand gab den Berlinern Anlass zu mancherlei spöttischen Betrachtungen. Während die einen meinten, die Berolina strecke die Hand nach neuen Steuern aus, fanden die anderen, sie weise den Besuchern der benachbarten städtischen Wärmehalle den Weg zur «Palme», dem Asyl für Obdachlose.

Kappe hielt es fast für ein Wunder, dass er den Stadtbahnhof erreichte, ohne überfahren oder wenigstens umgerannt worden zu sein. Sicherlich war es kein Abenteuer für ihn, mit der Eisenbahn zu fahren, das kannte er von Wendisch Rietz und Storkow her, aber ein wenig Höhenangst überkam ihn doch, wenn es über die Viaduktbögen ging. Wenn da mal ein Zug entgleiste ... Erst zwei Jahre war es her, dass es am Gleisdreieck ein Zugunglück mit achtzehn Toten gegeben hatte. Nun gut, das war die Hoch- und nicht die Eisenbahn gewesen, aber dennoch ...

Anderes beschäftigte ihn jedoch mehr, als er auf dem verqualmten Bahnsteig stand und auf den nächsten Zug Richtung Charlottenburg wartete: die Suche nach dem Mann, der versucht hatte, ihn zu erschießen. In Gesprächen mit seinen Freunden nannte er ihn stets seinen Mörder. Auch ein Vierteljahr nach der Tat hatte man seiner noch nicht habhaft werden können. Was auch daran liegen mochte, dass er so aussah wie Hunderttausende anderer Männer auch. Das schlechte Licht und ein tief über das Gesicht gezogener Hut hatten verhindert, in seinem Gesicht besondere Merkmale zu entdecken. «Vielleicht wie ein Baby mit Bart», hatte Kappe gesagt. «Sehr weiche Züge also.» Alter: Mitte dreißig, Figur: eher schlank. Der Major meinte, von der Sprache her könne es nur ein Berliner gewesen sein. Und da man davon ausgehen konnte, dass der Verbrecher in seine Heimatstadt zurückgekehrt war, hielt Kappe Tag für Tag die Augen offen. Das Argument von der Nadel im Heuhaufen schreckte ihn nicht. Es galt nur, an der richtigen Stelle hineinzugreifen.

Der Zug kam in den Bahnhof gerollt und hielt mit quietschenden Bremsen. Die Abteiltüren wurden aufgerissen und krachten gegen ihre Anschläge. Kappe zuckte zusammen. So viel Lärm hatte es in Wendisch Rietz nicht einmal Silvester gegeben. Er lief die Waggons entlang und suchte nach einem freien Platz. In der dritten Klasse schien alles besetzt zu sein. Schon wurde «Zurückbleiben!» geschrien und wie wild gepfiffen, da schwang er sich aufs Trittbrett und enterte ein Abteil, in dem vier Herren und eine Dame saßen. Die Herren lasen allesamt den *Berliner Lokal-Anzeiger*, die Dame blickte pikiert. «Pardon», murmelte er denn auch, als er sich in die Lücke quetschte, die zwischen ihr und einem besonders dicken Mitreisenden verblieben war. Anders als in Storkow war es hier üblich, sich zu ignorieren. Der Zug setzte sich ruckend in Bewegung. Die Auspuffschläge der Lok ließen ihn um sein Gehör fürchten.

Kappe nahm die Fahrt als Stadtbesichtigung. Er saß in Fahrtrichtung. Der erste Bahnhof hieß Börse, was er noch immer komisch fand. Wie Geldbörse. Immerhin wusste er schon, dass das Gotteshaus am Vorplatz die Garnisonkirche war. Folgten die Museumsinsel und die Universität. Bahnhof Friedrichstraße. Kappe staunte über die Menschenmenge, die sich hier versammelt hatte. Viele kamen nicht mit und schimpften fürchterlich. Der Zug war derart überfüllt, dass er Angst hatte, die Brücke über die Spree würde unter ihrer Last zusammenbrechen und sie allesamt würden in den Fluss stürzen und ertrinken. Gott sei Dank, alles war stabil genug. Als sie am Reichstag vorbeifuhren, ergriff ihn so etwas wie ein heiliger Schauder. Hier hatte Bismarck gestanden und geredet. Lange konnte er sich diesen hehren Gefühlen nicht hingeben, denn nun ging es über den Humboldt-Hafen hinweg. Er atmete auf, als sie im Lehrter Stadtbahnhof hielten und sozusagen wieder Boden unter den Füßen hatten.

Dann kam Bellevue. Fast hätte Kappe das Aussteigen vergessen. Als er das Bahnhofsgebäude verlassen hatte, sah er sich erst einmal so hilflos um, wie es für einen Kriminalwachtmeister eigentlich beschämend war. In dieser Gegend war er noch nie gewesen, und er musste sich erst anhand der Sonne orientieren, wo denn Süden, Norden, Osten und Westen lagen. Moabit, das hatte er sich vorhin auf dem Stadtplan eingeprägt, musste im Nordwesten liegen, aber die Straße, auf der er stand, führte nach Nordosten. Jemanden nach dem Weg zu fragen widerstrebte ihm. Also ging er erst einmal Richtung Westen. Ein Schild verriet ihm, dass er sich auf der Flensburger Straße befand. Die war sehr schön, hatte aber den Nachteil, dass sie sozusagen im Nichts endete, das heißt am Ufer der Spree. Kappe wandte sich instinktiv nach rechts und kam zur Lessingbrücke und zur Stromstraße. Die grauen Wasser der Spree erinnerten ihn ein wenig an den Storkower Kanal, und er fragte sich, ob es hier in der Stadt noch Fische gab. Die Stromstraße fuhr eine Straßenbahn entlang, die ihn hoffen ließ, dass auf ihrem Zielschild der Name «Moabit» stehen würde, doch es war die Linie 3, und da hieß es nur «Großer Ring». Pech gehabt. Dann aber konnte er aufatmen, denn der breite Straßenzug, auf den er als Nächstes stieß, trug den Namen Alt-Moabit. Jetzt konnte er sich auch wieder daran erinnern, was er sich im Bureau eingeprägt hatte: Alt-Moabit, Thurm-, Bredow-, Wiclefstraße. Eine Viertelstunde später stand er auf dem Kohlenplatz von Gottfried Kockanz. Nirgends eine Menschenseele.

«Ist hier niemand?», rief Kappe. Keine Antwort. Komisch. Wahrscheinlich streikten die Arbeiter auch hier. Nein, dann würde es einen Streikposten geben. Er schaute auf den Boden. Da fanden sich im schwarzgrauen Staub genügend Fußspuren. Er beugte sich etwas nach unten. Die Ränder waren noch ziemlich scharfkantig, also mussten es frische Spuren sein. Er wiederholte seine Frage, diesmal noch um einiges lauter. «Hallo, ist hier wer?» Wieder blieb das Echo aus. Gewarnt durch das, was in Storkow geschehen war, ging Kappe vorsichtig auf die Baracke zu. Diesmal hatte er kein Emailleschild in der Brusttasche stecken.

Die Tür des Toilettenhäuschens in der hinteren rechten Ecke des Platzes wurde geräuschvoll aufgestoßen, und Kappe sah einen Mann herauskommen, der ganz offensichtlich nicht der Besitzer des Platzes war, sondern ein Kohlenträger. Er stutzte, denn von irgendwoher kannte er den Mann. Nein, nicht aus Storkow, sondern ... Er kam nicht darauf. Sein Gedächtnis für Namen und Gesichter war nicht eben gut. Pech für einen Kriminalbeamten.

«Sie arbeiten hier?», fragte er den Mann. Nicht eben intelligent, aber irgendwie musste das Gespräch ja eröffnet werden.

«Ja», kam es lakonisch zurück.

«Und heißen?»

«Sie müssten mir doch kennen.»

Kappe wollte seine Autorität nicht in Frage stellen lassen und versuchte es mit einem kleinen Wortspiel. «Wenn Sie *mir* nicht richtig antworten, werden Sie *mich* mal kennenlernen.»

«Tilkowski, Paul Tilkowski. Wir hatten schon mal die Ehre. Die Schlägerei vor Kroll. Da haben Sie mir verhaftet.»

«Ah ja, richtig.» Endlich konnte sich Kappe erinnern. «Und jetzt soll hier auf dem Kohlenplatz eingebrochen worden sein?»

«Ja, kommen Se, ick zeige Ihnen allet mal.»

«Sehr schön, ja ...» Während er dem Kohlenarbeiter folgte, zog Kappe eine kleine Bleistiftzeichnung aus der Tasche, die ein Freund nach seinen Angaben angefertigt hatte. Sie zeigte das Gesicht des Mannes, der in Storkow auf ihn geschossen hatte. «Hier.» Er hielt Tilkowski die Zeichnung hin. «Sie kennen sich doch da aus ...» Damit meinte er das Verbrechermilieu und die Gefängnisse und Zuchthäuser. «Ist Ihnen dieser Herr schon mal begegnet?»

Tilkowski nahm das Porträt und studierte es sorgfältig. «Ja, könnte sein.»

Kappes Herz machte einen gewaltigen Satz. «Wenn es Ihnen einfallen sollte, dann ...» Er wusste, dass man mit Ganoven durchaus Geschäfte machen konnte. Halfen sie einem, einen Hai zur Strecke zu bringen, konnte man ihnen auch mal die kleinen Fische lassen.

Gottfried Kockanz kam aus seinem Kontor und blinzelte in die Sonne, deren Licht so weich war, wie es sich für einen Altweibersommer gehörte. In einem Nebenraum hatte er ein Sofa stehen, das er gern für ein Mittagsschläfchen nutzte. Er hinkte etwas und hätte eigentlich einen Stock gebraucht, scheute sich aber, einen zu kaufen, weil er Angst hatte, dadurch großväterlich zu wirken. Die meisten Leute dachten automatisch, er habe im Krieg 1870/71 eine Verletzung davongetragen, doch wenn sie dann rechneten, kamen sie schnell dahinter, dass das unmöglich war. «Der kann doch nich als Dreijähriger Soldat jewesen sein.» Da man in Preußen war, konnte man sich schwer vorstellen, dass ein Mann anderswo als auf dem Schlachtfeld zum Invaliden geworden war, und tippte dann auf Kämpfe in den deutschen Kolonien – vielleicht hatte es ihn 1905 beim Herero-Aufstand in Deutsch-Südwestafrika erwischt. Da nickte er dann, denn das war recht ehrenvoll. Diejenigen, die ihn nicht mochten, lästerten, seine Hüfte sei ihm von einem Stapel umstürzender Briketts zerschmettert worden. In Wahrheit war er vor Jahren in der Thurmstraße unter eine Straßenbahn geraten.

Kockanz war in Oberschlesien aufgewachsen und hatte nach Besuch der Handelsschule in der «Berg- und Hüttenmännischen Vereinigung» in Kattowitz als Buchhalter gearbeitet. Insbesondere hatte er sich um die nahe gelegene «Deutschlandgrube» zu kümmern gehabt, deren Flöze neun bis zwölf Meter mächtig waren und viele Besucher anzogen. Zu diesen gehörte auch Emilie, die siebzehnjährige Tochter des Berliner Kohlenhändlers Friedrich Kraatz. Es war Liebe auf den ersten Blick, und nachdem Kockanz eine Weile mit Emilie korrespondiert hatte, ließ er sich von seiner Firma nach Berlin versetzen, um ihr nahe zu sein. Obwohl der alte Kraatz auf einen reichen Schwiegersohn gehofft hatte, stimmte er der Hochzeit schließlich zu. 1892 heirateten Gottfried und Emilie und bezogen eine schöne Wohnung in der Charlottenburger Schloßstraße. Bald war ein Kind unterwegs, und ihr Glück schien vollkommen. Doch Emilie starb bei der Geburt, und auch das Kind war nicht mehr zu retten. Kaum hatte Kockanz den ersten Schicksalsschlag überwunden, traf ihn der nächste: der Unfall mit der Straßenbahn. Danach verlor er seinen Arbeitsplatz in der Firma, hatte aber insofern Glück, als ihm sein Schwiegervater anbot, den Kohlenplatz in der Wiclefstraße zu verwalten. Nach dem Tod des Alten erbte er diesen.

Zwar besaß er die Wohnung in Charlottenburg noch immer, doch er fühlte sich nicht wohl, wenn er zu Hause war. Zu sehr erinnerte ihn alles an seine verstorbene Frau. Seine Freunde drängten ihn, sich doch wieder zu verheiraten, doch die Frauen, die er hätte haben können, wollte er nicht, und die, die er begehrte, wiesen ihn ab. «Ick will doch keenen Krüppel, ooch wenn er noch so ville Jeld hat.» Es gab eine, die hätte er schon gerne genommen, aber ... Was blieb ihm da, als in die einschlägigen Etablissements zu gehen und nach einer Dame zu suchen, die diesem begehrenswerten Geschöpf möglichst ähnlich sah? Auch so kam er über die Runden.

Paul Tilkowski starrte auf seinen Chef wie ein Tiger im Zirkus auf seinen Dompteur. Jedes Mal, wenn er ihn sah, verspürte er den archaischen Impuls, sich auf ihn zu stürzen und ihn zu zerfleischen, doch aus Angst vor der Peitsche zuckte er immer wieder zurück. Peitsche, das hieß in diesem Fall Entlassung und Gefängnis. Und in einer engen Zelle eingesperrt zu sein, in einem Menschenkäfig, das war für einen Mann wie Tilkowski das Schlimmste. Schon der Besuch des Kriminalwachtmeisters hatte ihn zutiefst beunruhigt.

Kockanz kam dicht zu ihm heran und legte ihm den Arm um die Schultern. «Wenn ich dich nicht hätte, Paule.» Tilkowski war diese Berührung derart zuwider, dass er nun doch um ein Haar zugeschlagen hätte. Er schaffte es aber, unter Kockanz' Arm hinwegzutauchen und dies als eine Geste der Demut erscheinen zu lassen. «Nich doch, ick ... ick hasse Streiks und alle, die da in der Sickingenstraße ...»

«Danke.» Kockanz wandte sich zur Straße, wo gerade der Bollewagen aufgetaucht war und der Milchjunge bimmelte. «Zum nächsten 1. April gibt's auch mehr Geld bei mir.»

Tilkowski sah, wie Kockanz mit dem Milchmädchen schäkerte. Er kannte sie von der Tanzdiele her. Sie hieß Frieda und war hässlich wie die Nacht. Offenbar wollte Kockanz dennoch etwas von ihr. Tilkowski verstand das nicht, denn sein Chef hatte doch Geld genug, sich was Besseres zu leisten. «So wat von Jeschmacksverirrung», murmelte er und widmete sich wieder seiner Arbeit. Die Briketts, die lose auf einem großen Haufen lagen, waren in rechteckige Hucken zu stecken, Kästen aus einem hölzernen Rahmen und einer Rückwand aus Blech, mit dem der Träger den Kunden die Briketts in die Wohnung bringen konnte. Knapp hundert gingen hinein. Es war Tilkowskis Meisterschaft, seine beiden Gurte in die Löcher hinten einzuhaken, die Hucke zu schultern und die Treppen hochzutragen. Keiner in Deutschland schaffte vier Stockwerke in so kurzer Zeit wie er. Ohne außer Puste zu geraten. Die anderen Kohlesorten, Anthrazit, Steinkohle und Koks, wurden in Säcken transportiert, und auch da war er allen anderen Kohlenträgern überlegen. Allerdings gingen diese Sorten hier recht selten. Nur Geschäftsleute hatten das Geld und die passenden Öfen dazu. Aber die kauften dann wiederum lieber bei Kupfer & Co., weil sie da höhere Rabatte bekamen als bei Kockanz. Braunkohle war am wenigsten wert, aber am billigsten. Anthrazit hatte am meisten Heizkraft, war aber auch am teuersten. Was die Leute noch kauften, waren Eierkohlen, die man in der Fabrik aus Kohlengrus geformt hatte, und Koks, der selber nicht viel Hitze entwickelte, aber gut war, um die Glut im Ofen lange zu halten. Wer klug war, wählte eine Mischung von allen Sorten. Tilkowski konnte die Kunden gut beraten und sich damit manches Trinkgeld verdienen.

Er war so in seine Arbeit vertieft, dass er seine Braut, Sophie Schünow, erst bemerkte, als sie hinter ihm stand.

«Bringen Sie die Kohlen auch zu mir nach oben?», fragte sie.

Tilkowski fuhr herum. Er wusste, dass er auf der Hut sein musste, denn immer gab es einen, mit dem er in Händel verwickelt war und der ihm Rache geschworen hatte. Als er sie erkannt hatte, entspannte er sich. «Bei Ihnen geht's auch hier im Büro ...» Er küsste sie und wollte sie in die angegebene Richtung drängen.

Sie befreite sich. «Nee, heute nich und morgen ooch nich, erst übermorgen wieda. Ick hab dir nur dein Mittagessen bringen wollen. Kartoffelsalat mit Buletten. Ville Schrippe, wenig Fleisch, aber bessa als nischt.»

Tilkowski bedankte sich. «Wenn ick dich nich hätte ...»

Sophie Schünow brauchte nur hundert Meter weit die Straße entlangschlendern, schon folgten ihr die Männer mit wollüstigen Gedanken. «Die zieht die an wie det Licht die Motten», tuschelten die alten Jungfern. Stand sie mit vorn gestraffter weißer Schürze in ihrer Plätterei am Bügelbrett, drückten sich Heranwachsende wie Männer an der Schaufensterscheibe die Nase platt, sodass die Besitzerin schon auf die Idee gekommen war, Eintrittskarten zu verkaufen. Doch noch hatte Sophie Schünow nicht begriffen, dass ihr Körper ein großes Kapitel war, und alle gutsituierten Männer, die ihr Avancen machten, zurückgewiesen, noch ging sie mit Paul Tilkowski. Vielleicht lag das auch daran, dass ihre Eltern, ehrbare Gemüsekrämer, ziemlich frömmelten und sie als Kind immer in die Kirche mitgeschleppt hatten. «Ick bleibe Paule treu, und nächstet Jahr heiraten wa», erklärte sie allen, die es wissen wollten. «Wo die Liebe hinfällt ...»

Viel zu schnell musste sie wieder in ihre Plätterei zurück. Paul winkte ihr noch lange hinterher. Es kamen jetzt einige Kunden, die ein paar Briketts für ihre Kochmaschinen brauchten und allesamt anschreiben ließen. Tilkowski war das lieb, denn nur ungern kassierte er selber. Wie hatte schon sein Lehrer immer gesagt? «Kopfrechnen schwach, Religion sehr gut.»

Weil er noch immer allein war, musste er alle paar Minuten ins Büro laufen und das Telefon abnehmen. Anschließend arbeitete er umso eifriger. Gerade war er dabei, schwere Säcke mit Koks, die für den Bäcker Kötterheinrich bestimmt waren, auf einen Handkarren zu hieven, als er Gustav Dlugy auf den Kohlenplatz kommen sah. Dieser verdammte Schwätzer von der Gewerkschaft! Großes Maul und nichts dahinter. Tilkowski hob den nächsten Sack hoch, als steckte er nicht voller Koks, sondern voller Bettfedern, und warf ihn auf den Karren.

«Du arbeitest?», fragte Dlugy.

«Nein, ich trainiere für Kraftsport Moabit.» Tilkowski sah keinen Grund, eine kleine Pause einzulegen.

Dlugy fixierte ihn. «Du weißt, dass wir Kohlenarbeiter alle streiken?»

«Alle nich, siehste ja.»

«Es geht auch um deine Rechte und um höhere Löhne für dich», begann Dlugy zu agitieren. «Nur gemeinsam sind wir stark. Ohne uns sind die Unternehmer am Ende.»

Tilkowski ließ einen weiteren prall gefüllten Jutesack auf die Landefläche krachen. «Ohne uns holen sie Arbeiter aus Hamburg oder aus Galizien nach Berlin. Die sitzen immer am längeren Hebel.»

«Keine Angst, wir lassen uns schon etwas einfallen, um den Streikbrechern das Handwerk zu legen.»

Tilkowski winkte ab. «Wenn die Schutzleute mit ihren Säbeln kommen und blankziehen.»

Dlugy ließ nicht locker. «Paule, du bist doch einer von uns. Komm, mach mit! Wir brauchen dich.»

«Hau ab!» Tilkowski griff nach einer Schippe.

Dlugy ignorierte es. Er war sich seiner Stärke bewusst, vor Männern wie Tilkowski brauchte er keine Angst zu haben. Aber er hielt nichts von Gewalt, wenn es darum ging, andere zu überzeugen. Das «Willst du nicht mein Bruder sein, so schlag ich dir den Schädel ein» war ihm zuwider. «Sieh mal, Paul, wenn ihr beide heiratet, Sophie und du, dann kommt ihr doch mit deinen paar Pfennigen nie und nimmer aus.»

«Womit wir auskommen oder nich, det jeht dir eenen Scheißdreck an. Los, verpiss dich, du Arschloch!» Tilkowski hob die Schippe und ging langsam auf Dlugy zu.

«Wenn schon, dann nur mit den Fäusten.» Dlugy krempelte

sich die Ärmel hoch. «Aber es ist traurig, wenn Arbeiter auf Arbeiter einschlagen.»

«Du bist doch schon längst keen Arbeiter mehr», höhnte Tilkowski. «Du bist doch 'n Bonze und kriechst denen von der Gewerkschaft in 'n Arsch, damit se dir vom Kohlenplatz wegholen, und im Büro verdienst du dir dann dumm und dämlich. Du Drecksau, du! Du Verräter!» Wenn Tilkowski Menschen hasste, dann Partei- und Gewerkschaftsfunktionäre. Die benutzten solche wie ihn doch nur, um Karriere zu machen.

«Einer muss doch mit den Arbeitgebern verhandeln», sagte Dlugy. «Und wir können das nun mal am besten ...»

Weiter kam er nicht, denn Tilkowski drang nun derart heftig auf ihn ein, dass er ein paar Schritte zurückweichen musste, um seine Fäuste hochzureißen und einen besseren Stand zu haben. Doch Dlugy hatte Pech, er blieb mit den Füßen an einem Wasserschlauch hängen und stürzte rückwärts zu Boden. Schon kniete Tilkowski auf ihm und machte sich daran, ihn fürchterlich zu verdreschen.

Als Dlugy endlich wieder auf den Beinen stand, war er im Gesicht fürchterlich zugerichtet.

«Das gibt Rache», murmelte er, als er auf die Straße hinkte.

VIER
Freitag, 23. September 1910

HERMANN KAPPE hatte Feierabend und überlegte, ob er vom Polizeipräsidium nach Hause laufen oder sich eine Fahrt mit der Straßenbahn gönnen sollte. Vom Alexander- zum Mariannenplatz waren es keine drei Kilometer, also von der Entfernung her ein Klacks für ihn, doch Pflastertreten war mühsam. Er beschloss, das Problem durch eine Art Gottesurteil zu lösen: Kam gerade eine 22 oder 46 die Alexanderstraße entlang, wenn er die Haltestelle passierte, wollte er einsteigen, kam keine, würde er zu Fuß nach Hause laufen. Die 46, unterwegs nach Rixdorf, kam herangerumpelt, und so blieb ihm nichts anderes übrig, als einzusteigen. Er wählte die vordere Plattform, denn wie ein kleiner Junge liebte er es, dem Mann an der Kurbel beim Fahren über die Schulter zu schauen. Schon wurde abgeklingelt. Der Fahrer löste die Bremse und schaltete die Motoren hoch. Bald aber musste er schon wieder anhalten, um nach links in die Kaiserstraße abzubiegen. Kappe war schon so oft mit der 46 gefahren, dass er die Strecke ganz genau kannte: Alexanderstraße – Kaiserstraße – Große Frankfurter Straße – Andreasstraße – Schillingbrücke – Köpenicker Straße – Adalbertstraße – Waldemarstraße.

«Noch jemand ohne Fahrschein?» Hinter ihm klimperte der Schaffner ebenso fordernd wie ungeduldig mit dem «Galoppwechsler», den er auf der Brust hängen hatte.

«Moment...» Kappe griff in seine Brusttasche – und erbleichte. Da steckte keine Brieftasche. Gott, die hatte er in seiner Schreibtischschublade liegenlassen. Als würde er sich nun selber einer Leibesvisitation unterziehen, klopfte er sich mit beiden Händen alle

Taschen ab. Nichts. Wie peinlich. Wenn der Schaffner jetzt halten ließ, um einen Schutzmann zu rufen, dann war er blamiert bis in alle Ewigkeit. Entweder sie spotteten über ihn als Dorfdeppen, der nicht wusste, dass man in Berlin für eine Straßenbahnfahrt zu bezahlen hatte, oder sie unterstellten ihm, er habe die Straßenbahngesellschaft um das Fahrgeld prellen wollen. «Ich will zur Waldemarstraße ... Bis dahin werde ich schon noch zwei Groschen in meinen Taschen gefunden haben.»

«Hoffen und Harren macht manchen zum Narren», erwiderte der Schaffner.

Kappe war verzweifelt. Da hörte er eine Frauenstimme aus dem Innern des Wagens. «Kommen Sie, Herr Schaffner, ich zahle schon für meinen Mann.»

Er fuhr herum – und stand da wie vom Schlag getroffen. Wenn er sich nicht täuschte, war das Klara Göritz aus Wendisch Rietz. Sie war etwas jünger als er, und bevor sie nach Berlin gegangen war, hatte er sie angebetet. Bei jedem Fest hatten sie miteinander getanzt, und er hatte immer damit geprahlt, sie sei seine Braut, aber der Funke war nie so richtig übergesprungen, und sogar gegen einen flüchtigen Kuss hatte sie sich gewehrt.

«Du hier ...?!» Er starrte sie an, gebannt von dem Gedanken, dass es nur die Macht des Schicksal sein konnte, die sie hier zusammenführte.

«Ja, ich hier.» Sie löste den Fahrschein für ihn.

«Danke. Wie kann ich das wiedergutmachen, das heißt, dir das Geld ... das du ...» Kappe begann zu stottern und hatte das Gefühl, mächtig rot zu werden. Seine Erfahrungen im Umgang mit dem anderen Geschlecht waren nicht so groß, dass er den Lebemann spielen konnte. «Darf ich dich nachher zu einer Tasse Kaffee einladen?»

Klara Göritz blickte in ihr Portemonnaie. «Ja, das können wir uns noch leisten.»

«Dann fahren wir zum Görlitzer Bahnhof und setzen uns da in ein Restaurant?»

Sie zögerte einen Augenblick. «Ich muss nach Hause, ich bin schon ...»

«Dein Bräutigam?», fragte er. Es war ihm so herausgerutscht.

Sie gab sich sibyllinisch. «Vielleicht. Nein, ein andermal.»

Kappe wusste nicht genau, worauf sich dieses Nein bezog, wollte aber die ihm verbleibende Zeit unbedingt nutzen, sich fest mit ihr zu verabreden. Er musste sie wiedersehen! «Erzähl doch mal schnell, was du jetzt so machst und wo du wohnst.»

«Wo ich wohne?» Wieder zögerte sie. «In Rixdorf, in der Pannierstraße. Ich bin Verkäuferin bei Rudolf Hertzog.»

Manchmal ist es ein einziger Satz, leichtfertig dahingesagt, der das Leben eines Menschen entscheidend lenkt. Bei Klara Göritz war es so, als ihr der Pfarrer im Konfirmationsunterricht verraten hatte, dass sich ihr Vorname aus dem Lateinischen herleite. «Da heißt nämlich *clarus, -a, -um* so viel wie hell, glänzend, berühmt.» Von da ab wollte sie nur noch glänzen. Da das in Wendisch Rietz als Tochter eines Holzarbeiters nur schwer möglich war, hatte sie alsbald ihren Koffer gepackt, um in Berlin in Stellung zu gehen. Nach einigem Hin und Her war sie bei einem Abteilungsleiter des Kaufhauses Rudolph Hertzog untergekommen und durch dessen Fürsprache dort später als Verkäuferin eingestellt worden.

«Bei Rudolph Hertzog», wiederholte Kappe. «Nicht schlecht. Ich bin Kriminalwachtmeister und wohne auch in Rixdorf.»

Sie lachte. «Du lügst, du willst mich nur nach Hause bringen.»

«Ich gestehe alles. Wann sehen wir uns denn nun wirklich?»

Klara zuckte mit den Schultern. «Wenn der Zufall es wieder einmal will.»

«Das dauert mir zu lange. Dann besuche ich dich eben bei Rudolph Hertzog.»

«Danke für die Warnung. Aber ich arbeite in der Abteilung für Damenwäsche.»

«Macht nichts, ich werde mich verkleiden. Als Kriminaler lernt man das.»

«Waldemarstraße ... Du bist da, nun steig mal aus.» Huldvoll hielt sie ihm die rechte Hand hin.

Kappe war verwirrt. Sollte er die nun nehmen und sie drücken – oder sollte er einen Handkuss auf den Seidenhandschuh hauchen? Er entschied sich für die schnelle Flucht und sprang vom Wagen, bevor der gehalten hatte. Dann winkte er ihr hinterher, während die 46 in Richtung Lausitzer Platz entschwand.

Die Welt war ein Irrenhaus. Da streifte er durch Berlin, um seinen Mörder zu finden – und traf seine große Liebe.

Gedankenverloren lief er die Waldemarstraße entlang und merkte gar nicht, dass einer seiner Nachbarn gerade aus einem Kolonialwarenladen trat.

«Hallo, Herr Kappe! Sie hier und gar nicht in Moabit?»

Kappe fuhr herum. «Ach, Sie ... Was soll ich in Moabit?»

«Na, die Streikbrecher schützen.» Theodor Trampe, zehn Jahre älter als Kappe, wohnte mit seiner Frau und den drei Kindern auf derselben Etage, sodass Kappe ihm mehrmals in der Woche über den Weg lief. So ganz lieb war ihm das nicht, denn im ganzen Kiez war bekannt, dass Trampe Funktionär bei den Sozialdemokraten war, zwar nur kleiner Kassierer, aber dennoch. Kappe wusste, dass seine Vorgesetzten es nicht gerne sahen, wenn Polizeibeamte Umgang mit den Sozis hatten. Er hatte sich auch schon vorsichtig nach Trampe erkundigt, und es hieß, der habe das Zeug zu einem Reichstagsabgeordneten. Gefährlich sei er auch deswegen, weil er dafür war, die Monarchie abzuschaffen und das Deutsche Reich zu einer Republik zu machen. Von Beruf war er Elektroinstallateur und verdiente, da immer mehr Berliner Häuser an das Stromnetz angeschlossen wurden, gutes Geld. Immer, wenn er Leitungen verlegte oder zerstörte Kabel reparierte, agitierte er und suchte den Leuten nahezubringen, was die SPD in ihrem Programm stehen hatte.

«Ich habe mich nicht um die Streik-, sondern um die Einbrecher zu kümmern», erklärte Kappe dem Nachbarn.

«Warum werden denn Menschen zu Einbrechern?», fragte

Trampe, um die Antwort gleich selber zu geben. «Weil die Bourgeoisie ihnen nicht das gibt, was nötig ist, um ein glückliches Leben führen zu können.»

«Und darum schießen sie, wenn man sie stört, auf einfache Schutzleute wie mich», entgegnete Kappe.

«Für den Mann, der auf sie geschossen hat, war es sozusagen Notwehr gewesen – er hatte nicht ins Zuchthaus wandern wollen.»

Kappe winkte ab. «Es gibt Grenzen, Trampe, feste Grenzen. Wie heißt es? Du sollst nicht töten. Das gilt auch dann, wenn man bei einem Einbruch erwischt wird.»

«Man kann die Menschen auch ganz anders töten: mit Hungerlöhnen, einer elenden Wohnung, damit, dass man ihnen keine Arbeit gibt … Das sind die großen Verbrechen.»

«Ich bin nur für die kleinen Verbrechen zuständig», sagte Kappe.

Damit waren sie vor dem Mietshaus Waldemarstraße 73 angekommen, das etwa zwischen Mariannen- und Lausitzer Platz gelegen war. Kappe mochte die Gegend. In ein paar Minuten war er am Görlitzer Bahnhof und an der Hochbahnstation Oranienstraße. Wurde man krank, lag die Diakonissen-Anstalt Bethanien gleich um die Ecke. Wollte man sich die Füße vertreten, konnte man am Ufer des Luisenstädtischen Kanals und des Engelbeckens lustwandeln. Auch Läden und Kneipen gab es in Hülle und Fülle. Hochnäsig war keiner, der hier wohnte, aber auch richtige Proleten gab es nur wenige.

Natürlich konnte er sich keine eigene Wohnung leisten, sondern war nur Untermieter. Eine Zimmervermittlung am Schlesischen Bahnhof hatte ihn zu Pauline Mucke geschickt. Die hätte es als Witwe eines Verwaltungssekretärs an sich nicht nötig gehabt, eines ihrer beiden Zimmer zu vermieten, doch sie liebte es, einen jungen Herrn zu bemuttern, seit ihre eigenen Söhne ausgezogen waren. «Wenn de Untamieta hast», erklärte sie ihrem Kaffeekränzchen des Öfteren, «denn musste nich erst in't Theata jehn, da erlebste ooch so jenuch.» Sie war extrem neugierig und schnüffelte gern in den Sachen ihrer Mieter herum. Natürlich nur, um sie an möglichen Torheiten zu hindern. Da sie stundenlang im Hausflur, in den Geschäften und am Straßenrand stand und tratschte, wusste sie über alles Bescheid, was in der Gegend um den Mariannenplatz von Bedeutung war.

«Hamse schon jehört?» Damit eröffnete Pauline Mucke jedes Gespräch. «Hamse schon jehört, Herr Kappe, det die Cholera ausgebrochen is?»

«Wo? Hier am Mariannenplatz?»

«Nee, in Ostpreußen oben.»

«Eher in Westpreußen», korrigierte sie Kappe. In Kalthof am linken Ufer der Nogat, Marienburg gegenüber, hatte es verdächtige Erkrankungen gegeben, aber die Seuchengefahr war inzwischen gebannt. «Darf ich bitte in mein Zimmer ...» Da ihr Gesprächsbedarf bei weitem noch nicht gedeckt war, verstellte sie ihm den Weg.

«Und das Wetter erst! Im Harz und im Thüringer Wald ham se mächtiget Hochwasser.»

«Na, ehe hier die Waldemarstraße unter Wasser steht, werden noch ein paar Tage vergehen. Außerdem wohnen wir im dritten Stock.» Kappe hatte es endlich geschafft, bis zu seiner Zimmertür vorzudringen. Er drückte sie auf und nickte der Vermieterin noch einmal zu. «Ich darf mich dann empfehlen ...»

«Jehn Se ma nich zu früh zu Bett, der Herr Trampe sagt, det et in Moabit bald krachen tut – und dann müssen sicha alle Schutzmänna hin.»

Friedrich Schwina litt seit einiger Zeit an einer geheimnisvollen Kehlkopferkrankung und konnte nur noch ganz leise sprechen. So war es kein Wunder, dass ihn in seinen Kreisen wie bei der Polizei alle unter dem Namen Flüster-Fritze kannten. Eigentlich kam er aus dem Wedding, da er aber die meiste Zeit seines Lebens im Moabiter Zellengefängnis verbracht hatte, fühlte er sich eigentlich als Moabiter. Spezialisiert war er auf Diebstähle und Einbrüche, hatte aber auch schon einige Vorstrafen wegen gefährlicher Körperverletzung aufzuweisen, denn je mehr er getrunken hatte, desto rabiater wurde er. Auch schlug er blindlings zu, wenn er bei einem Einbruch überrascht wurde. Er wohnte in einer Laube zwischen Sickingenstraße und Bahndamm und galt als Sonderling, dem man lieber aus dem Weg ging. Wer an seinem windschiefen Zaun vorbeikam, wurde von einem Schäferhund fürchterlich verbellt. Er hatte dem Tier den Namen Mistvieh gegeben, doch es war das einzige Wesen, das er liebte.

«Mach's gut, Mistvieh.» Er kraulte und tätschelte das Tier noch einmal, ehe er seine Behausung verließ und sich auf den Weg zur Chausseestraße machte. «Und wünsch mir viel Glück.» Der Hund bellte wie verrückt, und Schwina nahm es als gutes Omen. Er hatte sich da einen Trick ausgedacht, der viel Geld versprach. Leider brauchte er einen Komplizen dazu, denn wegen seiner auffälligen Stimme konnte er bestimmte Sachen nicht mehr selber machen, die Kriminalbeamten hätten ihn sonst gleich erkannt. Das Dumme an einem Komplizen war, dass man mit ihm teilen musste. Andererseits war Alfons für ihn auch mehr als nur ein Komplize. Wie auch immer, Alfons hatte gestern nach einem Kohlen- oder Gemüsehändler suchen müssen, von dem auch kleine Fuhren angenommen wurden, und war in der Lüneburger Straße fündig geworden. «Kommen Sie bitte zum Haus Chausseestraße 98, dort wartet Herr Baurat von Ferbitz auf Sie. Es sind ein paar wertvolle Möbelstücke zu seiner Schwiegermutter zu bringen.»

Aber wer dort wartete, war Friedrich Schwina, hinter einer Litfaßsäule in Deckung gegangen. Pünktlich war der Fuhrwerksbesitzer zur Stelle. Zuerst harrte er der Dinge, die da kommen würden, und hielt oben von seinem Bock Ausschau nach dem Baurat. Die Minuten vergingen. Als ihm die Zeit zu lang geworden war, sprang er auf die Straße hinunter, um sich auf die Suche nach dem Baurat zu begeben. Wahrscheinlich musste der erst herausgeklingelt werden.

Schwina wartete, bis der Fuhrwerksbesitzer einen aus dem Haus kommenden Mieter angesprochen hatte und ihm den Rücken zukehrte, dann kam er hinter der Litfaßsäule hervor und schwang sich auf den Kutschbock. In Sekundenschnelle hatte er sich die Zügel gegriffen. «Hüh!» Mit Pferden umzugehen hatte er schon als Kind gelernt, und der Braune vor dem Wagen setzte sich sofort in Trab. Es ging die Chausseestraße hinunter, als wollte er zum Oranienburger Tor. Aber das war nur eine Finte, um den Fuhrwerksbesitzer zu täuschen, wenn der die Verfolgung aufnahm. Schon an der nächsten Querstraße bog Schwina scharf nach rechts ab, um am Naturhistorischen Museum vorbei zur Scharnhorststraße zu gelangen und den ganzen Komplex von Kasernen und Krankenhäusern zu umfahren. Über die Boyenstraße kam er wieder auf den Straßenzug Chaussee- und Müllerstraße zurück und konnte diesen nun, vor jeder Verfolgung ziemlich sicher, in entgegengesetzter Richtung entlangfahren. Oben an der Müllerstraße hatten Zigeuner ihr Lager, und denen verkaufte er für gutes Geld Pferd und Wagen.

Es war ein guter Tag für Friedrich Schwina, denn wenig später sah er ein Fahrrad, nur so an einen Baum gelehnt, und damit war er bald wieder in seiner Laube zurück. Er küsste das Mistvieh auf die Schnauze. Das brachte immer Glück.

Keine halbe Stunde später stand ein nobel gekleideter junger Mann vor seinem Gartenzaun und begehrte Einlass. «Ich bin's, Alfons.»

Alfons Weißagk kam aus einer ehrbaren Familie. Sein Vater war Mitinhaber einer kleinen Privatbank und seine Mutter sogar eine «von». Nach fünf Knaben hatte er eigentlich ein Mädchen werden sollen, und von seiner liebenden Mutter war er auch lange Zeit als solches gekleidet und behandelt worden. «Ist er nicht süß – wie ein Mädchen.» Schauspieler und Sänger hatte er werden wollen – und nicht Bankier. Mit siebzehn Jahren war er dann mit einem älteren Mimen durchgebrannt und prompt vom Elternhaus verstoßen worden. Alles, was er nun tat, begriff er als Rache. Eines

Tages war es ihm gelungen, ein Blatt aus dem Verbrecheralbum herauszureißen, das Blatt mit seiner Photographie und seiner Vita, und das hatte er seinem Vater zum fünfzigsten Geburtstag nach Hause geschickt. «Mit herzlichen Glückwünschen – zu diesem Sohn.» Die meisten Strafen hatte er als Hochstapler aufgebrummt bekommen, aber auch Trickbetrügereien und Heiratsschwindel gehörten zu seinem Repertoire. Sozusagen geerbt hatte er die Nähe zu den höheren Kreisen, und so war es ihm ein Leichtes, die Rolle des ergebenen Dieners stilecht auszufüllen und sich das Vertrauen seiner Herren zu erschleichen. So erfuhr er viele Dinge, die es ihm und seinem Komplizen leicht machten, an reiche Beute zu gelangen. Sie hatten schon ein kleines Vermögen angehäuft und sicher versteckt. Dass Schwina in einer Laube lebte und er nur Diener war, gehörte zur Tarnung. Spätestens im Sommer des nächsten Jahres wollten sie alles nehmen und nach Amerika gehen. Er selber träumte immer nur von Buenos Aires, Friedrich dagegen hätte lieber in den Vereinigten Staaten gelebt.

Friedrich Schwina holte seinen teuersten Kognak aus dem Versteck. Sie stießen auf den gelungenen Coup mit dem Pferdefuhrwerk an.

«Mehr als dreimal dürfen wir das nicht machen», sagte Weißagk. «Dann sind alle kleinen Fuhrunternehmen gewarnt und rufen den nächsten Blauen herbei, wenn ich auftauche.»

Schwina rechnete im Kopf. «Uns fehlen noch mehr als zehntausend Mark.»

«Keine Sorge, ich bin ja jetzt bei Kockanz.»

«Verdient der denn mit seinen beiden Kohlenplätzen so viel?» Schwina war da etwas skeptisch.

«Nein, aber er hat einen reichen Onkel in Koblenz. Leder *en gros* und *en detail*. Außerdem gibt es Bares, das der Onkel nicht auf seinen Konto haben durfte. Ich weiß bloß noch nicht, wo Kockanz das versteckt hat. Aber das werde ich schon noch herausbekommen, muss mich nur beeilen, denn er will sich ein Grundstück kaufen, oben in Frohnau.»

Am Montag war der Streik bei Kupfer & Co. ausgerufen worden, aber erstaunlicherweise war es die ganze Woche über in Moabit vergleichsweise ruhig geblieben. Der Zorn der Streikenden und ihrer Sympathisanten auf die Streikbrecher und die Schutzleute, die ihre Kohlenwagen eskortierten, hatte sich lediglich in Schimpfkanonaden entladen, und überall war es bei Drohgebärden geblieben. Die organisierten Arbeiter waren ohnehin diszipliniert, und die Radaubrüder, die Gelegenheiten wie diese gern nutzen, um sich gehörig auszutoben, hatten zwar das Straßenpflaster aufgerissen, nutzten die Steine aber noch nicht, um die Schutzleute damit zu bewerfen. Diese wiederum zogen die Säbel zwar blank, attackierten aber noch niemanden. Die Staatsmacht hielt sich zurück und nahm es ohne große Reaktionen hin, dass die Streikenden Kaufhäuser und kleine Läden zwangen, Plakate ins Schaufenster zu hängen, auf denen groß zu lesen war, dass sie Streikbrecher weder mit Lebensmitteln noch mit Schlafdecken beliefern würden. Der Polizeimajor Klein hatte vorsichtshalber eine Verstärkung des zuständigen und des Nachbarreviers angeordnet, um für alle Fälle Mannschaften zur Stelle zu haben, doch seine Beamten verbrachten ruhige Tage.

Die Lunte mochte glimmen, aber es sah lange Zeit nicht danach aus, dass sie das Pulverfass erreichen würde.

Am Freitag aber spürte jeder, dass etwas in der Luft lag. Es war schwer zu sagen, was die Stimmung der Leute immer mehr anheizte. Bei den organisierten Arbeitern um Gustav Dlugy war es die Ohnmacht dem Kapital gegenüber, die sie immer aggressiver werden ließ. Die Gegenseite zeigte sich so wenig verhandlungs- und kompromissbereit wie am ersten Tag. Was die Arbeiter besonders reizte, war das Gerücht, dass Hugo Stinnes nicht nur Streikbrecher aus Hamburg nach Berlin gebracht, sondern auch beim preußischen Innenministerium interveniert und den Einsatz von tausend Schutzmännern gefordert haben sollte. Aber die Menge, die sich in der Sickingenstraße angesammelt hatte, bestand nicht nur aus sozialdemokratischen Arbeitern und anderen ansonsten sehr gesetzestreuen Bürgern, die nur ihrer Schaulust frönen wollten, sondern auch aus Menschen, die man viele Jahrzehnte später Autonome, Anarchos, Desperados oder Outlaws nennen sollte. In den Zeitungen des Jahres 1910 wurden sie als «Ausständige», als «Tumultuanten» oder als «Mob» bezeichnet, aber auch mit einem veralteten Begriff als «Janhagel», als Pöbel also, oder schließlich als «Exzedenten», mithin Menschen, die etwas überschreiten. Dazu kamen einige wirklich Kriminelle. Ob sie alle instinktiv fühlten, dass die alte Ordnung immer morscher wurde und man viel mehr riskieren konnte als noch zwanzig Jahre zuvor, war fraglich, aber es genügte ein kleiner Funke, um den ersten ernsthaften Zusammenstoß zwischen Polizei und Menge auszulösen und dafür zu sorgen, dass die «Moabiter Unruhen» – so sollten sie in die Geschichtsbücher eingehen – begannen.

Ein Milchwagen kam vorüber, und jemand schrie: «Habta schon jehört, det Bolle mit seine Pferde den Stinnes unterstützen tut? Los, wir spannen dem ma die Jäule aus und jagen se uff de Weide!»

«Wat heißt uff de Weide?! Wir machen Hackfleisch aus sie und essen se uff.»

Daraufhin schlug der Kutscher mit seiner Peitsche derart kräftig auf seine beiden Braunen, dass die durchgingen und das Mädchen hinten vom heftig anruckenden Wagen stürzte. Die einen johlten, die anderen hatten Mitleid mit dem armen Ding.

«Det is die Frieda», rief einer und half ihr wieder auf die Beine. «Wat kann die dafür?»

«Is det etwa deine Braut?»

«Nee, aber ... die is schon jestraft jenuch damit, wie se aussieht.»

Das bezog sich darauf, dass das blau-weiße Kleid des Bollemädchens zerrissen war und sie sich das Gesicht ziemlich aufgeschrammt hatte. Aus Mund und Nase blutete sie. So ließ man sie zum Wagen humpeln und wieder aufsteigen.

Die Menge suchte nach neuer Beute. Sie war wie ein Tier, das plötzlich Blut geleckt hatte. Jeder Einzelne für sich hätte anders gehandelt, nun aber hatte er seine Individualität verloren und war mit den anderen zu einem Ganzen verschmolzen, einem archaischen Wesen, das alle Lust daraus bezog, das vernichten zu wollen, was feindlich, was anders war: die da oben – alle Fürsten und Beamten, alle Konzernherrn und Magnaten, die das Volk kujonierten und aussaugten, und alle ihre Knechte und Lakaien, vom Streikbrecher bis zum Schutzmann.

Und so kam, was kommen musste: Am frühen Abend attackierte man einen Kohlenwagen von Kupfer & Co., um die beiden Streikbrecher vom Kutschbock zu zerren und zu lynchen.

«Schlagt sie tot, die Schweine!»

Doch sofort waren die berittenen Schutzleute dazwischen und zogen blank. Zugleich sah man die Streikbrecher Pistolen hervorholen. Wütend schrie die Menge auf und wich zurück. Für heute schien das reißende Tier gebändigt.

FÜNF
Sonnabend, 24. September 1910

AN DIESEM VORMITTAG hatte es Hermann Kappe schwer, sich auf Dienstliches zu konzentrieren, denn sein Denken kreiste nur um eines: die Frage, wie er Klara Göritz wiedersehen konnte. Noch einmal auf den Zufall zu hoffen war absurd. Da konnte er womöglich sein ganzes Leben ununterbrochen Straßenbahn fahren, ohne dass er sie noch einmal traf. Er war kein Poet, er wusste nicht, wie er seine Gefühle in Worte kleiden sollte, aber es war ihm, als würde er Klara so nötig brauchen wie die Luft zum Atmen. Er starrte aus dem Fenster und stellte sich vor, ein Vogel zu sein, der sich in die Lüfte erhob und zu ihr flog.

«Was ist mit Ihnen, Kappe, haben Sie einen Anfall?» In der Tür stand Galgenberg, sein älterer Kollege, feixte und reimte: «Die Liebe ist een Feuerzeug,/ det Herz, det is der Zunder,/ und fällt een kleenet Fünkchen rin,/ so brennt der janze Plunder!» Dann sah er ihn durchdringend an. «Ich warte auf Ihr Geständnis, junger Mann! Wer ist sie? Name, Herkunft, Aussehen, Aufenthaltsort?»

Kappe sprach nur zu gern über Klara und verriet dem Älteren alles, was er wusste. «Wir sind zusammen aufgewachsen, aber hatten nie so richtig Interesse aneinander. Bis ich sie gestern zufällig in der 46 getroffen habe.»

«Zufall?», fragte Galgenberg. «Nischt is im Leben Zufall, allet Fügung. Wer Jott vertraut und Bretter klaut, der hat 'ne billige Laube.»

Gustav Galgenberg war ein verhinderter Schauspieler, ein Komiker, dessen drastischer Witz ebenso beliebt wie gefürchtet war. Seine Spezialität war der Galgenhumor. «Wat soll bei meinem Namen ooch anderet rauskommen», betonte er immer wieder. Seine Frau war Beiköchin in einem Hotel in der Nähe des Gendarmenmarktes, und auch am heimischen Herd gab sie ihr Bestes, sodass er seinen Gürtel jedes Jahr ein paar Zentimeter weiter schnallen musste. «Lieber 'n bissken mehr und dafür wat Jutet», war die Devise ihrer überaus glücklichen Ehe. «Solange ick nich so dick bin, det ick bei meine Hertha nich mehr rinkomme, esse ick weiter. Noch jeht es aba.» Fünf Kinder, das letzte gerade eben auf die Welt gekommen, bewiesen die Richtigkeit seiner Aussage. Er war ein gutmütiger und biedermeierlicher Mensch und fand, dass man im Deutschen Reich und unter Kaiser Wilhelm II. so gut leben konnte wie sonst nirgends auf der Welt. Diese Ordnung war eine gute Ordnung, und wer sie störte, der musste eliminiert werden. Darum war er auch mit Leib und Seele Kriminalwachtmeister.

«Ich würde ein Jahr meines Lebens dafür hergeben, wenn ich Klara heute sehen könnte», seufzte Kappe. «Wie sie bei Hertzog steht und die Leute anlächelt.»

Galgenberg kratzte sich am Hinterkopf. «Ach ja ... In Charlottenburg am Knie / sah ick ihr, die Marie. / Als ick ihr am Knie jesehn, / war et jleich um mir jeschehn.» Er begann in den Papieren zu wühlen, die auf seinem Schreibtisch lagen. «Bei uns herrscht Ordnung, da liegt der Kamm neben der Butter. Haben wir denn nüscht, wat bei Rudolph Hertzog anliegt? Gott, da war doch letzte Woche eine Anzeige, dass einer Dame die Handtasche gestohlen wurde, während sie ... Hier, da isset.» Er drücke Kappe den Vorgang in die Hand. «Det lesen Se sich mal durch, und dann recherchieren Se noch mal an Ort und Stelle. Wer, was, wann und wie?»

Kappe sprang auf, und wenn er das Licht der Welt in Verona statt in Wendisch Rietz erblickt hätte, wäre er Galgenberg glattweg um den Hals gefallen, so aber beließ er es bei einem herzlichen Dankeschön. Keine Viertelstunde später war er auf dem Weg in die Breite Straße. Die führte vom Schlossplatz zum Köllnischen Markt, und er brauchte nur am Alexanderplatz unter der Stadtbahn hindurch und dann ein kurzes Stück die Königstraße entlanggehen, schon war er da. Doch mit jedem Schritt hoffte er mehr, dass es noch lange dauern würde, bis er ihr gegenüberstand. Wenn sie ihn nun völlig missachtete oder schnippisch anmerkte, dass sie am Wochenende schon etwas Besseres vorhabe, als mit ihm auszugehen? Womit er sie ködern wollte, war der Vorschlag, mit seinem Freund Gottlieb Lubosch als Anstandswauwau einen Ausflug nach Wendisch Rietz zu machen, hin zu den Stätten ihrer Kindheit und Jugend.

Beklommen stand er auf der anderen Straßenseite und sah hinüber zur endlos langen Fassade des Kaufhauses. Wie der Tempel einer fremden Religion erschien es ihm. Auf großen Transparenten und Schildern wurde angepriesen, was es hier zu kaufen gab: WAESCHE – AUSSTEUER – MAENTEL – CONFECTION – SCHIRME – FAHNENTUCHE. Und kleiner: *Tricotagen – Strümpfe – Schlaf- und Steppdecken – Cháles – Tücher – Weisse Waren – Schwarze Stoffe.* Gott, woher sollte einer wie er das Geld nehmen, das alles zu bezahlen? Ihm wurde wieder einmal bewusst, wie klein und unbedeutend er doch war. Sie würden ihn rauswerfen, wenn er das Haus betrat. Ach nein, er war ja nicht als Privatmann hier, sondern dienstlich. Und als Kriminalwachtmeister trat er sozusagen als Beauftragter des Kaisers in Aktion.

Also straffte er sich, ging über die Straße und trat in die Eingangshalle. Und nun? Wo, hatte Klara gesagt, würde sie arbeiten? Gott, das war ihm entfallen.

«Sie wünschen, mein Herr?» Eine Art Empfangschef war auf ihn zugekommen.

«Ich?» Kappe kaute an der Unterlippe. «Ich wünsche mir Fräulein Göritz ... Pardon ... mit Fräulein Göritz, mit ... Also ... ich bin hier, um ...» Ja, weswegen war er eigentlich hier, was hatte Galgenberg gesagt?

Es war ihm klar, dass man ihn in der nächsten Sekunde auf die Straße setzen würde.

Eigentlich war das Kaffeetrinken am Sonnabend bei den Hagenhausens eine rituelle Handlung, die durch nichts gestört werden durfte, doch heute war alles ein wenig anders, denn Paul und Otto, die beiden Söhne von zwölf und vierzehn Jahren, waren vom Besuch bei ihrer Tante Wilhelmine noch immer nicht zurückgekommen.

«Langsam mache ich mir Sorgen», sagte Johanna Hagenhausen. «Wegen der Unruhen. Vielleicht hat es Barrikadenkämpfe gegeben, und die Kinder sind dabei ...»

«Barrikadenkämpfe», brummte Magnus Hagenhausen. «Unsinn, wir haben nicht 1848.»

«Aber es brodelt doch überall im Reich», wandte sie ein. «So viele Streiks und Aussperrungen wie dieses Jahr soll es noch nie gegeben haben.»

«Lass es brodeln.» So schnell ließ sich Magnus Hagenhausen nicht aus der Ruhe bringen. Er verlor erst die Contenance, als seine beiden Buben nach Hause kamen und ihren Eltern freudestrahlend gut zwei Dutzend Presskohlen vor den Küchenherd legten.

«Wo habt ihr die denn her?»

«In der Beusselstraße haben die Leute Jagd auf einen Kohlenwagen gemacht, und als der schnell weg ist, sind die runtergefallen.» Sie waren stolz auf ihre Beute und hatten so schwer an ihr zu tragen gehabt, dass ihnen der Schweiß von der Stirn tropfte.

Magnus Hagenhausen konnte es nicht fassen. «Meine Kinder Diebe! Dass ich das noch erleben muss!»

«Die haben wir nicht gestohlen, die haben wir gefunden, Papa», wagte sich Otto zu verteidigen.

Sofort bekam er links und rechts eine gescheuert. «Kohlenwagen plündern, das ist die reinste Anarchie – und ich dulde keine Anarchisten in meiner Wohnung. In die Erziehungsanstalt gehört ihr! Los, ab in die Kammer! Zwei Stunden Arrest.» Die Jungen wurden eingesperrt.

Johanna Hagenhausen wollte ihren Gatten milder stimmen. «Komm, iss erst einmal ein schönes Stück Käsekuchen, und trink einen Schluck Kaffee.»

«Kalten Kaffee», ergänzte er. «Wohin soll das alles bloß noch führen? «

«Ja, wohin?», seufzte Johanna Hagenhausen. «Mein Chef hat immer gesagt: Kinder, kauft Kämme, es kommen lausige Zeiten.»

«Seit wir unseren Kaiser Wilhelm II. haben, gibt es nur noch herrliche Zeiten», sagte Magnus Hagenhausen und wusste wohl selber nicht, ob er das ernstlich dachte oder nur spöttelte.

Er war seit den Tagen der Eröffnung im Herbst 1902 Fahrer bei der Berliner U- und Hochbahn und stellte als solcher, zumal er eine Uniform trug, durchaus etwas dar. Reichsbahn wäre noch besser gewesen, dann hätte er aber nicht jeden Abend nach Hause gekonnt. Sie wohnten in der Thomasiusstraße, und es ärgerte ihn schon, dass er die Viadukte der Stadtbahn direkt vor der Haustür hatte, nicht aber seine Hochbahn. Wurde er am Zoologischen Garten oder am Knie abgelöst, hatte er ein ganz schönes Stück zu laufen, aber das Fahrgeld für die Stadtbahn sparte er sich lieber. Vielleicht reichte es doch einmal für eine kleine Parzelle in Rosenthal, Wilhelmshagen oder Schmöckwitz.

Johanna Hagenhausen hatte, bis die Kinder gekommen waren, als Stenokontoristin bei der AEG gearbeitet. Aufgewachsen war sie in der Rostocker Straße, in der ihre Schwester noch immer wohnte. Sie war von der Herkunft her Jüdin, aber ihre Eltern hatten sich beide taufen lassen, sodass das für sie keine Rolle mehr spielte. Dennoch erschrak sie nicht wenig, als sie im *Berliner Lokal-Anzeiger* in der Rubrik «Aus den Gerichtssälen» eine Notiz las, die sie bei der ersten Lektüre gar nicht wahrgenommen hatte:

Körperverletzung in der Turnstunde. – Vor dem Jugendgericht Berlin-Mitte stand gestern unter der Anklage der schweren, das Leben gefährdenden Körperverletzung der 13jährige Gymnasiast Harry H. In der Turnhalle des Königstädtischen Gymnasiums hatte am 31. Januar d.J. die Untertertia Turnen. Beim Kürturnen schieden mehrere Schüler aus. Unter diesen befand sich auch der Tertianer L. H., der sich gleichfalls nicht am Turnen beteiligte, ging zu dem Schwebebaum, auf dem eine Reihe von Schulka-

meraden saßen. Die Knaben wollten nun ein Spiel arrangieren, und dabei hob ein Mitschüler den H. von hinten hoch. Wie nun L. angibt, hörte er plötzlich den Angeklagten rufen: «Pass auf, jetzt kriegst du ein Ding in den Blinddarm!», und im nächsten Augenblick erhielt er von H. einen Fußtritt gegen den Bauch. Am folgenden Morgen musste er sich zu Bett legen. Wie in der gestrigen Verhandlung durch Befragen des Verhandlungsleiters, des Amtsgerichtsrates Köhne, festgestellt wurde, pflegte zwischen den Schülern der evangelischen und jüdischen Konfession eine gewisse Spannung zu herrschen. Oft hätten die jüdischen Schüler unter den antisemitisch denkenden Mitschülern zu leiden, und einmal gab es auf dem Korridor einen förmlichen Auftritt. In der weiteren Beweisaufnahme wurde ausgesagt, dass der Angeklagte am folgenden Tag, als ihn die Mitschüler wegen des Vorgangs zur Rede stellten, erklärt habe: «Wenn er abschrammt, dann zahle ich.» Der Amtsanwalt beantragte eine Gefängnisstrafe von drei Tagen und 500 Mark Buße. Das Gericht hielt den vollen Beweis nicht für erbracht, dass vorsätzliche Körperverletzung nicht vorliege. Es erkannte nur wegen fahrlässiger Körperverletzung auf einen Verweis und auf Zahlung einer Buße von 300 Mark.

«Das verstehe ich nicht ganz», sagte Johanna Hagenhausen und schob ihrem Mann den Artikel hinüber. «Lies du mal, bitte.»

«Wenn's unbedingt sein muss.» Brummig machte er sich an die Lektüre. «Wenn ich das richtig verstehe, ist der jüdische Schüler der Täter und der christliche das Opfer.»

«Anders als bei den Pogromen», sagte Johanna Hagenhausen.

«Bei der Pest haben sie den Juden auch immer alles in die Schuhe geschoben. Nun ist es eben die Blinddarmentzündung.» Magnus Hagenhausen legte die Zeitung wieder beiseite. «Und was machen wir nun mit *unseren* beiden Schülern? Amnestie oder …?»

«Sie haben's doch nur gut gemeint.»

«Na schön, aber sie sollen die Kohlen zu Kupfer & Co. zurückbringen.»

Seine Frau sah ihn fassungslos an. «Meinst du wirklich?»

«Ja, hier geht es ums Prinzip.»

Sie zögerte. «Ich möchte eigentlich nicht, dass sie in die Sickingenstraße gehen. Wenn der Mob da wieder wütet und sie ...»

Magnus Hagenhausen war von Hause aus ein gutmütiger Mensch. «Gut, dann nehmen wir sie mit, wenn wir nachher deine Schwester besuchen.»

Und tatsächlich packte er sich die Briketts in seinen grauen Rucksack, als sie sich kurz vor Einbruch der Dämmerung auf den Weg machten. Von der Thomasius- zur Rostocker Straße waren es keine zwei Kilometer, und verlaufen konnte man sich nicht. Im gemütlichen Schritt war man in einer halben Stunde am Ziel.

Doch nicht an diesem Abend. Nicht, weil Magnus Hagenhausen an den gestohlenen Kohlen so schwer zu schleppen hatte, sondern weil ihnen in der Thurmstraße eine Schar aufgeregter Menschen entgegenkam, darunter eine alte Bekannte.

«Gehen Sie bloß nicht weiter!», rief sie. «In der Rostocker Straße ist die Hölle los. Ein Streikbrecher hat auf einen Streikposten geschossen. Einen Kohlenwagen haben sie gestürmt und zerstört, Polizisten und Streikbrecher entwaffnet. Jetzt ist alles blau von Polizisten. Und auf die werfen sie aus den Fenstern Blumentöpfe.»

«Das ist ja die reinste Anarchie», sagte Magnus Hagenhausen ohne eine Spur von Ironie.

«Ich muss unbedingt nach Wilhelmine sehen!», rief Johanna Hagenhausen in tiefer Sorge um ihre Schwester.

«Bist du verrückt?!» Ihr Mann war entsetzt. Er hatte Angst, mit in den Strudel gerissen zu werden. Er schob alles auf die Kohlen, die er im Rucksack hatte. «Wenn ich mit denen verhaftet werde, komme ich in Teufels Küche.»

«Dann wirf den Rucksack hier in den Rinnstein.»

«Das schöne Stück! Was der gekostet hat», jammerte er.

«Ich muss unbedingt zu meiner Schwester», wiederholte Johanna.

Nachdem sie ein paar Minuten diskutiert hatten, kam ihr die Idee, sich doch von hinten der Rostocker Straße zu nähern.

«Wir schleichen uns an über die Emdener, die Wiclef- und die Wittstocker Straße.»

«Na gut, dein Wille geschehe.»

Sie kamen auf der Route, die sich Johanna Hagenhausen ausgedacht hatte, tatsächlich ohne jeden Zwischenfall voran. Die Straßen waren zum Teil wie leergefegt. Alles, was laufen konnte und den Drang verspürte, es denen da oben endlich einmal heimzuzahlen, war in die Rostocker und die Sickingenstraße geeilt, um beim großen Spektakel dabei zu sein. Und die Ängstlichen hatten sich verkrochen.

In der Wiclefstraße kamen sie an einen großen Kohlenplatz, auf dem alles ruhig zu sein schien. Das Tor stand weit offen, aber niemand war zu sehen, kein Arbeiter, kein Streikposten, kein Händler.

«Gottfried Kockanz», las Magnus Hagenhausen auf dem großen Schild über der Toreinfahrt. «Der wird doch nicht selber streiken ...»

Er brach ab, denn in diesem Moment kam ein dunkel gekleideter Mann aus dem Kontor gestürzt, eine hell lodernde Fackel in der Hand. Die hielt er auch noch fest, als er an der Schwelle hängenblieb und lang hinschlug. Aber er rappelte sich wieder auf und schleuderte die Fackel durch ein offenstehendes Fenster in die Baracke, während er gleichzeitig einen Haken schlug und in Richtung Waldenserstraße davonlief. Als er über den Bretterzaun setzte, brach der krachend in sich zusammen. Doch das konnte ihn nicht aufhalten.

Beherzt stürzte Johanna Hagenhausen zur Baracke, um zu retten, was zu retten war, während ihr Mann, der einen Schlauch gesehen hatte, nach dem Wasserhahn suchte, um das Feuer zu löschen.

«Schnell!», rief seine Frau, als sie einen Blick durch das Fenster geworfen hatte. «Da liegt noch einer drin.»

Jetzt endlich streifte Magnus Hagenhausen den schweren Rucksack von den Schultern, um besser rennen zu können. Doch es nützte nichts mehr. Kaum hatte er die Tür zum Kontor erreicht, flog die ganze hölzerne Baracke förmlich in die Luft. Einige Pakete eines patentierten Kohlenanzünders hatten Feuer gefangen. Der Druck war so groß, dass sie zu Boden geschleudert wurden. Sie konnten sich eben noch aufrappeln, ehe die Glut unerträglich wurde.

«Hol die Feuerwehr!», rief Johanna Hagenhausen.

«Der ist doch sowieso schon hin.» Er meinte den Mann, der leblos in der Baracke gelegen hatte.

«Trotzdem. Ehe die Häuser ringsum ...»

Magnus Hagenhausen setzte sich, bedingt durch das lange Hocken im Führerstand, so langsam in Bewegung, dass seine Frau selber in die andere Richtung losrannte. Das Telefon gab es schon seit dreißig Jahren in Berlin, aber einen Apparat hatten nur wenige Bürger, zumeist Geschäftsleute. So suchten sie eine Destille oder einen anderen Laden mit Telefon.

Hermann Kappe war so verliebt, dass er fast das Fenster aufgerissen und sein Glück mit einer Arie in die Welt hinausposaunt hätte. Klara hatte zugesagt, Klara wollte mit ihm und seinem Freund Lubosch den Ausflug nach Wendisch Rietz machen, Klara hatte ihn angelächelt.

Als der Freund kam, um ihn zu einer abendlichen Unternehmung abzuholen, fiel Kappe ihm um den Hals. «Du, Liepe, ich bin total verschossen.»

Gottlieb Lubosch wich zurück. «Doch nicht etwa in mich?!»

«Nein, in die Klara.»

«Was denn, die Tochter vom Holzarbeiter Göritz hinten am Glubigsee?»

«Genau die.»

Lubosch lachte. «Der war doch noch hässlicher als der Glöckner von Notre Dame.»

«Dafür ist sie schöner als die Kameliendame.»

«Dann pass bloß auf, dass ich sie dir nicht wegschnappe.»

Kappe schluckte. Er wusste, dass nicht nur beim Geld, sondern auch bei der Liebe die Freundschaft schnell aufhörte – und sein Freund war einer, den sie in den Romanen einen «Damenmann» nannten, einen, für den die Frauen alles stehen und liegen ließen, um mit ihm durchzubrennen.

Gottlieb Lubosch, Kellner von Beruf und von allen Liepe gerufen, war Kappes ältester Freund. Die beiden kannten sich, solange sie zurückdenken konnten, und waren wie Zwillinge aufgewachsen. Schon ihre Mütter hatten als Kinder miteinander gespielt, und die Väter fuhren gemeinsam zum Fischen auf den See hinaus. Zusammen mit Liepe hatte Hermann Kappe in Wendisch Rietz die Schulbank gedrückt und in Berlin sein Dienstjahr beim Kaiser-Franz-Garde-Grenadier-Regiment absolviert. Als Bursche eines feinsinnigen Offiziers hatte Lubosch seine Liebe zum Dienen und Servieren entdeckt und beschlossen, Kellner zu werden, «Herr Ober». Es war sein großes Ziel, einmal im Adlon zu arbeiten und dabei so viel zu verdienen, dass es reichte, um sich im reiferen Alter in seiner alten Heimat ein eigenes Restaurant oder gar ein kleines Hotel kaufen zu können. Um mit den Gästen, die er zu bedienen hatte, angemessen plaudern zu können, las er viel, obwohl es ihm nicht leichtfiel, und ging öfter ins Theater. Anfangs hatte er sich mit Vorstadtbühnen begnügt, nun wagte er sich aber schon ins Deutsche Theater in der Schumannstraße. Er war etwas klein geraten und ungemein geschmeidig, und niemand hätte ihn, dunkelhaarig wie er war, für einen Sohn Brandenburgs gehalten. Immer wieder kam es vor, dass er gefragt wurde, aus welchem Lande er denn käme, und die meisten Fragenden hätten dabei auf Italien getippt. Seine Sprache wurde von Monat zu Monat geschliffener, und einige Freunde lästerten schon, er würde ein feiner Pinkel werden: «Pass ma uff, bald issa Lakai beim Kaiser.»

«Wann darf ich die Dame denn mal sehen?», fragte Lubosch.

Kappe zögerte mit einer Antwort. Nahm er den Freund mit nach Wendisch Rietz, konnte es geschehen, dass er Klara Avancen machte, ließ er ihn zu Hause, lief er Gefahr, dass Klara nicht mitfuhr, denn sie hatte eine unheimliche Angst davor, ins Gerede zu kommen. Was blieb ihm da anderes übrig, als Liepe sozusagen mit ins Boot zu nehmen? Er informierte den Freund über den geplanten Ausflug.

«Wunderbar!», rief Lubosch. «Morgen um neun am Görlitzer Bahnhof! Und was machen wir heute Abend?»

Kappe überlegte kurz. «Im Hinblick darauf, dass wir morgen ziemlich früh aus den Betten müssen, würde ich sagen: Nicht allzu viel. Ich hätte zwar gern ein bisschen Fußball gespielt, aber ...»

«Bloß nicht!» Lubosch hasste die plumpe Balltreterei. «Gehen wir lieber tanzen. Wie wär's mit Schramm in Wilmersdorf?»

Kappe winkte ab. «Ich hab doch jetzt meine Klara, ich muss doch nicht mehr suchen gehen.»

Lubosch spielte den Kenner. «Dass du deine Klara schon hast, ist wohl ein bisschen übertrieben. Und selbst wenn dem so wäre, was stünde da einer neuer Eroberung im Wege?»

«Sie!», rief Kappe mit Emphase.

Da konnte der Freund nur milde lächeln. «Wie heißt es bei Schiller in der *Bürgschaft*? Die Treue ist ein leerer Wahn.»

«Meiner Ansicht nach heißt es da: Die Treue, sie ist doch kein leerer Wahn.»

Sie stritten sich noch ein Weilchen über die richtige Version und konnten sich nicht darauf einigen, was nun richtig war. Auch Pauline Mucke, die sie zur Schiedsrichterin machen wollten, wusste es nicht.

«Det einzige, wat mir an Schillern interessiert, sind Schillerlocken.» Die aß sie für ihr Leben gern. Sie musterte die beiden. «Die Herren sehen so unternehmungslustig aus, wo soll't denn heute hinjehen, wieda zu Schramm?»

«Nein, nur in die Wiener Straße zum Billardspielen, denn wir wollen ja morgen früh nach ...»

Kappe konnte den Satz nicht zu Ende bringen, weil in diesem Augenblick heftig am Klingelzug gerissen wurde.

«Imma langsam mit die jungen Pferde!», rief Pauline Mucke

und lief zur Tür, um zu öffnen. Draußen stand ein Blauer. Sie fuhr staunend zurück. «Woll'n Se mir verhaften?»

Der Schutzmann ignorierte sie. «Es geht um einen Herrn Kappe, den soll ick abholen.»

Kappe erschrak. «Das muss ein Irrtum sein, ich bin doch selber ... Was soll ich denn für eine Straftat begangen haben?»

«Welche Straftat?» Nun war auch der Schutzmann verwirrt. Er brauchte einige Sekunden, seine Gedanken zu sortieren. «Sie sind doch ein Kriminaler?»

«Ja, warum?»

Der Schutzmann machte eine hilflose Geste. «Nu is aba jut, junga Mann, woher soll ick wissen, warum Sie ein Kriminaler sind?»

«Nein, ich meine, warum Sie mich jetzt mitnehmen wollen.»

«Na, weil unten 'n Automobil steht und die mir gesagt haben, ick soll Ihnen abholen, weil et dringend is.»

Kappe machte sich auf den Weg nach unten, und Lubosch, der ihm folgte, meinte trocken, Szenen wie diese ersparten ihm den Theaterbesuch. Als Kappe unten Galgenberg vor einem Auto stehen sah, begriff er noch immer nichts.

«Haben Sie sich ein Automobil gekauft und wollen mich zu einer kleinen Rundfahrt einladen?»

Galgenberg lachte. «Schön wär's. Nee, die Kutsche gehört dem Polizeipräsidenten, und ick soll Sie mitnehmen, weil wieder einmal eine Leiche angefallen is.»

Kappe konnte nicht verhindern, ein wenig rot zu werden. «Eine Mordsache. Und da soll ich ...? Ich bin doch noch ein ...» Er suchte einen Augenblick nach dem passenden Begriff und kam dabei auf Karl May. «... ein Greenhorn.»

«Aber der Herr von Canow sagt, wir sollten Sie mitnehmen, Sie würden sich da bestens auskennen in Moabit.»

«Nun ja ...»

Feste Mordkommissionen gab es bei der Berliner Polizei noch nicht, sie wurden von der Fachinspektion A, zuständig für alle Fälle von Mord und Körperverletzung, immer erst ad hoc zusammengestellt.

Kappe konnte sich also auf der einen Seite gebauchpinselt fühlen, auf der anderen Seite kam er sich aber vor wie ein Hochstapler und hatte Angst zu versagen. Aber was blieb ihm übrig, als sich von Lubosch zu verabschieden und zu Galgenberg in den Wagen zu steigen?

«Nicht vergessen: Morgen früh um neun, Görlitzer Bahnhof!», rief ihm Lubosch zu. «Sonst fahre ich mit deiner Klara allein nach Wendisch Rietz.»

Obwohl Kappe wusste, dass das nur Spaß war, traf es ihn wie ein Streifschuss, und er hatte Mühe, Galgenbergs Erläuterungen zu folgen: dass man in Moabit auf einem Kohlenplatz einen Mann getötet und dann die Baracke mit dem Büro angesteckt hatte.

«Sie werden sich auf eine verkohlte Leiche gefasst machen müssen.»

Kappe schluckte, gab sich aber leichenfest. «Besser als eine Wasserleiche. Davon hatten wir im Storkower wie im Scharmützelsee so einige ...»

In flotter Fahrt ging es durch die abendliche Stadt. Überall waren die Gaslaternen angegangen, und Kappe genoss den Glanz der Hauptstadt. Ihr Chauffeur wählte die Route über die Dresdener, die Ross-, die Leipziger, die Friedrich-, die Chaussee- und die Invalidenstraße, um nach Moabit zu kommen. Das sei ein kleiner Umweg, ginge aber schneller, erklärte er ihnen.

«Macht nichts», kommentierte Galgenberg diese Mitteilung. «Leichen laufen selten weg, es sei denn, unsere ist gar nicht verkohlt, sondern will uns nur verkohlen. Da hatte ich mal einen Fall in einer Kneipe, Marke Keilerei mit Tanzvergnügen, wo wirklich einer nur scheintot war und weggelaufen ist, als wir angerückt kamen.»

Kappe hörte nur bedingt zu. Ihn beschäftigte eine ganz andere Frage. «Hat denn der Mord auf dem Kohlenplatz etwas mit den Moabiter Unruhen zu tun?»

Galgenberg nickte. «Nach dem, was ich bis jetzt gehört habe, sieht es ganz so aus, als hätten se einen Streikbrecher umgebracht.»

«Dann wird die Stimmung ganz schön aufgebracht sein», fürchtete Kappe. «Gegen uns.» Er wusste, dass die Arbeiterschaft die Polizei nicht besonders liebte und ihr Tyrannei vorwarf. Das lag vor allem an der Arbeit der Abteilung VII, der politischen Abteilung der Polizei in Berlin. Nun war es sicherlich Unsinn, diese im Hinblick auf Stärke und Brutalität mit der russischen *Ochrana* zu vergleichen, wie das einige Sozialisten taten, aber ihre Hauptaufgabe war nun einmal, die Sozialdemokratie zu bekämpfen und das, was man als internationalen Anarchismus bezeichnete. Insbesondere die Führer der sozialistischen Bewegung erfreuten sich einer liebevollen Behandlung. So wurde Agnes Wabnitz, eine Schneiderin, die zur prominenten Arbeiterführerin geworden war, im August 1894 in den Selbstmord getrieben, weil sie befürchten musste, von der politischen Polizei zum zweiten Mal in ein Irrenhaus eingeliefert zu werden. Jahrelang waren die Sozialdemokraten von sogenannten Achtgroschenjungen bespitzelt worden, und erbittert hatte August Bebel erklärt, den Polizisten, wenn denn der Tag gekommen sei, alle Demütigungen und Repressalien, die man erlitten habe, mit gleicher Münze heimzuzahlen. Man plante weder Bürgerkrieg noch Revolution, wollte aber die Straße für massive Arbeiterdemonstrationen nutzen. Der Polizeipräsident Traugott von Jagow hatte daraufhin im Vertrauen auf den militärischen Apparat der Schutzmannschaft verkündet: «Die Straße dient dem Verkehr! Ich warne Neugierige!» Schon am 25. Februar 1892 hatte ein Protestmarsch von dreitausend Arbeitslosen vom Friedrichshain zum Stadtschloss stattgefunden. Der Demonstrationszug war von der berittenen Polizei auseinandergetrieben worden, und danach hatte es heftige Kämpfe mit etlichen Verwundeten gegeben. Die unteren Klassen waren wütend, weil die Polizei bei jeder Auseinandersetzung zwischen Arbeitern und Kapital gegen sie war.

Galgenberg langweilte sich ein wenig, und wie immer, wenn er das tat, kam er mit seiner Aufforderung, der andere möge doch einen Satz mit ... bilden. «Kappe, ein Satz mit Bellevue?»

«Keine Ahnung.»

«Ick belle wü een Hund.»

Kappe hatte viel mit seinem Nachbarn Trampe geredet und wusste, was da brodelte, und so war er von unguten Gefühlen erfüllt, als sie Moabit erreicht hatten und er die Menge in der Wiclefstraße stehen sah. Nur mit Mühe konnten ihnen die uniformierten Kollegen den Weg zum Kohlenplatz bahnen. Übelste Schimpfworte wurden ihnen zugerufen, denn die Leute glaubten, dass einer der Streikposten ermordet worden war.

Leiter der Mordkommission Kohlenplatz war der Kriminalinspektor Waldemar von Canow, 49 Jahre alt. Für einen Adligen hatte er es bei der Polizei nicht eben weit gebracht, aber zum einen stammte er aus dem untersten Adel, und zum anderen verfügte er über keine andere außergewöhnliche Begabung als die, sehr gut Billard zu spielen. Menschen, die ihn nicht leiden konnten, nannten ihn einen «degenerierten Adligen» oder sprachen davon, dass er einmal einen leichten Tod haben werde: «Na, viel Geist hat er nicht aufzugeben.» Die meisten aber schätzten ihn als geselligen Menschen und taten sich gern mit ihm zusammen, um Karten und Billard mit ihm zu spielen oder mit ihm und seiner Familie Landpartien zu unternehmen. Er war mit einer Bürgerlichen verheiratet, mit der Tochter eines Postrats. Charlotte hatte ihm vier reizende Kinder geschenkt, zwei Knaben und zwei Mädchen. Canow genoss das Leben, und wenn er denn finanziell dazu in der Lage gewesen wäre, hätte er liebend gern auf seinen Dienst verzichtet, aber von seinem Vater, einem Gutsverwalter aus Mecklenburg, hatte er nichts als Schulden geerbt und von seiner Mutter nur ein paar vergleichsweise wertlose Schmuckstücke. Man wohnte mehr oder minder standesgemäß in einem der neuen Mietshäuser am Kaiserplatz.

Kappe verfügte über die Gabe, sich in andere Menschen hineinzuversetzen, auch wenn sie viel älter waren als er und höheren Ständen angehörten, und so brauchte er von Canow nur anzusehen, um zu wissen, dass der diesen Einsatz verfluchte. Es hatte ein schöner Abend mit Austern und Champagner werden sollen, dann endlose Partien Bridge und Whist. Nun musste er durch den Schlamm aus Kohlengrus und Löschwasser waten.

Die Feuerwehrleute hatten ihre Arbeit getan und waren dabei, wieder abzurücken. Nur eine kleine Brandwache sollte noch zurückbleiben, falls das Feuer in einem der Brandnester doch wieder aufflackern würde. Bei Kohlen wusste man das nie so genau.

Dr. Kniehase kam herbei, um Galgenberg und Kappe zu informieren. «Die verkohlte Leiche liegt dort in der Baracke. Kommen Sie mit, ich zeig Ihnen, wo.»

Die Feuerwehrleute hatten elektrische Lampen aufgestellt, und das Licht war gar nicht so schlecht, doch Kappe hatte trotzdem Mühe, etwas zu erkennen, denn der verbrannte Körper hob sich nicht im Geringsten von den schwarzen Balken ab, die wild durcheinander lagen. Außerdem war er mächtig geschrumpft und furchtbar gekrümmt. Nur die Arme waren vorgestreckt, als hätte der Tote noch boxen wollen. Kappe hatte das Bild einer Ameise vor sich, wie sie die als Kinder mit Hilfe einer Lupe und des Sonnenlichtes verbrannt hatten.

«Bei verkohlten Leichen erbringt die Leichenschau keine sicheren Hinweise zur Todesursache», erklärte ihnen Dr. Kniehase, nachdem sie sich durch die Trümmer vorgearbeitet hatten. «Auf alle Fälle handelt es sich um einen Mann. Frage: Ist er eines natürlichen Todes gestorben oder eines unnatürlichen und erst dann verbrannt worden? Ist er durch Rauchgasvergiftung gestorben? Schauen wir mal. Schon bei der äußeren Besichtigung kann man Hinweise auf vitales Verbrennen finden, zum Beispiel die Wimpernzeichen. Wenn Augenbrauen und vordere Kopfhaare vollständig versengt, von den Wimpern aber nur die Spitzen gekräuselt sind, können wir darauf schließen, dass die Augen zugekniffen worden sind. Hier sehe ich aber keine Wimpernzeichen.

Auch keine Krähenfüße – das heißt, dass die ehemaligen Täler der Hautfalten an den seitlichen Augenwinkeln heller sind als die verbrannte Haut ringsum.»

Dr.-Ing. Konrad Kniehase hatte als Ingenieur im kaiserlichen Heer gedient und dann lange Jahre an der Artillerie- und Ingenieurschule gelehrt, bevor man ihn gezwungen hatte, wegen einer Liebesaffäre mit der Frau eines Vorgesetzten den Militärdienst zu quittieren. Nach einigem Hin und Her war er zur Kriminalpolizei gestoßen, wo man langsam aber sicher daranging, sich bei der Aufklärung von Verbrechen auch naturwissenschaftlicher Methoden zu bedienen. Er war ein Tüftler, der mit seinen kriminaltechnischen Untersuchungsergebnissen seinen Kollegen immer wieder weiterhelfen konnte. In letzter Zeit hatte er versucht, sich auch Kenntnisse auf dem Gebiet der forensischen Medizin anzueignen, und die wollte er jetzt auf dem Kohlenplatz unter Beweis stellen.

«Die Fechter- oder Boxerstellung der Leiche ist nach Todeseintritt durch Hitzeschrumpfung aller Muskeln entstanden», erklärte er, während er sich nach unten beugte. «Die Verkohlung der Nägel zeigt an, dass die Verbrennungstemperatur über vierhundert Grad betragen hat.»

«War ja auch ein ganz schönes Feuerchen», sagte Galgenberg. «Aber was ist denn nun, Doktor, war der Mann schon tot, als der Brand ausgebrochen ist?»

«Ich würde sagen: ja.»

«Aber wie ist er ums Leben gekommen?»

«Wahrscheinlich durch das Loch da im Kopf», sagte Kappe.

Galgenberg lachte. «Sie meinen die Nasenlöcher?»

«Nein, das Loch hier in der Stirn.»

Von Canow, der ihnen langsam gefolgt war, leuchtete mit einer Blendlaterne. «Da hat er recht, das ist zweifellos ein Einschussloch. Prima, mein Lieber!»

Kappe freute sich einerseits über das Lob, fürchtete aber andererseits, sich Galgenberg und Dr. Kniehase für immer zu Feinden gemacht zu haben. Er hatte sich ungefragt eingemischt und die Autorität der Fachleute in Frage gestellt. So etwas tat man nie ungestraft.

Doch zumindest Galgenberg schien für solche Regungen unempfindlich zu sein. «Nu mal ran an'n Sarch und mitjeweent, ick meine: ran, den Täter suchen. Wenn's 'n Schuss war, muss den vorher jemand abgefeuert haben. Der Tote selber? Dann müsste die Waffe neben ihm liegen. Tut sie aber nicht. Also war es ein anderer. Und wer? Weil wir hier in Moabit sind, würde ich sagen: Es war einer von den Streikenden.»

Kappe wollte das nicht so stehen lassen. «Das setzt aber voraus, dass der Tote hier ein Streikbrecher war.»

«Wenn er hier gearbeitet hat, wird er in den Augen der Streikenden einer gewesen sein», sagte von Canow.

Dr. Kniehase zeigte auf die verkohlte Leiche. «Ist das denn hier ein Arbeiter von Kockanz?»

«Wissen wir noch nicht», antwortete von Canow. «Ich habe nach Kockanz schicken lassen, aber er ist noch nicht gekommen.»

«Haben sich denn schon Zeugen gemeldet?», fragte Galgenberg.

«Ja, das Ehepaar, das die Feuerwehr alarmiert hat. Das sitzt in der Kneipe gegenüber, hat aber noch unter Schock gestanden, sodass ich es nicht weiter ausfragen konnte.» Von Canow zog seine Uhr aus der Tasche. «Jetzt müssten sie sich aber schon wieder gefangen haben, gehen wir mal hin.»

Als sie über den aufgeweichten Kohlenplatz gingen und von einer kleinen Insel mit festerem Boden zur anderen hüpften, kam ein Schutzmann auf sie zu und hielt von Canow einen Rucksack hin.

«Den haben wir hier auf dem Platz gefunden, Herr Inspektor.»

«Und was ist drin?»

«Kohlen.»

«Ah, da hat einer Kohlen klauen wollen.» Von Canow winkte

Kappe heran. «Nehmen Sie den mal, vielleicht bringt er uns auf die Spur der Täter.»

Kappe tat, wie ihm geheißen. Nachdem er einen Blick in den Rucksack geworfen hatte, wagte er es, seinen Vorgesetzten auf einen kleinen Widerspruch aufmerksam zu machen. «Pardon, aber im Rucksack befinden sich Presskohlen einer Marke, die Kockanz nicht führt.»

«Da hat uns Storkow ja einen richtigen Sherlock Holmes beschert», merkte Dr. Kniehase an.

Kappe wusste nicht, ob er das als Anerkennung oder als Spott werten sollte. Wahrscheinlich war es beides zugleich, und er versuchte den etwas abgehobenen Ton der Berliner zu treffen: «Tut mir leid, dass ich als Junge so viel Karl May gelesen habe, ich werde es auch nie wieder tun.»

«Is ja doll bei Kroll», sagte Galgenberg. «Aber wer ist so dusslig und schleppt Kohlen auf 'nen Kohlenplatz?»

Da hierauf keiner eine Antwort wusste, gingen sie erst einmal in die Kneipe, um mit den Zeugen zu sprechen. Von Canow hatte sich die Namen notiert. «Magnus und Johanna Hagenhausen.»

Als Magnus Hagenhausen die Kriminalbeamten auf sich zukommen sah, zuckte er zusammen, denn was der eine da in der Hand hielt, war ohne Frage sein Rucksack.

Nachdem sie sich begrüßt und einander vorgestellt hatten, wurde Hagenhausen gebeten zu schildern, was er und seine Frau erlebt hatten.

Von Canow teilte seinen Leuten die Aufgaben zu. «Kappe, Sie notieren alles, was gesagt wird, und Sie, Galgenberg, führen die Untersuchung.»

Galgenberg nickte. «Gut, ich suche die Unterführung.»

«Welche Unterführung?», fragte Hagenhausen.

«Ach nichts, erzählen Sie mal.»

Hagenhausen tat es sehr ausführlich, und seine Frau, die ihn immer wieder unterbrach, ergänzte das Gesagte durch ein paar Details.

«Einen Schuss haben Sie aber nicht gehört?», fragte Kappe.

Beide überlegten einen Augenblick und verneinten dann. «Wenn einer gefallen ist, muss das gewesen sein, bevor wir in der Nähe des Kohlenplatzes angelangt sind.»

Galgenberg fand das nicht so wichtig und hätte lieber mehr von dem Mann gehört, den das Ehepaar bei seiner Flucht gesehen hatte. «Können Sie ihn näher beschreiben?»

Hagenhausen schloss die Augen und bemühte sich, die Szene wieder vor Augen zu haben. «Er kam aus der Baracke gerannt, die Fackel in der Hand ... Da ist er erst einmal gestürzt, lang hingeschlagen und hat danach gehumpelt. Die Fackel hat schon gebrannt, und die hat er dann in das offenstehende Fenster geworfen. Dann ist er zu dem Bretterzaun hinten, und über den ist er dann rüber. Einen schwarzen Anzug hatte er an und einen Hut auf, so einen runden englischen. Der muss sehr fest auf dem Kopf gesessen haben, denn er hat ihn beim Laufen nicht verloren.»

«Ob er einen Revolver in der Hand hatte, haben Sie nicht sehen können?», fragte von Canow.

«Nein.»

Auch Johanna Hagenhausen verneinte dies und fügte noch hinzu, dass der Mann etwa die Figur ihres Gatten gehabt habe. «Also mittelgroß und unauffällig.»

«Sein Gesicht konnten Sie aber nicht erkennen?», fragte Galgenberg.

«Nein, dazu war es viel zu dunkel. Ich kann Ihnen nicht mal sagen, ob er einen Bart hatte oder nicht.»

Kappe wies auf den grauen Rucksack mit den Briketts, den er auf den Stuhl neben sich gestellt hatte. «Diesen Rucksack hier hat er nicht zufällig verloren?»

Hagenhausen zögerte einen Augenblick. «Nein, der stand auf dem Kohlenplatz, als wir gekommen sind.»

Kappe klappte ihn auf und zeigte auf ein mit Kopierstift geschriebenes Monogramm. «M. H. Wie heißen Sie noch mal mit Vornamen, Herr Hagenhausen?»

«Ich? Magnus.»

«Das ist ja großartig!», rief von Canow, der gern auf seine Lateinkenntnisse hinwies. «Und das ist wirklich nicht Ihrer?»

«Nein.»

«Ist ja mysteriös! Wer schleppt schon Kohlen auf einen Kohlenplatz?» Der Leiter der Mordkommission musste zugeben, ratlos zu sein. Er bedankte sich bei den Hagenhausens und zog sich mit seinen Leuten in die Ecke zurück. «Ansonsten scheint die Sache klar zu sein: A erschießt B und zündet dann, um den Mord zu verdecken, die Baracke an und ergreift die Flucht.»

«Nach den Gesetzen der reinen Logik könnte es auch C gewesen sein», wandte Dr. Kniehase ein.

«Und warum sollte B dann die Baracke in Brand gesetzt haben?», fragte Galgenberg. «Junge, popel nich so ville, lass noch wat für morjen drinne.»

Ihre Diskussion wurde durch einen Schutzmann unterbrochen, der in die Kneipe gekommen war, um ihnen mitzuteilen, dass der Besitzer des Kohlenplatzes inzwischen eingetroffen sei. «Soll ick ihm rinholen?»

«Nein, wir kommen schon», beschied ihm von Canow.

Sie fanden Gottfried Kockanz an den Pfosten seiner Toreinfahrt gelehnt, wie er mit versteinertem Gesicht auf die Trümmer seiner Baracke starrte.

«Seien Sie unseres Mitgefühls versichert», sagte der Leiter der Mordkommission. «Wenn Sie sich ein wenig gesammelt haben, wären wir Ihnen sehr zu Dank verpflichtet, wenn Sie uns dabei helfen würden, den Mann zu identifizieren, den wir als verkohlte Leiche in ihrer niedergebrannten Baracke gefunden haben.»

«Ich bin schon unterrichtet worden», sagte Kockanz mit leiser Stimme. «Als man mich von zu Hause abgeholt hat.»

«Haben Sie denn als Letzter den Kohlenplatz verlassen?», fragte Galgenberg.

«Nein, als ich gegangen bin – das muss so gegen sieben Uhr gewesen sein –, ist noch einer meiner Arbeiter dageblieben, weil noch eine Menge zu tun war ... jetzt, wo die meisten Kohlenhandlungen bestreikt werden.»

«Ihre aber nicht?», fragte Kappe.

«Nein.»

«Dann waren Ihre Arbeiter also Streikbrecher?»

«Ja, wenn Sie so wollen.»

«Das wird Ihren Leuten nicht gerade die Liebe der Streikenden eingebracht haben», sagte von Canow und hatte damit schon die erste Hypothese formuliert. «Aber sehen wir erst einmal, ob der Mann wirklich zu Ihren Arbeitern gehört hat.»

Man musste Kockanz fast stützen, als sie vor der Baracke standen. Die Männer von der Mordkommission hatten noch nichts verändert. Der Photograph war gerade dabei, seine Aufnahmen vom Tatort zu machen, hatte aber Schwierigkeiten mit seinem Magnesiumpulver.

«Das ist ja Paule!», schrie Kockanz. «Mein bester Mann, Paul Tilkowski. Gott, das ist alles meine Schuld. Er wollte unbedingt arbeiten, doch ich hätte sagen sollen: ‹Streik du mal auch, sonst ...›»

Er brach ab, denn in diesem Augenblick kam Sophie Schünow auf den Platz. Im Laufe des Abends war es bis zu ihrer Plätterei in der Thurmstraße vorgedrungen, dass es auf dem Kohlenplatz in der Wiclefstraße gebrannt und einen Toten gegeben haben sollte, und von dunklen Vorahnungen erfüllt, war sie losgelaufen. Sie wusste, dass ihr Paul noch lange hatte arbeiten wollen, um ein paar Groschen mehr in der Lohntüte zu haben. Für das Küchenspind, wenn sie heiraten und eine eigene Wohnung haben würden. Sie hatte ihn darum gebeten.

Als sie die ganze Wahrheit erfuhr, brach sie zusammen und musste ins Moabiter Krankenhaus geschafft werden.

SECHS
Sonntag, 25. September 1910

GUSTAV DLUGY liebte, seit er wieder in Deutschland war, den Frühschoppen am Sonntagmorgen. Saß er zu dieser Zeit allein in seiner nicht eben fürstlichen Behausung, wurde er rammdösig. Darum hatte er sich heute um 8.30 Uhr mit seinem Freund Albert Priebisch am Bahnhof Beusselstraße verabredet. Der Freund kam mit dem Zug aus Rixdorf, musste also um die halbe Stadt herumfahren, wobei es von der Fahrzeit her kaum eine Rolle spielte, ob er den Weg über den Süd- oder den Nordring wählte.

Dlugy hatte sich schon eine Viertelstunde vor Ankunft des Freundes am Bahnhof eingefunden, denn er stand immer wieder gern an den Gleisen und beobachtete das rege Treiben auf dem Güterbahnhof, der sich bis zur Putlitzstraße hin erstreckte. Im Grunde seines Herzens war er noch immer Reichsbahner und der Platz auf der Lokomotive seine geheime Sehnsucht. Wenn ihn damals nicht der Jähzorn übermannt hätte ... «Mit einem Schlag hat sich damals mein Leben verändert», war eine seiner stehenden Wendungen. Was hätte aus ihm nicht alles werden können, wenn er damals nicht zugeschlagen und seinen Lokführer erheblich verletzt hätte. Aber vielleicht wurde nun gerade deswegen viel aus ihm – als Gewerkschaftsführer, als Politiker. Er war ein begnadeter Redner, und er fühlte, dass er die Leute in der Hand hatte, wenn er zu ihnen sprach. Die andere Seite, Kupfer & Co. und deren Anwälte, hatte ihn gerade als Demagogen beschimpft – er nahm das hin wie einen Orden.

In der rechten Seitentasche seines schwarzen Anzugs hatte Dlugy eine Browning-Pistole stecken, und er fürchtete nun ständig, sie würde, schwer wie sie war, das Futter durchstoßen und innen zum Rücken rutschen. Auch beulte sie den Stoff nach außen mehr als unschön aus. Aber trug er sie in der Hosentasche, konnte er nicht richtig laufen, und verbarg er sie in der Brusttasche, sah das mehr als komisch aus. Im Hosenbund hielt sie nicht.

Jetzt kam der Zug aus Richtung Jungfernheide angedampft, und Dlugy erfreute sich an seinem Anblick. Ebenso freute er sich auf Albert Priebisch. Sie hatten sich auf einer Gewerkschaftsversammlung kennengelernt und waren zudem Genossen in der SPD. Die politische Arbeit war ihnen Herzensangelegenheit. Albert Priebisch war Zimmermann und als solcher viel in der Welt herumgekommen. Das verband ihn mit Dlugy, ebenso wie der Drang, frei zu sein und keines anderen Mannes Knecht oder Sklave. Wenn sie schon ihre Arbeitskraft verkauften, weil sie es mussten, wenn sie nicht ins Lumpenproletariat abrutschen oder verhungern wollten, dann hegten sie den Unternehmern gegenüber einen tiefen Groll und dachten bei jedem Befehl, den sie auszuführen hatten: «Warte nur ab, bis die Revolution kommt und sich die Verhältnisse umkehren werden.» Schluss damit, dass die einen die anderen ausbeuteten! «Der Mehrwert unserer Arbeit gehört uns!»

Als Priebisch aus dem Bahnhofsgebäude kam, umarmten sie sich. Dlugy äußerte seine Hoffnung, dass es ein schöner und ereignisreicher Tag werden würde.

Priebisch lachte. «In Moabit immer – bei der Tradition, die ihr hier habt.» Das war eine Anspielung auf die berühmten Männer, die hier gewohnt und gewirkt hatten. An der Spitze Karl Marx, der im März und April 1861 bei Ferdinand Lassalle in der Bellevuestraße 13 untergekommen war. 1888 war Wilhelm Liebknecht im sechsten Wahlkreis (Moabit und Wedding) mit großer Mehrheit in den Reichstag gewählt worden. 1885 hatte Gerhart Hauptmann in der Lüneburger Straße gewohnt und seine ersten Dramen geschrieben, und im Jahre 1900 hatte Lovis Corinth ein Atelier in der Klopstockstraße bezogen. 1906 schließlich hatte der Schuster Wilhelm Vogt am Bahnhof Putlitzstraße mit der Rekrutierung eines Trupps Soldaten seine Karriere als Hauptmann von Köpenick begonnen.

«Und mit dem Streik der Kohlenarbeiter schreiben wir ein weiteres Stück Geschichte», sagte Dlugy und führte Priebisch zum Kohlenplatz von Kupfer & Co. in der Sickingenstraße. «Heute ist noch alles ruhig geblieben, aber es wimmelt überall von Blauen.»

«Kein Wunder nach dem Mord gestern Abend.» Albert Priebisch hatte es während der Bahnfahrt nach Moabit in der Morgenausgabe des *Berliner Lokal-Anzeigers* gelesen. «In der Zeitung steht, dass das Opfer ein Kohlenarbeiter gewesen sein soll.»

«Ja, der Paul Tilkowski.»

«Kanntest du den?»

«Klar kannte ich den, bei Kockanz hat er gearbeitet. Ein Streikbrecher. Pfui Deibel!» Dlugy spuckte auf das Trottoir.

Dlugy wurde überall freudig begrüßt. Man erzählte ihm, dass keiner von den Streikenden bereit war aufzugeben, jetzt erst recht nicht, und dass in der kommenden Nacht ein heißes Tänzchen zu erwarten sei.

Als sie in Dlugys Stammkneipe in der Rostocker Straße angekommen war, sahen sie an einem der Tische August Werner sitzen. Dlugy kannte ihn von einigen Gewerkschaftsveranstaltungen her und fragte, ob sie neben ihm Platz nehmen dürften.

August Werner war 1863 als Sohn eines Arbeiters in Storkow geboren worden, hatte den Beruf des Müllers gelernt und war dann nach Berlin gegangen, um hier als Hausdiener und Handelsgehilfe zu arbeiten. Seine Gewerkschaftskarriere hatte er 1886 mit dem Eintritt in den «Unterstützungsbund der Hausdiener Berlins» begonnen, war dann zum «Zentralverband der Handels-, Transport- und Verkehrsarbeiter» gestoßen und hatte sich um den Aufbau einer gewerkschaftseigenen Arbeitsvermittlung verdient gemacht. Dlugy und seine Freunde versprachen sich von August Werner einiges, hatte er doch vor sechs Jahren geholfen, den Streik der Müll- und Mehlkutscher erfolgreich zu Ende zu bringen. Es begann eine heftige Diskussion.

«Ich bin entsetzt über das, was letzten Abend hier in Moabit geschehen ist», sagte August Werner und argumentierte so, wie es sich für einen Sozialdemokraten gehörte. «Was hat Liebknecht 1892 nach den Plünderungen an der Großen Frankfurter Straße ausgerufen? ‹Ehrliche Arbeiter sind keine Lumpen!› Wer Fensterscheiben einwirft und Läden plündert, der ist ein Lumpenproletarier – und die gehören nicht in die SPD.»

Dlugy widersprach ihm heftig. «Wir können doch nicht zusehen, wie die Massen diszipliniert verhungern! Die bürgerliche Welt kann man nur durch Plünderungen und Verheerungen aufrütteln. Sie muss schlottern vor Angst, dann wird sie auch höheren Löhnen zustimmen.»

«Schlottern vor Angst?», fragte August Werner. «Auch durch Morde?»

«Auch durch Morde», beharrte Dlugy, «wenn es sein muss. Denn die herrschende Klasse mordet andauernd. Ermordet uns. Dadurch, dass wir in den feuchten Wohnungen Motten in die Lungen kriegen, dass unsere Kinder an Unterernährung sterben, dass wir uns bei der Arbeit die Knochen brechen.»

«Psst!», machte August Werner, der offenbar fürchtete, in Gustav Dlugy einen Anarchisten oder gar einen Agent provocateur vor sich zu haben. «Wer zu radikal denkt, gefährdet uns.»

Jetzt mischte sich auch Priebisch ein. «Sollen die Moabiter die Säbelhiebe und die Prügel, die sie von Polizisten bekommen haben, mit dem blöden Lächeln eines russischen Muschiks dankend hinnehmen?»

August Werner trank sein Bier aus. «Wir haben die Verhandlungen zwischen Arbeitgebern und Arbeitnehmern, wir haben den Reichstag.»

Dlugy sprang auf. «Und wir haben die Schutzmänner, die Jagd auf die Arbeitslosen und die Streikenden machen – das ist wirklich ein herrlicher Staat!»

«Ich warne euch hier in Moabit!», rief August Werner. «Das ist doch alles fruchtlos.»

«Aber die Wut muss raus.» Dlugy warf ein paar Münzen auf den Tisch und zog Priebisch aus der Kneipe. «Komm, sonst muss ich noch kotzen.»

«Beruhige dich doch erst mal.»

Dlugy fing sich wieder. «Du hast ja recht. Lass uns irgendwohin ins Grüne fahren. Ich frag noch 'n paar Freunde, ob sie mitkommen, und vielleicht hat Luise auch Zeit und Lust.»

«Eine gute Idee. Und wohin: Tegel oder Schildhorn?»

«Warten wir mal ab, was die anderen wollen.»

Es dauerte fast zwei Stunden, ehe sie alle beieinander hatten, und so fuhren sie dann zu fünft nach Schildhorn hinaus: Gustav Dlugy, Albert Priebisch, Ludwig Latzke, der seinen Freund Kappe nach Berlin gefolgt war, Johannes Sprotte und Luise Waldschischeck. Auf Bahnen, Busse und Pferdefuhrwerke waren sie heute nicht angewiesen, denn Latzke hatte sich das Automobil seiner Firma ausgeliehen. Es war ein Materialwagen, in dem ansonsten immer Leitern, Tapeziertische, Pinsel und Farbeimer transportiert wurden, und wer nicht höllisch aufpasste, kam abends mit bunten Flecken nach Hause, aber das war immer noch besser, als stundenlang zu Fuß durch die Gegend zu latschen oder das teure Fahrgeld zu berappen.

Trotz allem, was ihn bedrückte, wurde Dlugy im Kreise seiner Freunde immer fröhlicher. Latzke kannte er vom Fußball her und Sprotte vom Druck aufrührerischer Flugblätter.

Waren Priebisch und Dlugy wahre Hünen, so konnte man den Buchdrucker Johannes Sprotte mit Fug und Recht als «Hämeken», also als schmächtigen Menschen bezeichnen. Stimmte es zwar nicht, dass er, wie viele lästerten, in Dlugys Freundeskreis der Einzige war, der richtig lesen und schreiben konnte, so war er doch sozusagen ihr intellektuelles Zentrum.

Luise Waldschischek war Fabrikarbeiterin und seit einiger Zeit Dlugys Freundin. Da ihr Vater Arzt war, hätte sie sich als höhere Tochter fühlen können und es, weiß Gott, nicht nötig gehabt, in der Kronen-Brauerei am Band zu stehen und die gereinigten

Flaschen zu prüfen. Doch sie hasste es, wenn die Genossinnen und Genossen in den Salons saßen und die Lage der arbeitenden Frau beklagten, ohne jemals eine Fabrik von innen gesehen zu haben. Angesteckt hatte sie sich bei den englischen Frauenrechtlerinnen während eines Badeaufenthalts in Brighton, und sie eilte zu jeder Veranstaltung mit Rosa Luxemburg.

Aus grauer Städte Mauern zogen sie hinaus aufs freie Feld, das heißt, sie knatterten über die Franklin- und die Marchstraße zum Knie, um dort in die Bismarckstraße einzubiegen und Kurs auf den Reichskanzlerplatz zu nehmen. Über die Heerstraße ging es dann zur Havel. Sie stellten das Automobil am Straßenrand ab und nahmen den Uferweg.

Luise Waldschischek ergriff Dlugys Hand. «Du bist so bedrückt heute. Hast du was?»

Er reagierte mürrisch. «Was soll ich schon haben? Moabit macht mir Sorgen. Ob das wirklich alles einen Sinn hat ... Das sind doch nur Nadelstiche.»

Sie kommentierte das mit einem Satz Theodor Fontanes: «Hundert Nadelstiche regen mehr auf als ein Kolbenstoß.».

Sprotte berichtete, dass er gestern einen Artikel gesetzt hatte, in dem es um einen Friedensfeldzug in England ging. «Die Unabhängige Arbeiterpartei organisiert einen nationalen Feldzug gegen die Rüstungen in der Welt. Neun Millionen Mark werden jährlich dafür ausgegeben. Von den Franzosen ist Jean Jaurès dabei.»

«In Deutschland haben die Sozialisten sicher Angst, dass der Kaiser böse guckt, wenn sie mitmachen», sagte Dlugy.

Bei Latzke in der Malerfirma hatten sie sich über einen Fall aus Duisburg scheckig gelacht. «Da hat die Strafkammer den Baptistenprediger Julius Stoll zu neun Monaten Gefängnis verurteilt. Und warum? Er hat sich als Naturheilkundler ausgegeben und weibliche Angehörige der Baptistengemeinde veranlasst, sich von ihm untersuchen zu lassen.»

«Gute Idee», sagte Priebisch. «Das werde ich auch mal machen.»

«Wehe!» Luise Waldschischek schlug mit einem abgerissenen Ast nach ihm.

Natürlich sprachen sie auch darüber, was es an Mord und Totschlag gegeben hatte.

«In Rothenburg hat sich der Kandidat der Mathematik Friedrich Maurer aus unglücklicher Liebe erschossen», sagte Latzke.

«Es ist doch egal, ob man mit zwanzig oder mit achtzig stirbt», philosophierte Sprotte. «In dem Augenblick, wenn man tot ist, spielt das doch sowieso keine Rolle mehr.»

«Vielleicht hat sich der Kohlenarbeiter in Moabit auch selber erschossen», sagte Luise Waldschischek.

Priebisch wollte das ausschließen. «Nein, auf keinen Fall. In der Zeitung steht, dass die Kriminaler keine Waffe neben ihm gefunden haben.»

«Die übersehen schon mal was.»

«Gestorben wird immer», sagte Sprotte. «Das lässt sich nicht ausschließen. Am besten ist es, wenn einen der Tod auf dem Friedhof ereilt, dann hat man es nicht mehr so weit. Wie mein Freund Karl, der Gastwirt, den kennt ihr auch, dem hat das Restaurant ‹Zum Nordpol› gehört, Varziner Straße 1, gleich am Bahnhof Wilmersdorf-Friedenau. Der geht spazieren und bleibt vor dem Gemeindefriedhof in der Stubenrauchstraße stehen, um das Portal zu bewundern, das sie gerade errichtet haben. Da ereilt ihn der Schlag.»

Damit waren sie in Schildhorn angekommen und studierten die Schilder und Ankündigungen: *Rudolf Schmidt's Wirthaus Schildhorn – Stehbier-Halle – Photographisches Atelier – Postkarten – Dampferstation.* Es war zu überlegen, ob man erst einkehren oder sich zu einer kleinen Bootsfahrt bequemen sollte.

Während sie noch nachdachten, erhob sich im Biergarten vor ihnen ein Riesengeschrei. Eine Gesellschaft von Zirkusleuten, zu der auch Schlangenmenschen, Akrobaten und Preisboxer gehörten, hatte mit anderen Gästen, die sich von ihrer Lautstärke belästigt fühlten, eine Schlägerei angefangen. Dabei machten sie von ihren trainierten Muskeln und anderen Fähigkeiten, die zu ihrem Metier gehörten, ausgiebig Gebrauch und trieben die anderen vor sich her bis auf den kleinen Platz vor den verschiedenen Gaststätten.

Einige Gäste wurden derart traktiert, dass sie laut um Hilfe und nach der Polizei riefen. Doch ehe die zur Stelle war, konnte eine Viertelstunde vergehen, sodass sich Dlugy und Priebisch gezwungen sahen, schnellstens einzugreifen. Sie rissen sich die Jacketts vom Körper und gaben sie Sprotte und Latzke zu halten. Mit ihren kraftvollen Hieben hatten sie sich schnell Respekt verschafft und die bedrohten Gäste gerettet. Den Preisboxer schlug Dlugy k. o., und dem «dicksten Mann der Welt» setzte Priebisch so zu, dass dieser zur Havel hinunterlief, um sich im Schilf zu verstecken. Man verzichtete auf seine Verfolgung und konzentrierte sich darauf, die Artisten so lange festzuhalten, bis die Gendarmen eingetroffen waren. Da drangen Hilferufe vom Ufer nach oben. Der dickste Mann der Welt war so tief in den Sumpf eingesunken, dass er sich aus eigener Kraft nicht mehr befreien konnte. Nur mit viel Mühe konnte er wieder herausgezogen werden.

Als Dank für ihr Eingreifen wurden sie vom Wirt eingeladen, kostenlos bei ihm zu essen und zu trinken. Gern nahmen sie das an. Danach mieteten sie sich ein Boot und ruderten um die Landzunge herum. Anschließend setzten sich Sprotte, Latzke und Priebisch zum Skatspielen an einen abseits gelegenen Tisch im Biergarten, während Dlugy und Luise ein Stündchen für sich allein sein wollten und zu einem Waldspaziergang aufbrachen.

Kaum waren sie an einer einsamen Stelle und den Blicken der anderen entzogen, blieb Dlugy stehen, drückte Luise fest an sich und begann sie zu küssen und zu liebkosen. Sie zögerte keinen Augenblick, seine Zärtlichkeiten zu erwidern, im Gegenteil, sie zog ihn so schnell ins Unterholz, dass er sich an den Brombeersträuchern die Hosenbeine aufzureißen drohte.

«Leg dein Jackett unter.»

Als Luise sich dann ausstreckte, schrie sie auf. Etwas sehr Hartes hatte sich in ihre Schulterknochen gebohrt. Ehe Dlugy es verhindern konnte, hatte sie in die Seitentasche seines Jacketts gefasst und den Browning herausgezogen. «Was ist denn das?!»

«Eine Pistole.»

«Wozu brauchst du die denn?»

«Zur Notwehr. Um auf Polizisten zu schießen. Und auf Streikbrecher.»

Sie wurde bleich. «Hast du damit etwa auf Tilkowski geschossen?»

«Ja.»

Luise Waldschischek sprang auf. «Bist du denn meschugge geworden?!»

«Nein. Ich musste ein Zeichen setzen.»

«Es weiß doch keiner, dass du es warst.»

«Ich werde zur gegebenen Zeit zur Polizei gehen und mich selber anzeigen.»

Sie konnte nur mit Mühe ihre Tränen zurückhalten. «Wissen es deine Freunde schon?»

«Nein, aber ich werde es ihnen nachher erzählen. Es soll ihnen Mut machen, endlich mehr zu wagen.»

Hermann Kappe hatte befürchtet, dass sein Rendezvous mit Klara Göritz ausfallen würde, aber Waldemar von Canow hatte kategorisch erklärt, dass er sich seinen heiligen Sonntag nicht von einem Kohlenarbeiter verderben lasse. «Wir können uns noch so beeilen, lebendig wird der doch nicht wieder, und der Täter läuft uns schon nicht weg, den kriegen wir auch noch am Montag.»

So saßen sie denn zu dritt – Klara, Gottlieb Lubosch und Kappe – pünktlich im Zug nach Königs Wusterhausen, wo umzusteigen war. Da Kappe erst weit nach Mitternacht von seinem Einsatz in Moabit zurückgekommen war, hockte er müde in der Ecke ihres Coupés und überließ es nach ein paar Anmerkungen zum Moabiter Mordfall dem Freund, die Angebetete zu unterhalten.

«Sie werden mich fragen, Fräulein Klara, was es Neues vom Hofe und der Gesellschaft zu berichten gibt, und da kann ich

Ihnen zunächst mit Prinz Joachim von Preußen dienen: Gerade hat er sein Abiturexamen bestanden und wird beim Aufenthalt des Kaiserpaars in Cadinen seinem Regiment, dem 5. Grenadier-Regiment in Danzig, einen Besuch abstatten.»

Klara seufzte. «Ach, käme er doch einmal zu uns ins Kaufhaus ...»

Kappe gähnte hinter vorgehaltener Hand und konnte sich eine seiner lästerlichen Bemerkungen nicht verkneifen, denn übermäßig monarchistisch war er nicht gestimmt. «Zu uns ins Polizeipräsidium ist er auch noch nicht gekommen. Aber was nicht ist, kann ja noch werden. Ludwig XVI. hätte ja auch nie gedacht, dass sie ihn mal enthaupten würden.»

Entsetzt sah sich Lubosch nach den anderen Fahrgästen um. «Psst! Wenn die uns hören ...»

«Was denn?», fragte Kappe und tat arglos. «Kann man nicht mal über die schlimmen Zustände im Lande unseres Erzfeindes lästern?»

Klara Göritz war anzumerken, dass sie seinem Freund lieber lauschte als ihm, und so nickte sie Gottlieb Lubosch huldvoll zu. «Erzählen Sie bitte weiter, was in der großen Welt noch alles passiert ist.»

Liebend gern kam Lubosch diesem Wunsche nach. «Sie werden sicherlich schon in Erfahrung gebracht haben, dass das russische Kaiserpaar zur Kur im Hessischen weilt, in Nauheim und Friedberg, und nun wird gemunkelt, dass sich der Kaiser und der Zar bald auf deutschem Boden treffen werden.»

«Am besten in Berlin», sagte Kappe. «Dann kann sich die Zarin gleich bei Rudolph Hertzog einen neuen Hut kaufen.» Nur langsam begriff er, dass er mit Bemerkungen wie dieser kaum Klaras Gunst gewinnen konnte.

Dagegen gewann Lubosch immer weiter an Boden. «Schlimm hat es den Fürsten von Bülow getroffen: In den Dünen von Norderney ist er vom Pferd gestürzt und hat sich die linke Schulter gequetscht.»

Kappe verkniff sich eine Bemerkung zu diesem Sturz und schaute nur angestrengt aus dem Fenster. Gerade hielten sie am Bahnhof Baumschulenweg. Dass auch Bäume zur Schule gehen mussten, fand er tröstlich und wollte auf die alte Schule in Wendisch Rietz zu sprechen kommen, doch die beiden anderen fanden Klatsch und Tratsch viel schöner.

«Bei uns im Adlon ist der berühmte französische Schriftsteller Marcel Prévost eingetroffen, zu meinem großen Leidwesen mit seiner Frau. Wie soll ich ihm da willige Damen verschaffen und zu einem guten Trinkgeld gelangen? Aber vielleicht kann man gerade deswegen einen Skandal erhoffen. Skandal ist immer das Süßeste.»

«Wie frivol!», gluckste Klara.

«Wenn es einen Mord geben sollte, sag mir bitte rechtzeitig Bescheid.» Kappe fand, dass es wieder einmal an der Zeit war, sich bemerkbar zu machen.

«Bitte nicht im Adlon, lieber im Hotel Reichstag. Die Komtesse Awaroff aus Petersburg, die sonst immer bei uns Wohnung genommen hat, ist dort abgestiegen.»

Weiter ging es. Am Bahnhof Schöneweide blickte Kappe sehnsuchtsvoll nach rechts, wo der Flughafen Johannisthal gelegen war, der erste in Deutschland. Fast genau vor einem Jahr hatte es hier ein «Konkurrenz-Fliegen der ersten Aviatiker der Welt» gegeben, und er war von Storkow hergekommen, um das Spektakel zu verfolgen. Wie hatte er da dem einzigen Deutschen unter den Startern, Hermann Dorner, die Daumen gedrückt, doch der war gegen die ausländische Elite mit Blériot, Rogier und Latham ohne Chance gewesen. Hermann Kappe war ein großer Liebhaber der Fliegerei und träumte davon, einmal fliegen zu lernen und eine Rumpler-Taube sein Eigen zu nennen.

Munter plaudernd passierten sie Adlershof, Grünau und Eichwalde-Schmöckwitz. Lubosch war inzwischen dazu übergegangen, das Fräulein Göritz über die kleinen Schwächen und Macken seines Freundes aufzuklären.

«Passen Sie mal auf, wenn er heftig nachdenkt, bohrt er immer mit dem rechten Zeigefinger im Ohr, und wenn er sich langweilt, kaut er auf der Unterlippe. Haben Sie das eben gesehen?»

Kappe, der ihm gegenüber platziert war, verpasste ihm einen leichten Tritt vors Schienenbein. «Hör bitte auf damit.»

Lubosch lachte. «Es ist meine Pflicht, sie vor dir zu warnen, aber ihr auch klarzumachen, dass du es manchmal nicht so meinst, wie du es sagst. – Wenn er Sie in der nächsten Woche einmal mit Fräulein Martha anreden sollten, dann liegt das nicht daran, dass er eine andere hat, sondern nur an seinem schlechten Namengedächtnis. Ständig verdreht und verwechselt er die Namen von Menschen, denen er mehrmals begegnet.»

«Ist ja gut, Kubisch!», rief Kappe.

Klara Göritz guckte irritiert. «Ich denke, Sie heißen Lubosch?»

Kappe schluckte, denn ein wenig heller hätte er sich seine Braut schon gewünscht.

Lubosch klärte Klara auf, dann fuhr er fort, ihr Kappe näherzubringen. «Ein großer Karl-May-Liebhaber ist er auch noch und wäre am liebsten Old Shatterhand. Da wir in Berlin aber keine Prärie und keine Rothäute haben, ist er Kriminaler geworden.»

«Rote schon, wenn auch keine Rothäute», sagte Klara, als wüsste sie, dass sie bei Kappe etwas gutzumachen hatte.

Kappe zählte die Stationen – Zeuthen, Wildau, Königs Wusterhausen –, denn er hatte das Gefühl, dass er schon wieder mächtig schwitzte, wie immer, wenn er Bahn fuhr. Der Militärarzt hatte klaustrophobische Tendenzen bei ihm festgestellt, was er aber für ausgemachten Unsinn hielt. Trotzdem ging er immer wieder in die Drogerie, um zu fragen, ob sie etwas gegen Schweißausbrüche hätten. Wenn Lubosch damit auch noch anfing, war es Zeit, die Abteiltür aufzureißen und ihn aus dem Zug zu werfen.

Zum Glück erreichten sie nun Königs Wusterhausen, wo sie ein Weilchen auf die Nebenbahn zu warten hatten, sodass er sich wieder abkühlen konnte.

Etwa eine Stunde lang zuckelten sie nun über Niederlehme, Zernsdorf, Cablow, Friedersdorf, Cummersdorf, Storkow und Hubertushöhe zum Bahnhof Scharmützelsee.

Langsam ging Gottlieb Lubosch der Gesprächsstoff aus, und Kappe konnte sich besser ins Licht rücken.

«Möchte jemand eine Wal- oder eine Haselnuss essen?», fragte er und zog welche aus den Seitentaschen seines Jacketts. Ehe Lubosch verneinen konnte, hielt er schon eine Walnuss in der Hand. «Aber selber knacken, einen Nussknacker haben wir nicht. Machst du das bitte für Fräulein Klara?»

Nun saß Lubosch in der Falle. So wie Kappe konnte er es nicht, dazu waren seine Finger zu zart, und die harte Nussschale mit den Zähnen zu zerbeißen wagte er auch nicht, dazu fürchtete er zu sehr um sein makelloses Gebiss.

«Na, gib schon her.» Kappe lachte und glänzte mit seiner Kunstfertigkeit. Er verschränkte seine zehn Finger ineinander und presste die beiden Handflächen so kraftvoll zusammen, dass die Nussschale schnell zerquetscht war. «Wenn man seine ganze Kindheit und Jugend über gerudert hat, dann ist das ein Kinderspiel.» Und mit einer Eleganz und Koketterie, die er sich selber nie zugetraut hätte, steckte er nun Klara die kleinen Nussstücke in den Mund. Dabei war es unvermeidlich, dass er ihre Lippen berührte. Das löste in den unteren Regionen seines Körpers Reaktionen aus, die ihn zwangen, leicht nach vorn gebeugt zu sitzen.

Als er die letzte Nuss für sie geknackt hatte, küsste Klara seine Fingerspitzen. So hielt die Fahrt denn doch noch das, was er sich von ihr erträumt hatte.

«Wir sind am Ziel!», rief Lubosch.

Nein, dachte Kappe, als er beim Aussteigen Klara galant aus dem Zug zu helfen suchte, am Ziel bin ich noch lange nicht, und das «Wir» in diesem Satz ließ ihn fast wütend werden, denn wenn er auch Freud und Leid mit Liepe teilen mochte, Klara nun ganz sicher nicht.

Eingebettet in die dunkelgrünen Kiefernwälder, die sich die

Rauener, die Dubrower und die Soldatenberge hinaufzogen, lag der Scharmützelsee. Zwölf Kilometer war er lang, aber ihr Blick reichte nur bis zur Stelle, wo sich zwischen Diensdorf und dem Silberberg ein Horn weit in den See vorschob. Dahinter schimmerten die Häuser von Pieskow aus dem schon etwas welken Grün hervor.

«Ist das nicht ein herrliches Stückchen Erde hier?», rief Klara Göritz mit bühnenreifer Emphase.

«Wenn ich erst mein Hotel hier baue ...», sagte Lubosch. «Hier am Ufer.»

Da konnte Hermann Kappe nur traurig dreinschauen. Die Natur zu erleben konnte ihn nur mäßig begeistern, und der See war für ihn nie ein großes Faszinosum gewesen, sondern immer nur ganz nüchtern der Arbeitsplatz seines Vaters. Ein sehr gefährlicher Arbeitsplatz dazu, wenn der Sturm von Norden oder Süden wehte und sich die Wellen türmten. Seine Sehnsucht hatte immer der Großstadt gegolten, und er sagte gern von sich, dass er in Wendisch Rietz als Berliner auf die Welt gekommen war.

Um vom Bahnhof Scharmützelsee nach Wendisch Rietz zu kommen, mussten sie ein Stückchen am Bahndamm zurücklaufen, bei dem herrlichen Spätsommerwetter war das aber mehr Spaß als Mühe. An der prachtvollen Wassermühle am Verbindungsgraben zum Glubigsee machten sie kurz Halt. Kappe glaubte sich zu erinnern, dass man sie im Jahre 1533 errichtet hatte. «Aber was ist schon hängengeblieben von der Heimatkunde in der Schule?» Am Zollhaus vorbei ging es zur Schleuse, und gleich dahinter hatten die Kappes ihr kleines, geducktes und mit Reet eingedecktes Haus.

Er freute sich, seine Eltern zu sehen, war aber gleichzeitig so ehrlich, sich einzugestehen, dass er sie in Berlin nicht sonderlich vermisste. Sein Vater stand gerade auf dem kleinen Rasenstück zwischen Häuschen und Ufer und war dabei, einen umgedreht auf zwei Böcken ruhenden Kahn zu teeren.

Der Fischer Wilhelm Kappe war ein derart wortkarger Mensch, dass manche dachten, er sei taubstumm. Mit wem aber sollte er, wenn er stundenlang allein in seinem Kahn saß, auch reden? Die Fische antworteten nicht. Doch auch abends im Dorfkrug bei Bier und Kartenspiel sprach er nur wenig. «Warum soll ich denn?», war seine Antwort, wenn er darauf angesprochen wurde. «Ich weiß sowieso schon im Voraus, was die anderen sagen werden.» Über das Wetter, über die schlechten Preise für Hecht und Zander und über den Kaiser in Berlin. «Außerdem redet meine Frau für zwei.»

Kappe begrüßte ihn mit einer gewissen Zurückhaltung. Das mochte daran liegen, dass er, sah er die Hände seines Vaters, sofort an die viele Prügel denken musste, die er bezogen hatte. Mit der Rute, mit dem Ausklopfer, mit dem Enterhaken.

«Alles in Ordnung?», fragte er den Alten eher beiläufig. «Fängst du genug, um ...»

«Ja.»

«Ist was für mich im Netz drin gewesen?»

«Nein.»

Das bezog sich darauf, dass Kappe hoffte, sein Vater würde wieder einmal Fundstücke aus der Germanenzeit nach Hause bringen. Auf dem Grund des Sees musste einiges liegen, hatten hier doch die Sueben gesiedelt, bevor sie ihren großen Treck nach Süden angetreten hatten. Die Zeit zwischen 50 und 600 n. Chr. war es, die Kappe interessierte. Alles Germanische sammelte er, und wo immer er war und ein wenig Zeit hatte, suchte er nach Siedlungen und grub nach Fundstücken.

Seine Mutter kam aus dem Haus. Sie umarmten sich mit großer Geste und so lautstark, dass nebenan die Fenster aufgingen.

Manche im Dorfe sagten, Bertha Kappe sei nicht ganz richtig im Kopf, weil sie pausenlos redete, oft wirres Zeug, wie es schien, aber das stimmte nicht, das lag nur daran, dass sie bei der langweiligen Haus- und Küchenarbeit so tat, als stünde sie auf einer Bühne und spielte Theater. Der Grund dafür war ein ganz einfacher und hieß Onkel Carl. Der, schon lange verstorben, hatte als Küster und Kantor in Köpenick gelebt und sie als junges Mädchen ab und an ins Theater mitgenommen. «Ihr einen Floh ins Ohr gesetzt», wie ihre Eltern meinten. Wahrscheinlich wäre sie auch nach Berlin gegangen und hätte sich als Köchin verdingt, wenn da nicht die Liebe gewesen wäre, ihr Wilhelm. Da war sie dann als Fischersfrau in Wendisch Rietz hängengeblieben. Aber so manche Rosine hatte sie noch immer im Kopf. «Muss sie wohl auch», meinten alle, die das Grimmsche Märchen vom Fischer und siner Fru noch im Ohr hatten. Doch aus dem Scharmützelsee war bislang noch kein Butt aufgetaucht, um ihr alle Träume zu erfüllen.

Seine Mutter war entzückt von Klara Göritz. «Kind, wie du dich in den letzten Jahren rausgemacht hast! Und wie du aussiehst! Eine Fritzi Massary ist gar nichts gegen dich. Eine richtige Wespentaille hast du. Hoffentlich habe ich nicht zu fett für dich gekocht. Nein, meine Fischsuppe ist ziemlich mager, aber der Zander ... in Butter gebraten. Na, wenn eine Frau zu dünn ist, hat ein Mann auch nichts von ihr, sage ich immer. Und Essen und Trinken hält Leib und Seele zusammen. Dein Kleid ist ein einziger Traum in Weiß und Himmelblau. Und die Rüschen – herrlich! Der Hut erst! Komm, las dich bewundern, Kind! Ich muss das gleich doppelt tun, denn deine lieben Eltern sind ja leider schon vor langer Zeit heimgegangen.»

So ging es eine Weile, und Kappe ging zum Schuppen, wo er seinen Bruder Albert beim Netzeflicken entdeckte. Zwölf war er geworden, ging noch zur Schule und sollte einmal Fischer werden, um das Werk seines Vaters fortzuführen. Er fragte Kappe, warum er die anderen beiden Geschwister nicht mitgebracht hatte, waren sie doch auch nach Berlin gegangen. Oskar, 24, stand als Obergefreiter beim 1. Garde-Dragoner-Regiment in der Belle-Alliance-Straße, und Pauline, 18, war als Dienstmädchen in Friedenau in Stellung.

«Schade, aber Oskar ist im Manöver, und Pauline muss mit ihrer Herrschaft eine Landpartie in den Spreewald machen, sie brauchen eine neue Amme. Aber wir sehen uns ja in Berlin auch nur alle Jubeljahre mal, jeder hat sein eigenes Leben.»

Das Mittagessen im Elternhaus verlief überaus harmonisch, und Kappe konnte sich über nichts beklagen.

«Nach dem Essen soll man ruhen oder tausend Schritte tun», sagte Wilhelm Kappe, als alles verputzt war.

«Tausend Schritte sind gesünder», entschied Bertha Kappe die Frage. «Geht mal alle zum Friedhof, Klaras Eltern besuchen, während ich mich hier mit Albert um den Abwasch kümmere.»

Das taten sie dann auch, und als sie zur Fischerkate zurückgekommen waren, spielten sie ein paar Runden Skat, wobei Klara der Kiebitz war. Dann hieß es Abschied nehmen, denn zum Kaffeetrinken wollten sie beim Major von Vielitz in Storkow sein, und so machten sie sich nach einer ausgiebigen Mittagspause auf den Weg. Es ging in Richtung Nordnordwest aus dem Dorf hinaus zur Schafbrücke, auf der sie den Storkower Kanal überquerten. Nun war das Feuchtgebiet des Storkower Sees zu durchwandern. Klara Göritz fürchtete um den schönen weißen Volant ihres Kleides, aber wäre es nach Kappe und seinem Freund gegangen, hätte sie es gar nicht hoch genug raffen können. Ein ausgedehntes Erlenbruch konnte zum Glück auf einem Bohlensteg durchquert werden. Der Weg am Ufer entlang war ebenso glitschig wie reizvoll, und sie waren froh, am Schloss Hubertushöhe auf eine halbwegs gepflegte Straße zu stoßen. Obwohl kaum mehr als vier Kilometer zurückzulegen waren, hatte Kappe schon wieder Blasen an den Hacken und vorne an den großen Zehen. Das war eine seiner Schwachstellen. Und wenn er Pech hatte, lief er sich auch noch einen Wolf.

Der Major empfing sie mit dezenter, aber aus dem Herzen kommender Freude. Kappe umarmte er sogar. Dazu rief er aus: «Da kommt ja mein Sohn, an dem ich Wohlgefallen habe. Erzähl doch mal, wie ist es dir in Berlin ergangen, man hört ja nur Gutes von dir.»

Kappe musste beim Kaffeetrinken von seinem Dienst als Kriminaler in allen Einzelheiten erzählen.

«... und jetzt gilt es, den Mord an dem Kohlenarbeiter Paul

Tilkowski aufzuklären. Als verkohlte Leiche haben wir ihn gestern Abend gefunden, aber von Canow liebt es nicht, dass man sich übereilt, und so werden wir erst morgen früh mit den Recherchen fortfahren. Ich selber hätte den heutigen Tag gerne genutzt, um ...»

«Kind!», unterbrach ihn der Major. «Sei doch froh, dass von Canow so ist, wie er ist, denn sonst wärst du heute nicht bei mir zu Gast, du und deine reizende Begleiterin und dein lieber Freund.»

«Es wäre aber Canows Pflicht gewesen, schnell zu handeln», beharrte Kappe.

«Ach was!», rief der Major und kam ihm mit einem Fontane-Zitat: «Je älter ich werde, je mehr sehe ich ein: laufen lassen, wo nicht Amtspflicht das Gegenteil erfordert, ist das allein Richtige.»

Ferdinand von Vielitz stand im Verdacht, das Vorbild für Theodor Fontanes Dubslav von Stechlin abgegeben zu haben, dabei war es eher umgekehrt, und er versuchte so milde und altersweise zu werden wie der Protagonist des Romans, der zuerst zwischen 1895 und 1897 in der Zeitschrift *Über Land und Meer* in Fortsetzungen abgedruckt worden war. Kurz danach war Fontane verstorben, aber von Vielitz hatte ihn in seiner Zeit als Offizier beim 1. Garde-Dragoner-Regiment in der Belle-Alliance-Straße ab und an beim Recherchieren für die *Wanderungen durch die Mark Brandenburg* getroffen. Der Storkower See war nun weiß Gott kein Stechlin und die Villa, obwohl viel Schinkel an der Fassade klebte, kein Herrenhaus, auch hatte er keinen Sohn wie den Waldemar und keinen Diener wie den alten Engelke, aber immerhin verstand er so zu reden wie Dubslav von Stechlin, kannte er doch den halben Roman fast auswendig.

«Schön, dass du mit deinem Dienst als Kriminaler so zufrieden bist», sagte er zu Kappe und ließ dem zwei Sätze folgen, die Fontane wortwörtlich so geschrieben hatte: « ... wer immer unzufrieden ist, der taugt nichts. Immer Unzufriedene sind dünkelhaft und boshaft dazu, und während sie sich über andere lustig machen, lassen sie selber viel zu wünschen übrig.» Dabei fiel ihm auf, dass sich Kappe schon das zweite Stück Buttercremetorte auf den Teller lud. «Seit wann bist du denn so ein Süßmaul geworden?»

«Da bei uns im Präsidium gibt es einen Kommissar, den Ernst Gennat, der lädt immer alle zum Tortenessen ein.» Kappe fiel ein, dass er den Major unbedingt fragen wollte, ob er mit seinen Nachforschungen nach dem Einbrecher vorangekommen war. «Haben Sie etwas von dem Mann gehört, der im Juni auf mich geschossen hat, von meinem Mörder, wie ich immer sage ...?»

«Nur so viel, dass er unmöglich aus unserer Gegend hier kommt, denn niemand kann sich erinnern, einem solchen Menschen je begegnet zu sein. Ich habe inzwischen mit vielen Bahnbeamten gesprochen, und ein Zugschaffner will ihn erkannt haben, wie er mit dem Zug aus Königs Wusterhausen gekommen ist. Also wird er aus Berlin stammen und auch wieder dorthin zurückgekehrt sein, denn eine Straftat nach seinem Muster ist hier nicht mehr begangen worden.»

Kappe nickte. «Ich bin mir sicher, dass er Berliner ist, und halte jeden Tag die Augen offen – bis jetzt leider vergeblich. Aber solange ich ihn nicht hinter Gittern weiß, werde ich keine Ruhe geben.»

«Recht so», sagte der Major und hatte abermals Fontane im Munde: «Der Mensch ist eine Bestie und seiner Niedertracht muss mit Mitteln aus demselben Arsenal begegnet werden.»

Die bucklige Alte, die er als Haushälterin engagiert hatte, brachte einige Flaschen mit Likör und Kognak an, denn es wurde Zeit, den Abschiedstrunk zu nehmen und sich dann auf den Weg zum Bahnhof Storkow zu machen.

«Ich trinke auf das Wohl meiner lieben Gäste», sagte der Major. «Dass sie glücklich zu Ende bringen, was sie angefangen haben, und all das fangen, was sie einfangen wollen, seien es nun Herzen oder seien es Mörder.»

SIEBEN
Montag, 26. September 1910

IN DER MORDKOMMISSION KOHLENPLATZ ging es am Montagmorgen nicht gerade hektisch zu. Alle waren irgendwie müde. Hermann Kappe nicht nur wegen des anstrengenden Ausflugs nach Wendisch Rietz, sondern weil ihm wieder einmal seine geheimnisvolle Krankheit zu schaffen machte. Wie bei einer Influenza fühlte er sich da, ohne aber eine zu haben. Abgeschlafft war er, litt unter Gliederschmerzen und hätte in einer Tour schlafen können. Die Ärzte, die er bisher konsultiert hatten, waren ratlos gewesen. Die einen sprachen von einer Stoffwechselkrankheit, die anderen tippten auf bisher unbekannte Erreger, die durch Insekten übertragen worden waren. Um nicht in den Verdacht zu geraten, am Montag blaumachen zu wollen, hatte er sich auch heute zum Alexanderplatz geschleppt. Als er im Besprechungszimmer angekommen war, ging es ihm aber wieder besser.

Galgenberg gähnte. «Morgenstund hat Jold im Mund – wer lange schläft, bleibt ooch jesund.»

Inspektor von Canow begrüßte alle und wandte sich dann Dr. Kniehase zu. «Nun, Doktor, was sagt uns die Leiche?»

«Die Gerichtsmediziner sind sich sicher, dass Tilkowski erst erschossen und dann verbrannt wurde. Und dem Einschusskanal zufolge kann ausgeschlossen werden, dass er sich selbst getötet hat.»

«Nun gut.» Von Canow schnupperte an seiner Zigarre und hätte sich lieber einem anderen Genuss als dem der Arbeit hingegeben. «Hinweise aus der Bevölkerung sind keine eingegangen, und auch die Kollegen vor Ort haben nichts Zweckdienliches zu melden gewusst. Alle aber teilen meine Meinung, dass der Mörder in den Reihen der Streikenden und der Exzedenten zu suchen ist. Hören Sie sich also um, meine Herren.»

Kappe war zu neu in der Gruppe, um zu wissen, dass Einwände gegen die Meinung des Vorgesetzten als unstatthaft angesehen wurden. «Wäre es nicht angebracht, mit der Braut des Opfers zu reden?»

«Sie als alter Kriminaler müssen das ja wissen», sagte von Canow mit größtmöglicher Missbilligung im Blick. «Dieses Fräulein ist, wie wir alle wissen, eine stadtbekannte Streikführerin.»

Kappe fühlte sich durch die ätzende Ironie des Vorgesetzten schon ein wenig verletzt, sah es aber als seine Pflicht an, auf fachgerechtes Handeln zu bestehen. «Aber Sophie Schünow könnte wissen, wer von den Streikenden schon früher einmal heftige Auseinandersetzungen mit Tilkowski gehabt hat.»

Galgenberg lachte. «Der Kappe, das ist mir einer. Der will doch nur ins Krankenhaus, um die Schünow im Bett zu sehen. So 'n Frauenzimmer wie die, wie die gebaut is ...» Dann begann er zu singen. «Wenn meine Frau sich auszieht, wie die dann aussieht!»

«Was hat Ihre Frau mit der Schünow zu tun?», fragte Dr. Kniehase.

«Nichts», erwiderte Galgenberg. «Det is ja det Schlimme.»

Von Canow hatte nun Bilder vor Augen, die ihn Kappes Affront vergessen ließen. «Nun gut, sprechen Sie mit der Schünow, bevor Sie sich im Milieu umhören.»

«In welchem?», fragte Dr. Kniehase mit anzüglichem Grinsen.

«Nicht in dem, sondern in dem der Anarchisten und Tumultuanten», präzisierte von Canow die Weisung.

Hermann Kappe und Gustav Galgenberg saßen in der Straßenbahn und fuhren nach Moabit. Mit der Linie 9 kam man von der Holzmarktstraße, ohne umzusteigen, nach Moabit.

«Wie war's denn gestern mit der großen Liebe?», fragte Galgenberg.

Kappe druckste ein wenig herum. «An sich sehr schön, aber so richtig weitergekommen bin ich nicht. Ich fürchte, dass sie meinen Freund Liepe mir vorziehen könnte, jedenfalls hat sie sich mit ihm wesentlich mehr beschäftigt als mit mir.»

Galgenberg suchte ihn zu beruhigen. «Kann sein, dass die Frauen einen manchmal eifersüchtig machen wollen, damit man dann so richtig ernst macht. Ach ja: Ehret die Frauen, / sie weben und flechten / irdische Dornen / ins himmlische Leben.»

Als sie in der Thurmstraße aus der Straßenbahn stiegen, hatten sie wenig Lust, ins Krankenhaus Moabit zu gehen.

«Ich sehe mich immer selber da liegen», sagte Kappe. «Mit einer schrecklichen Schusswunde.»

Galgenberg hatte andere Ängste, er fürchtete, sich anzustecken. «Da schwirren einem doch mehr Bakterien um den Kopf als Kugeln bei einem Gefecht. Aber selber schuld: Sie haben uns das eingebrockt mit der Schünow.»

«Wir müssen mehr über Tilkowski wissen, wenn wir seinen Mörder finden wollen», beharrte Kappe.

Galgenberg hatte keine Lust, groß über das Thema zu diskutieren. «Ein Satz mit Muttererde?»

«Weiß ich nicht.»

«Mutter, eh'r de jehst, schmeiß mir noch 'ne Stulle runta.»

Der Pförtner des Krankenhauses kam seiner Aufsichtspflicht in vorbildlicher Art und Weise nach und herrschte sie an, als sie an seinem Glaskasten vorbeikamen und dachten, ein freundliches Nicken würde als Legitimation ausreichend sein. «Halt! Die Herren da! Wo wollen Sie hin? Wir haben jetzt keine Besuchszeit.»

Galgenberg lachte. «Ooch wenn de noch so in'n Kies pupst, Junge, det jibt noch lange keene Wolke.»

«Ich verbitte mir das!», rief der Mann, dessen Gesicht Kappe an ein Frettchen erinnerte.

Galgenberg zeigte ihm seine Dienstmarke. «Wir möchten zu einem Fräulein Schünow.»

«Das hätten Se doch ooch jleich sagen können.» Der Mann zog sich in sein Kabuff zurück, um in seiner Kladde zu blättern und ihnen Auskunft zu geben.

Als sie die Station erreicht hatten, in die Sophie Schünow gebracht worden war, stellte sich ihnen die Oberschwester in den Weg und wollte sie nicht ans Bett der Kranken lassen, nicht ohne Einwilligung der Ärzte jedenfalls. Die ließen sich schließen breitschlagen. «Aber nicht für länger als zehn Minuten, sie steht immer noch etwas unter Schock.» Damit nicht der ganze Saal mithören konnte, sollte sie in einen gerade nicht benutzten Verbandsraum gebracht werden. «Warten Sie bitte einen Augenblick.»

Der Augenblick zog sich lange hin. «Ein Satz mit Konzert und Feldmütze?», fragte Galgenberg.

«Keine Ahnung.»

«Cohn zerrt seine Olle durch 'n Saal und fällt mit se.»

Endlich wurden sie zu Sophie Schünow geführt. Sie saß reglos auf ihrem Stuhl und starrte gegen die Wand. Aber auch in diesem Zustand war sie noch unglaublich attraktiv. Die hätte doch einen anderen haben können als einen simplen Kohlenträger, dachte Kappe.

«Wir dürfen Ihnen unser herzliches Beileid aussprechen», begann Galgenberg, als sie Platz genommen hatten.

«Er war ein wunderbarer Mensch», sagte sie mit tonloser Stimme.

«Ja...» Kappe schwieg einen Augenblick. Er als Sohn eines einfachen Fischers hatte wenig Grund, einen Standesdünkel an den Tag zu legen, aber dennoch fragte er sich, was an einem Kohlenarbeiter wunderbar sein sollte, war er doch stets verschwitzt und roch aus jeder Pore nach Briketts, also dumpf und abstoßend. Aber was konnte er da mitreden, er kannte Paul Tilkowski nur als verkohlte Leiche. «Wir müssen alles daransetzen, seinen Mörder zu finden, Fräulein Schünow, und brauchen dazu Ihre Hilfe.»

«Ja.»

«Ist Ihnen denn in letzter Zeit jemand aufgefallen, der Drohungen ausgestoßen hat? Ich meine, jetzt nach Ausbruch des Streiks?»

«Nein.»

Galgenberg nahm das Wort. «War denn jemand von den Streikenden bei ihm auf dem Platz und hat man ihm gesprochen?»

«Weiß ich nicht.»

So ging es noch ein paar Minuten, und Kappe musste sich eingestehen, dass von Canow wohl recht gehabt hatte und es fruchtlos war, mit den Menschen zu reden, die Paul Tilkowski nahegestanden hatten. So bedankten sie sich denn bei Sophie Schünow, wünschten ihr gute Besserung und verließen die Station.

Als sie an der Pförtnerloge vorbeikamen und Galgenberg sich mit einer deftigen Bemerkung verabschieden wollte, lief ihnen Gottfried Kockanz über den Weg. Er hielt einen riesigen Blumenstrauß in der Hand.

«Sie wollen auch zu Fräulein Schünow?», fragte Kappe.

«Ja, sie wieder etwas aufrichten und das mit der Beisetzung besprechen.» Er seufzte. «Es ist alles so schrecklich. Und ... Sind Sie denn schon weiterkommen bei der Suche nach dem Mörder?»

«Wir vermuten ihn in den Reihen der Streikenden», antwortete Galgenberg. «Können Sie sich erinnern, dass mal einer auf dem Kohlenplatz war und Tilkowski bedroht hat?»

Kockanz überlegte einen Augenblick. «Nein, nicht dass ich wüsste. Aber ich war in letzter Zeit oft nicht da. Fragen Sie doch mal meine beiden anderen Arbeiter, den Nowacki und den Rummler, ob die was wissen.»

Sie bedankten sich, wollten sich aber, bevor sie zum Kohlenplatz gingen, Tilkowskis Wohnküche in der Sickingenstraße 11 ansehen und mit den Nachbarn sprechen. Vom Krankenhaus bis dorthin waren es kaum mehr als zehn Minuten zu Fuß. Den Wohnungsschlüssel und die richterliche Genehmigung hatten sie sich schon am Morgen besorgt.

«Ich komme mir wie ein Einbrecher vor», sagte Kappe, als sie die Tür öffneten und eintraten. «Ist schon komisch, der Gedanke, dass der Tilkowski hier nie wieder ...»

«Ja», sagte Galgenberg, «jenieß den Frühling deines Lebens,/leb im Sommer nich verjebens,/denn sehr bald stehst du im Herbste./Wenn der Winter kommt, denn sterbste. – Und bei Tilkowski war's nun schon der 24. September.»

Sie machten sich an die Arbeit, aber trotz aller Mühe konnten sie keinen Hinweis darauf finden, dass es irgendwo in der Welt einen Menschen gab, der Paul Tilkowski so sehr hasste, dass ihm ein Mord zuzutrauen gewesen wäre.

«Das geht eindeutig in die Richtung eines politischen Mordes», war Galgenbergs Resümee. «Da wird ein verblendeter Mensch auf den Kohlenplatz gekommen sein, um ihn zu erschießen, ein Mensch, dem Tilkowski vorher noch nie begegnet war.»

Kappe nickte. «Sieht ganz so aus. Aber mal sehen, was die Nachbarn so beobachtet haben.»

Was die auch immer gesehen haben mochten, sie verrieten es nicht. Sobald sie mitbekommen hatten, dass da zwei Kriminalschutzmänner Auskünfte einholen wollten, schlugen sie Kappe und Galgenberg die Tür vor der Nase zu und ergingen sich in Beschimpfungen. «Ihr Bluthunde!»

Galgenberg suchte zu argumentieren. «Es geht doch hier nur darum, einen Mord aufzuklären.»

«Die Mörder seid ihr!»

«Paul Tilkowski ist erschossen worden, einer von euch!» rief Kappe.

«Det war keena von uns, det war 'n dreckiger Streikbrecher, und det is dem janz recht jescheh'n, det sie ihn abjeknallt ham. Der det jetan hat, der jehört nich in 'n Knast, der jehört uff 'n Denkmal ruff.»

Galgenberg war entsetzt, dass Menschen andere Menschen so hassen konnten. «Wir sind doch alles Deutsche», sagte er, als sie wieder unten auf der Straße standen.

Kappe sah ihn nachdenklich an. «Alles Deutsche, ja schon,

aber ...» Er erinnerte sich an manche Gespräche mit seinem Nachbarn Trampe. «Bloß dass die einen auf der Sonnenseite des Lebens zu finden sind und die anderen im Schatten.»

«Unserer Kaiser ist für alle da», erklärte Galgenberg mit Pathos.

«Dann bin ich mal gespannt, ob er heute Abend hier in Moabit auftauchen wird, wenn es wieder losgeht.»

Galgenberg war etwas verstimmt, denn Wilhelm II. war für ihn der unantastbare Übervater aller Deutschen, und was der junge Kollege da eben geäußert hatte, ging schon ein wenig in Richtung einer Majestätsbeleidigung. «Kappe, sieh dich vor!», rief er mit erhobenem Zeigefinger.

Kappe duckte sich zwar ein wenig, sah aber keinen Grund, sich nun wortreich zu entschuldigen. Angst zu haben brauchte er auch nicht, denn Galgenberg war kein Denunziant – und wenn, dann war da noch immer der Major in Storkow, der ihn mit seinen guten Beziehungen schon raushauen würde. «Ich sage es, wie ich es meine», erläuterte er seine Bemerkung in äußerst sachlichem Ton. «Käme der Kaiser wirklich nach Moabit, dann würde er mit eigenen Augen sehen, welches Hundeleben ein Teil seiner Untertanen führen muss – und dann vielleicht Reformen durchsetzen. Wenn es aber so weitergeht wie bisher, dann ...» Den Rest seines Satzes sparte er sich lieber.

Als sie am Kohlenplatz von Gottfried Kockanz in der Wiclefstraße angekommen waren, sahen sie zwei Arbeiter, die damit beschäftigt waren, die vom Feuer zerstörte Baracke abzutragen, um für einen Neubau Platz zu machen. Das mussten Nowacki und Rummler sein, die beiden, von denen Kockanz vorhin im Krankenhaus gesprochen hatte. Kappe und Galgenberg stellten sich als Kriminalschutzleute vor, die mit der Aufklärung des Mordes an ihrem Kollegen Paul Tilkowski befasst seien, und äußerten die Hoffnung, Auskünfte zu erhalten, die sie weiterbringen konnten.

«Sie arbeiten hier, obwohl Ihre Kollegen streiken», begann Galgenberg. «Haben Sie deswegen schon Ärger gehabt?»

«Wat für Ärja?», fragte Rummler nuschelnd. Das lag an seiner Hasenscharte.

«Na, dass Sie einer verprügeln wollte – als einen Streikbrecher.»

«Mir wollte keena vaprüjeln.»

«Und Tilkowski, ist der mal von jemandem bedroht worden?»

«Nich, det ick wüsste.»

Kappe wandte sich nun dem anderen zu, vielleicht war der ein wenig intelligenter und wortgewandter. «Und Sie – ist Ihnen etwas aufgefallen?»

Nowacki stützte sich auf seine Schippe. «Nee. Aba vielleicht war ooch der Einbrecha von neulich wieda hier.»

Kappe hätte sich am liebsten mit der flachen Hand gegen die Stirn geschlagen: dass er da nicht selber dran gedacht hatte. Das war auch noch eine Möglichkeit. Tilkowski sitzt auf der Toilette und ist eingeschlafen, als der Einbrecher in die Baracke eindringt. Er stellt ihn – und wird niedergeschossen. «Ja, richtig. Aber einen ganz bestimmten Verdacht haben Sie da nicht?»

«Nee, hab ick nich.» Nowacki setzte an, mit seiner Arbeit fortzufahren und verkohlte Bretterreste in eine Schubkarre zu schaufeln, hielt aber wieder inne. «Warten Sie ma ... Ick hab jestan inne Beusselstraße jemandem jeseh'n, mit dem ick mal ... Na, Se wissen schon ...»

«... zusammen im Gefängnis war», ergänzte Kappe den Satz.

«Jenau.»

«Und wie heißt der Mann?», hakte Galgenberg nach.

«Det weeß ick nich mehr.»

«Können Sie ihn irgendwie beschreiben?»

«Nee.»

«Hat er irgendeine Auffälligkeit gehabt?»

«Eine Auffälligkeit», wiederholte Nowacki und schien einige Sekunden zu brauchen, um sich den Sinn des Wortes klarzumachen. «Nee, nur detta immer so leise jeredet hat.»

Nachdem es der Polizei am Nachmittag gelungen war, die Beussel- und die Sickingenstraße, die Rostocker und die angrenzenden Straßen von den Aufrührern zu säubern, war gegen 18.30 Uhr schon wieder alles schwarz von Menschen, unter ihnen viele halbwüchsige Burschen, aber auch Schulkinder. Familienväter trugen ihre Kleinen auf den Armen vor sich her und glaubten, dadurch gegen die Attacken der Polizisten geschützt zu sein. Die Menge setzte alles daran, den Lagerplatz von Kupfer & Co. zu besetzen.

«Verlassen Sie sofort das öffentliche Straßenland!», wurden sie von den Schutzmännern aufgefordert. Nach den Scharmützeln am Vormittag war die Parole ausgegeben worden: «Bei Widerstand blankziehen und dreinhauen!»

«Verpisst euch lieber selber, ihr Hornochsen!», kam es zurück. «Wir jehn mit unsere Kinda da spazieren, wo et uns passt.»

Hermann Kappe trieb in der Menge wie ein Baumstamm im Strom. Er war einfach so mitgerissen worden. Am liebsten hätte er sich eine Kapuze über den Kopf gezogen, um nicht erkannt zu werden. Da konnte er dem Major Klein, der die Schutzmänner befehligte, noch so lautstark versichern, dass er dienstlich unterwegs war, sie würden ihn für einen Verräter halten und dementsprechend traktieren. Sicherlich wusste die politische Abteilung schon längst, dass er viel mit seinem Nachbarn gesprochen hatte, mit Trampe, diesem Sozi.

Blinder Eifer schadet nur. Immer wieder hielt Kappe sich diese alte Weisheit vor. Wäre er lieber zu Hause geblieben und hätte *Im Lande des Mahdi* gelesen, den Karl-May-Band Nummer 17, als hier nach dem Mörder Paul Tilkowskis zu suchen, konkret nach einem Einbrecher, der ganz leise sprechen sollte. Aber dieser Hinweis konnte auch nur eine kleine Gemeinheit des Kohlenarbeiters sein, um sich an einem Knastbruder zu rächen, der ihm womöglich einmal übel mitgespielt hatte. Immerhin, es war die Spur einer Spur, und wo man sonst nichts Greifbares hatte, musste ihr nachgegangen werden.

Wirklich? Kappe fragte sich, ob er nicht an krankhaftem Ehrgeiz leide. Nein – es war eher die Lust, ein Rätsel zu lösen. Wer hatte in Storkow auf ihn geschossen? Wer hatte Paul Tilkowski getötet? Doch spürte er genau, dass dies nicht die ganze Wahrheit war. Die lag wohl darin, dass er es nicht ertragen konnte, mit Ungewissheiten zu leben. Es bohrte in ihm, es fraß ihn auf, wenn er nicht herausbekam, wer die Täter waren. Das unterschied ihn von Galgenberg, Dr. Kniehase und Canow. Er war ein Getriebener, sie versahen nur ihren Dienst.

Kappe war erleichtert, als er sich klargemacht hatte, warum es so war, wie es war – warum er sich unter die Tumultuanten gemischt hatte, unter die Feinde der Ordnung, die zu verteidigen er geschworen hatte. Es war ein riskantes Spiel, und er genoss es ebenso, wie es ihn in Angst und Schrecken versetzte. Unvorstellbar, was passierte, wenn es zum Straßenkampf kam und ihn einer der berittenen Kollegen mit seinem Säbel so verletzte, dass er ins Krankenhaus eingeliefert werden musste und man dort seine Personalien festhielt. Ob da der Einfluss eines Majors von Vielitz ausreichte, ihn vor dem Rauswurf zu bewahren? Wahrscheinlich nicht. Dann war es aus mit seiner Karriere als Kriminaler. Es war absurd: Weil er mit Leib und Seele Kriminaler war, setzte er seine Laufbahn als Kriminaler aufs Spiel.

An der Ecke Sickingen- und Rostocker Straße hatten sich die Schutzmänner zu einer Kette formiert. Dort staute sich die Menschenflut nun. Von hinten wurde immer stärker nachgedrückt, und als die Polizeibeamten die Menge zurückdrängen wollte, kam Panik auf. Auch Kappe, der mittendrin steckte, schrie auf, weil er fürchtete, zerquetscht zu werden.

Plötzlich fielen Revolverschüsse. Aus einer Destille feuerte man auf die Beamten. Alles flüchtete nun zurück in die Rostocker Straße. Nur Kappe blieb stehen, wurde mit- und umgerissen, rappelte sich wieder hoch, wollte mit Macht in die entgegengesetzte Richtung laufen, dahin, wo die Seinen standen. Er schaffte es auch, stürzte aber alsbald über einen Schutzmann, der am Boden lag und furchtbar blutete. Er hatte einen Schuss in den rechten

Oberschenkel abbekommen. Kappe erkannte den Mann. Er hieß Walter. Kappe kniete nieder, um Walter notdürftig zu verbinden.

Im nächsten Augenblick sauste auf die Beamten an der Tür eines Lokals ein Hagel von Biergläsern, Krügen, Flaschen und Gerätschaften nieder. Kappe hielt schützend beide Hände über den Kopf, fürchtete aber dennoch um sein Leben.

An ihm vorbei stürmten nun zwei Dutzend uniformierte Schutzmänner unter Führung eines Leutnants in das Lokal und trieben die Angreifer, die sich in den hinteren Räumen verbarrikadieren wollten, mit Säbelhieben auf die Straße hinaus. Dabei wurden zwei von ihnen so schwer verletzt, dass sie später mit Walter zusammen im Krankenautomobil in das Moabiter Krankenhaus geschafft werden mussten. Als die Beamten aus dem Lokal herauskamen, wurden sie aus der zweiten und dritten Etage des Mietshauses, in dem Angreifer in die Wohnungen eingedrungen waren, mit einem Bombardement von Blumentöpfen und -kästen empfangen. Kappe schaffte es, sich in einen Hausflur zu flüchten. Drei Schutzmänner aber sanken schwer getroffen zu Boden. Die anderen stürmten die Wohnungen, und auch hier taten die Säbel ihre Arbeit.

Kappe stahl sich davon und hatte die Idee, zum Kohlenplatz von Gottfried Kockanz zu laufen, den kannte er ja gut, und dort erst einmal ein wenig Ruhe zu finden. Doch er hatte keine Chance, zur Wiclefstraße durchzukommen, denn alles strömte zur Sickingenstraße. Wieder wurde er mitgerissen, und wieder wuchs die Gefahr von Minute zu Minute.

Aus den Häusern Sickingenstraße 72/73 und aus denen gegenüber den Nummern 10, 11 und 12, die dem Kohlenplatz von Kupfer & Co. am nächsten lagen, wurde kochendes Wasser auf die Beamten gegossen. Schnell war das Mosaikpflaster aus den Bürgersteigen herausgerissen, die Steine flogen – gegen die Beamten wie gegen die Gaslaternen. Eine Laterne nach der anderen erlosch. Die Beusselstraße lag alsbald in völliger Finsternis. Auch aus den Geschäften drang kein Licht mehr nach draußen, alle Jalousien waren heruntergelassen worden. Ein besonders großer Stein zertrümmerte einem der Schutzmänner die Kniescheibe.

Kappe geriet in eine Gruppe von Männern, die sich in einer Sprache unterhielten, welche er für Englisch hielt. Andere wieder sprachen deutsch. Es schienen Journalisten zu sein. Er machte lange Ohren.

«Hast du schon eine Ahnung, wer diesen Streikbrecher in der Wiclefstraße erschossen haben könnte?»

«Nein, aber es geht das Gerücht, dass es ein gewisser Priebusch oder so ähnlich gewesen sein soll. Einer aus dem Umkreis des Streikkomitees.»

Kappe wusste nicht, ob er sich über diesen Hinweis freuen sollte oder nicht. Eher irritierte es ihn, denn auf wen sollte er sich nun konzentrieren: auf diesen Priebusch oder auf den Einbrecher mit der leisen Stimme? Nach beiden zu suchen war ihm zu viel. Plötzlich hatte er Sehnsucht nach Storkow. Die Berliner Kollegen verspotteten es als «Schutzmannsruh», aber wie gerne wäre er jetzt um die Nordwestecke des Sees herumgegangen, um ein wenig mit dem Major zu plaudern – und niedergeschossen zu werden ... Von wegen Schutzmannsruh!

Auf einmal war ihm nun so bange wie einem kleinen Jungen im finsteren Wald. Hinter jedem Baum konnte jemand lauern – ein Kindermörder, eine Hexe, ein böser Geist. So flüchtete er sich ins nächtliche Biwak, das die Schutzmannschaft auf einem Kohlenplatz an der Rückseite des Nordrings aufgeschlagen hatte. An der Mauer eines Hauses hatte man vom 4. Garderegiment entliehene Zelte aufgestellt, in denen sich die Schutzleute, die seit dem Morgen auf den Beinen waren, ausruhen konnten. In tiefem Dunkel, aus dem nur die Helmspitzen der Polizisten hervorleuchteten, huschten schwarze Gestalten hin und her, Kommandorufe ertönten, und immerzu bildeten sich neue Gruppierungen von Mannschaften, die dorthin in Marsch gesetzt wurden, wo der Kampf am heftigsten tobte.

Eine halbe Stunde saß Kappe im Kreise seiner uniformierten

Kollegen und fragte sie nach den beiden Männern, die er suchte. Einen Priebusch kannte keiner, aber der mit der leisen Stimme, so sagte man ihm, konnte einer sein, der in der Unterwelt unter dem Spitznamen Flüster-Fritze bekannt sei und einiges Ansehen genieße.

«Auch als Einbrecher?», fragte Kappe.

«Ja.»

«Hat er schon mal auf jemanden geschossen?», hakte Kappe nach.

Sein Gegenüber dachte kurz nach. «Ja, hat er, und dafür eine Weile im Zuchthaus gesessen.»

«Den Namen wissen Sie aber nicht mehr?»

«Nee, tut mir leid, aber ‹Fritze› lässt darauf schließen, dass er mit Vornamen Friedrich heißt.»

Kappe bedankte sich und beschloss, es damit für diesen Tag genug sein zu lassen. Nun musste er nur noch versuchen, sich zur Stadt- oder Ringbahn durchzuschlagen, um nach Hause zu kommen. Dass in der Turm- oder Beusselstraße noch Straßenbahnen fuhren, war kaum anzunehmen. Aber probieren konnte er es ja. Mit der 6 kam er bis zum Schlesischen Bahnhof, und von dort hatte er nicht mehr weit zu laufen. Die 7 fuhr von Alt-Moabit zur Hasenheide, das würde auch noch gehen. Am besten war aber die Linie 11, mit der kam er fast bis zur Haustür.

Es ging auf 22 Uhr zu, als er sich auf den Weg machte. Doch weit kam er nicht, schon an der Ecke Sickingen- und Rostocker Straße war fürs Erste Schluss. Dort hatten die Aufrührer einen Feuermelder eingeschlagen und empfingen nun den anrückenden Löschzug mit Steinwürfen. Die Litfaßsäule, die man ein Stückchen weiter angesteckt hatte, brannte nieder. Wieder geriet Kappe zwischen die Fronten und musste fürchten, mit einem Säbel Bekanntschaft zu machen und niedergeritten zu werden oder einen Blumentopf auf den Kopf zu kriegen und mit gebrochenem Schädel zu Boden zu sinken. Instinktiv lief er dorthin, wo viele Frauen standen, Frauen und Kinder. Es war eine gute Entscheidung, wieder kam er mit dem Schrecken davon, dem Schrecken und der Erkenntnis, dass man durch das Lesen von Karl-May-Büchern noch lange kein Old Shatterhand oder Kara ben Nemsi wurde.

Immerhin straffte er sich, während er an die Unüberwindlichen wie Old Shatterhand, Old Firehand und Winnetou dachte, und wagte sich wieder aus seinem Versteck hervor. Am liebsten hätte er sich wie die Männer, die auf den Straßen Reklame liefen, große Papptafeln umhängt, vorn mit der Aufschrift «Suche Flüster-Fritze», hinten mit «Suche Priebusch». Das ging natürlich nicht, aber die Leute nach beiden zu fragen, war ebenso unmöglich, sie hätten ihn auf der Stelle fürchterlich verprügelt. Fragen stellen konnten nur Männer, die eindeutig als Zeitungsschreiber zu erkennen waren. Vielleicht schaffte er es, die Presseleute wiederzufinden, die er vorhin belauscht hatte. Kappe machte sich daran, durch die Straßen zu streifen.

Zwischen Mitternacht und ein Uhr griff die Menge die Reformationskirche in der Wiclefstraße an. Zahllose Steinwürfe zertrümmerten die großen Kirchenfenster mit ihren Glasmalereien. Ein Teil der Menge versuchte, das Pfarrhaus zu stürmen, wurde aber mit blanker Waffe vom dreihundert Mann starken Aufgebot der 2. Schutzmannsbrigade unter Major Klein zurückgetrieben.

Das Warenhaus der Gebrüder Preuß, das an der Ecke Beussel- und Erasmusstraße und damit schon auf Charlottenburger Gebiet gelegen war, sollte gestürmt werden, konnte aber von der Polizei erfolgreich verteidigt werden. Nur die Schaufensterscheiben wurden eingeschlagen und die Auslagen geplündert. Dabei war ein Schutzmann seinen Kameraden vorausgeeilt und von ihnen abgetrennt worden. Man überschüttete ihn mit einem Steinhagel. Als er zu seinem Schutz in eine Kneipe eilte, folgte ihm die Menge. Die Anführer zertrümmerten dort die gesamte Einrichtung, den Bierapparat, die Automaten, Tische, Stühle und Gläser. Der Schutzmann flüchtete auf den Hof und suchte sich dort zu verstecken. Als man ihn aufstöberte, schoss er sechsmal auf die Angreifer und vermochte sich so lange Luft zu verschaffen, bis ein größeres Polizeiaufgebot anrückte und ihn befreite.

Kappe hatte alles mitbekommen, diesmal aber aus gehöriger Entfernung, als Schlachtenbummler sozusagen. Erschöpft ging er in die nächstbeste Kneipe, um sich ein Bier zu genehmigen. Zwar fühlte er sich im Dienst, aber im Zweifelsfalle war er als Privatmann unterwegs. Die Gaststube war gerammelt voll, und er bekam nur noch einen Stuhl direkt neben der Toilette. Es stank hier fürchterlich – aber was sollte er machen?

Keinen Meter von ihm entfernt hing ein Telefon an der Wand, und er hörte einen Zeitungsreporter, wie er seinen Bericht an die Redaktion durchgab.

«Es floss viel Blut. 38 Beamte waren dienstunfähig, 22 Bürger wurden festgenommen und auf die Wache des 34. Reviers gebracht. Viele haben Schussverletzungen und Wunden von Säbelhieben davongetragen.»

Im selben Augenblick wurde es an einem der Nebentische, an dem drei Männern beim Skat saßen, ziemlich laut. Einer wollte aufstehen und gehen, die anderen beiden aber hielten ihn fest. Es kam zu einem kleinen, wenn auch freundschaftlichen Gerangel. Ein halbvolles Bierglas kippte um.

«Priebisch, du Drecksau!», schrie einer. «Du bleibst, bis du deine Schulden alle bezahlt hast.»

Doch dieser Priebisch war ein Hüne und hatte die Angreifer im Nu abgeschüttelt.

Kappe war zusammengezuckt. Priebisch ... Er suchte zwar einen Priebusch, aber ... Wie leicht konnte man sich bei diesem Namen irren. Er beschloss, diesem Priebisch zu folgen. Schaden konnte es nichts. Als sie auf der Straße waren, sprach er Priebisch an.

«Entschuldigen Sie bitte, darf ich Sie mal etwas fragen?»

Der andere fuhr herum. «Nein, dürfen Sie nicht. Ich hasse alle Polizeischnüffler.» Damit drehte er sich wieder um und suchte in der Menge unterzutauchen.

Kappe zögerte keinen Augenblick, ihm zu folgen. Einige Male verlor er ihn aus den Augen, dann entdeckte er ihn wieder. Die Viertelstunden vergingen. Langsam flauten die Kämpfe ab, aber an der Ecke Sickingen- und Berlichingenstraße ging es noch immer hoch her, denn hier hatte die Schutzmannschaft die letzte Bastion zum Schutze des Kohlenplatzes von Kupfer & Co. errichtet. Offenbar suchte Priebisch hier jemand in den Reihen der Tumultuanten.

Kappe hatte sich schon einen Plan zurechtgelegt, wie er Priebisch dingfest machen konnte. Er wollte abwarten, bis der andere ganz vorne angelangt war, und dann Schwung nehmen, Priebisch rammen und ihn sozusagen aus der Menge hinauskatapultieren. Schoss er dann auf die Schutzleute zu, wollte Kappe schreien: «Kameraden, ich bin ein Kriminaler. Nehmt den fest, das ist ein Mörder!»

Da hörte er hinter sich ein zischendes Geräusch, so als käme eine Kartätsche. Doch es war nur ein Blumentopf. Er traf ihn voll. Kappe stürzte zu Boden und war sofort bewusstlos.

«Danke!», rief Priebisch nach oben, wo einer seiner Freunde am offenen Fenster stand. «Den sind wir los.»

«Hau schnell ab!», schrie ein anderer. «Den hat's erwischt, der lebt nicht mehr lange.»

ACHT
Dienstag, 27. September 1910

AM DIENSTAGMORGEN kam es nur zu kleineren Ausschreitungen. Die ausfahrenden Wagen der Firma Kupfer & Co., die mit Arbeitswilligen besetzt waren, wurden jeweils von einer starken Polizei-Eskorte begleitet, sodass sie, wenn auch von der johlenden Menge verfolgt, ihr Ziel erreichen konnten. Vielfach waren es auch heute wieder Frauen, die andere zu Gewalttätigkeiten anzustacheln suchten.

«Schnabel halten! Nach Hause gehen!», schallte es ihnen aus den Reihen der Polizei entgegen.

An jeder Straßenecke hatten sechs bis zwölf Schutzleute mit umgeschnalltem Revolver Aufstellung genommen. Dazu kamen zahlreiche, zum Teil auch berittene Patrouillen. Um sieben Uhr erschien Polizeipräsident von Jagow in Moabit, um sich vor Ort ein Bild zu machen. Er war mit den von Major Klein getroffenen Vorkehrungen voll und ganz einverstanden. Gegen Mittag wollte auch der Charlottenburger Polizeipräsident das Unruhegebiet inspizieren.

Überall standen die Moabiter in kleinen Gruppen beisammen, um zu diskutieren, was sich in der letzten Nacht ereignet hatte. Aber kaum hatten sie sich in Rage geredet, tauchte auch schon eine Polizeipatrouille auf und trieb sie auseinander. Das gab sofort wieder böses Blut. Zunächst aber nutzte man nur das Wort als Waffe.

«Wir lassen uns doch nicht von euch den Mund verbieten!»
«Haut endlich ab!»
«Kriecht doch dem Stinnes in den Arsch, ihr Blödiane!»

Die Mittagssonne funkelte in Tausenden und Abertausenden von Glasscherben, die die Gehsteige und Fahrbahnen bedeckten und die wegzufegen die Stadtreinigung noch keine Zeit gefunden hatte. Die Mittagssonne spiegelte sich auch in den Pickelhauben der Schutzleute. Deren rechte Hände fuhren wie auf Befehl zu den umgeschnallten Browning-Pistolen, als ein Kohlenwagen der Firma Kupfer & Co. immer näher kam. Er fuhr in schlankem Trab. Zwei Schutzleute ritten voraus. Ein Radfahrer, der den Wagen überholen wollte, wurde von einem Schutzmann zu Fuß beiseite gedrängt. Zwei weitere Berittene schlossen den Zug. Die beiden Fuhrleute auf dem Bock vorn hatten die Augen starr geradeaus gerichtet und kniffen die Lippen zusammen.

«Ihr Schweine, ihr Arschkriecher!», scholl es ihnen entgegen. «Mit euch werden wir auch noch abrechnen!»

«Denkt an Paule Tilkowski!»

«Auf den Friedhof mit allen Streikbrechern!»

Aus der Huttenstraße kam eine Horde halbwüchsiger Burschen gestürmt und drängte wie beim Rugby gegen die Polizeikette. Ehe sie diese aber aufsprengen konnte, trabte aus dem Hintergrund ein Dutzend Berittener heran. Die Angreifer wichen zurück und sprangen wie Hasen übers Feld. In höchster Not kaperten sie einen der weißen Bollewagen, der gerade an der Ecke Rostocker Straße haltgemacht hatte, stießen den Kutscher, den Jungen und das Milchmädchen herunter und fegten davon, als wäre ihr plumpes Gefährt ein römischer Kampfwagen und sie wären Ben Hur. Als sie zu schnell um die Ecke fahren wollten, kippten sie um.

Frieda Grienerick saß in einer riesigen Pfütze aus bester Vollmilch, denn eine herabgefallene Kanne war ausgelaufen. Als sie sich schimpfend erhob, hatte sie auch noch den Spott der Menge zu ertragen. Es tropfte von ihrem Kleid aufs Pflaster.

«Kiek ma, die pinkelt Milch!», schrie einer.

Sie stürzte davon, um in einer der umliegenden Destillen Schutz zu finden.

Hermann Kappe hatte die Nacht im Krankenhaus Moabit verbracht. Nun wartete er auf die Morgenvisite und hoffte, dass die Ärzte ihn wieder entlassen würden, denn er fieberte darauf, seine Jagd nach Flüster-Fritze und Priebisch oder Priebusch fortsetzen zu können. Dass Flüster-Fritze mit richtigem Namen Friedrich Schwina hieß, hatte er schon herausbekommen, denn mit ihm im Krankensaal lagen etliche Kollegen, und man hatte sich viel zu erzählen gehabt. Am schlimmsten hatte es den Schutzmann Köpp vom Revier 10, Charlottenburg, erwischt. Er hatte mehrere Messerstiche in den Unterleib erhalten und war schon operiert worden, sein Zustand wurde als bedenklich eingestuft. Ein anderer Kriminalwachtmeister, Thurow vom 29. Revier, hatte den Bruch des linken Mittelhandknochens davongetragen. Bei Kappe waren eine leichte Gehirnerschütterung sowie eine größere Fleischwunde und starke Prellungen auf dem linken Oberarm diagnostiziert worden. Der Blumentopf, der nach ihm geworfen worden war, hatte seinen Kopf zum Glück nur gestreift und war dann auf der Schulter aufgeschlagen. Gebrochen war nichts. Zwar trug er um den Kopf einen mächtigen Turban aus weißem Verbandmaterial, und der linke Arm war mit einer Mullbinde am Körper festgebunden, er hoffte aber dennoch, im Laufe des Tages entlassen zu werden. Vielleicht konnte der Turban durch ein Pflaster ersetzt werden, das man mit dem Hut verdecken konnte.

Endlich kamen die Ärzte hereingerauscht. Als sie an seinem Bett angelangt waren, wurde kräftig gescherzt.

«Das verstehe ich nicht, Kappe, Sie sind doch Fußballer.»

«Ja, Herr Doktor, aber ...»

«Mensch, da fängt man doch so einen Blumentopp weg, wenn er angeflogen kommt.»

«Ich bitte um Vergebung, aber ich bin Mittelstürmer und kein Torwart.»

Der Arzt nickte. «Ah, jetzt kapiere ich erst: Sie wollten einen Kopfball ins Tor expedieren und haben leider zu spät bemerkt, dass es sich um einen Blumentopf gehandelt hat.»

Alles bog sich vor Lachen, auch wenn es einigen gar nicht so erschien, als würde dieses Lachen wirklich gesund sein, denn ihre Wunden schmerzten dabei noch mehr. Kappe dröhnte der Kopf.

«Und wie fühlen Sie sich?»

«Ganz wunderbar», antwortete er, nach der Devise: Ein Indianer kennt keinen Schmerz. «Und ich würde gern heute Vormittag wieder entlassen werden.»

«Das nenne ich vollen Einsatz!», rief der Mediziner. «Aber ich würde es lieber sehen, wenn Sie sich noch ein paar Tage Schonung gönnten.»

«Bitte! Auf meine Verantwortung.»

Man untersuchte ihn noch einmal und entließ ihn dann mit der Bemerkung, des Menschen Wille sei sein Himmelreich. Als er sich auf den langen Weg zum Ausgang machte, merkte er aber, dass er doch noch ziemlich schwach war. Am besten war es, er fuhr nach Hause und legte sich dort erst mal ein paar Stunden ins Bett, ehe er sich bei seiner Mordkommission als dienstbereit zurückmeldete. Aber anrufen wollte er. In der Pförtnerloge stand ein Telefon, doch er musste dem Mann erst disziplinarrechtliche Schritte androhen, ehe der sich anschickte, ihm ein Amt zu geben.

«Aber keine Privatgespräche!»

Kappe musste an sich halten, um den Mann nicht einen Idioten zu nennen. «Das Polizeipräsidium bitte.»

Endlich hatte er von Canow am Apparat und schilderte ihm alles, was vorgefallen war. Der belobigte ihn, gewährte ihm Erholungsurlaub bis zum Abend und übergab dann an Galgenberg. «Dem können Sie alles über die beiden Männer erzählen, die Sie im Visier haben.»

Kappe bedankte sich und wiederholte seinen Bericht, wenn auch diesmal in einer Kurzfassung. «Da bin ich also dem Tod in diesem Jahr zum zweiten Mal von der Schippe gesprungen.»

Galgenberg lachte. «Trag's mit Osram.»

«Wie?»

«Na: mit Fassung.»

«Ja, danke. Wenn Sie bitte so nett sein würden, sich umzusehen und umzuhören, was mit diesem Flüster-Fritze los ist, Friedrich Schwina. Das könnte der Mann sein, der den Einbruch bei Kockanz verübt hat. Und vielleicht hat er es ein zweites Mal versucht und dabei den Tilkowski erschossen. Wichtiger ist aber noch der zweite Mann, den wir unbedingt suchen und finden müssen, ein gewisser Priebusch oder Priebisch. Ist der irgendwann einmal als Anarchist auffällig geworden? Von Zeitungsleuten habe ich gehört, dass er etwas mit dem Mord an Tilkowski zu tun haben soll.»

«Wird jemacht», bestätigte Galgenberg den Auftrag und reimte dann: «Bis acht.» Um acht Uhr abends wollten sie sich am Bahnhof Beusselstraße treffen. «Und mal sehen, ob wir dann ooch mal 'n Blumentopp gewinnen können und nich nur eenen uff'n Kopp kriegen.»

Frieda Grienerick hatte es schwer im Leben. War ein Mädchen mehr oder minder hässlich, so hatten die Berliner als Trost einen schönen Spruch parat: «Aber dafür hat se 'n juten Charakter.» Doch auch das ließ sich von ihr beim besten Willen nicht behaupten. So sagten jedenfalls die Leute hinter ihrem Rücken. Es hieß von ihr, sie sei eitel, schnippisch, rechthaberisch, geizig, zänkisch, wetterwendisch und neidisch. Wenn sie trotzdem als Bollemädchen durch die Straßen fahren und den Leuten Meiereiprodukte ins Haus bringen durfte, dann lag das daran, dass im Gegensatz zur ersten eine andere Berliner Lebensweisheit auf ihren Fall durchaus anzuwenden war: «Bei Nacht sind alle Katzen grau.» So löschte denn der Milchhändler in der Thurmstraße stets das Licht, wenn er sie ins Bett holte. Als Dank dafür hatte er Frieda die Anstellung bei Bolle verschafft. Er war es auch, der ihr Rosinen in den Kopf gesetzt hatte: «Bei deine Liebeskünste kannste't noch mal weit bringen. Die alten Knacker nehmen jerne so eene wie dich.» So träumte sie jeden Abend beim Einschlafen davon, einmal in die besseren Kreise einzuheiraten. Doch sie war zugleich so realistisch, ihrer Freundin

Edith recht zu geben, wenn die anmerkte, dass ihr großer Plan nur gelingen konnte, wenn sie einem Blinden begegnete.

Frieda Grienerick lebte mit ihrer Mutter, einer Waschfrau, zusammen in der Wiclefstraße, wo sie in einem Seitenflügel Stube und Küche gemietet hatten. Gertrud Grienerick war vom selben Kaliber wie ihre Tochter, und die Leute sagten, ihr Mann hätte unheimlich Glück im Leben gehabt. «Dadurch, dassa so früh jestorben is.» Ein kleines Männeken war er gewesen, Ritzenschieber bei der Straßenbahn, auch er eine ziemliche Vogelscheuche. «Wissen Se eijentlich, det die Frieda det zweete Jöhr von die Grienericks is?» – «Nee.» – «Na, det erste war so hässlich, det sie't wegwerfen mussten.» – «Da hat die Frieda aba Jlück gehabt, det se nich ooch ...»

Nach dem Malheur mit dem gekaperten Milchwagen, der dann auch noch in der Beusselstraße umgestürzt war, hatte man Frieda Grienerick für den Rest des Tages freigegeben, und da auch ihre Freundin Edith, die als Dienstmädchen bei einem Zahnarzt in Stellung war, heute ihren freien Tag hatte, wollte sie mit ihr Unter den Linden bummeln gehen. Getroffen hatten sie sich auf der Schlossbrücke, und laufen wollten sie bis hinunter zum Pariser Platz.

«Einmal den Kaiser sehen!» Das war Frieda Grienericks größter Traum. «Wenn er von der Ausfahrt zurückkommt.»

«Mir würde schon Prinz Joachim reichen», sagte Edith. Für ihn schwärmte sie ganz besonders. «Im Oktober wird er in Potsdam im Stadtschloss Wohnung nehmen und sich auf sein Offiziersexamen an der Potsdamer Kriegsschule vorbereiten.»

Am Zeughaus kauften sie sich ein warmes Würstchen und schauten, während sie es verzehrten, verträumt zum Schloss hinüber. Edith schwärmte davon, wie sie vor fünf Jahren dabei gewesen war, als die Berliner am Pariser Platz jubelnd die Herzogin Cecilie zu Mecklenburg-Schwerin begrüßt hatten, die Braut des Kronprinzen. «So etwas müsste es jede Woche geben.»

Vor der Universität stand ein Obstkarren. «Messina-Apfelsinnen – fünf Pfennig das Stück!», rief der Verkäufer. Auch da konnten sie nicht widerstehen, obwohl sie beim Verspeisen höllisch aufpassen mussten, dass ihnen der Saft nicht auf die Bluse tropfte.

Vieles war nun zu bestaunen, so die Habelsche Weinhandlung, das Grand Hotel de Rome, das Geschäfts- und Wohnhaus der Hellerschen Lampenfabrik mit seinen eisernen Blumenranken an der Fassade, das Hotel Minerva mit seinem Aquarium, die «Kaiserlich Russische Botschaft» mit dem berühmten Weißen Saal, das «Ministerium für geistliche, Unterrichts- und Medizinal-Angelegenheiten», die Kriegsakademie, das Innenministerium und das Redernsche Palais.

Als sie zur «Kaiser-Galerie» kamen, mussten sie natürlich hinein- und bis zur Behrenstraße hindurchgehen, obwohl sie nicht das Geld hatten, auch nur eine Kleinigkeit zu kaufen. Gleich am Eingang warb das «Schwedische Reisebureau» um Kunden.

Fastest and most direct route to Sweden, Norway and Finland, las Frieda Grienerick, und da sie kein Englisch konnte, klang es nach Fasten und Apfelmost.

«Da werden wir wohl nie hinkommen», sagte Edith.

«Man soll nie ‹nie› sagen», erwiderte Frieda Grienerick und schien schon eine Idee zu haben.

«Wie denn?»

«Abwarten.»

Das Höchste, was sie sich an Luxus erlauben konnten, waren eine Tasse Kaffee und ein Stück Torte im Café Kranzler. Das Wetter war so schön, dass sie noch draußen sitzen konnten. Voller Sehnsucht nach einem Leben, wie es die höheren Stände führten, sahen sie den Kutschen und Equipagen hinterher.

«Einmal in einem solchen Wagen sitzen – und nicht immer nur auf meinem Milchwagen stehen!», seufzte Frieda Grienerick.

Edith lachte. «Ja, wenn man sich die falschen Eltern ausgesucht hat...»

Sie blickten auf die Kreuzung Unter den Linden und Friedrichstraße, das sogenannte «Drei-Café-Eck», denn neben Kranzler waren auch Bauer und das Victoria hier angesiedelt. Die Friedrichstraße mit ansonsten 22 Metern Breite war hier auf 12 Meter verengt und bildete einen erheblichen Engpass. Automobile und Fuhrwerke stauten sich wie sonst kaum noch in der Stadt, und die Fußgängerströme brachen sich an einer der Urania-Säulen, von denen ein Privatunternehmer dreißig Stück überall in Berlin platziert hatte. Sie waren 4,50 Meter hoch und aus Eisenguss hergestellt, enthielten im Kopf vier Zifferblätter einer beleuchteten Uhr, während in Schaft und Sockel meteorologische Instrumente untergebracht waren.

Upper – Ten – Seife, las Frieda Grienerick, wiederum so falsch wie eben schon. *Sachgemäße Hautpflege – Vornehmes Parfum. Preis fünfzig Pfennig bis eine Mark.*

Auch Edith prüfte ihre Sehkraft und entzifferte: *Gebrüder Lewandowski, Corsets. Nächste Filiale Leipziger Straße 113, Ecke Mauerstraße.* Ihre Aufmerksamkeit wurde nun von einem Schutzmann in Anspruch genommen, der auf den Fahrdamm trat, um den Verkehr zu regeln. «Nanu, ein Blauer – ich denke, die sind alle bei euch in Moabit?»

«Alle nicht.»

«Haste denn die verkohlte Leiche gesehen? Von dem da, den sie ermordet haben?»

«Nein.»

«War das nicht bei dir in der Wiclefstraße?»

Frieda Grienerick spießte das letzte Stück ihrer Torte mit der Gabel auf. «Die Wiclefstraße ist lang – und was geht mich die verkohlte Leiche an?»

Als Hermann Kappe am Bahnhof Beusselstraße stand und auf Gustav Galgenberg wartete, ahnte er, dass die Nacht vom 27. auf den 28. September 1910 in den Moabiter Straßen wiederum zahlreiche blutige Kämpfe zwischen einem gewaltigen Aufgebot von Schutzmannschaften und einer tausendköpfigen Menge bringen würde.

Eine junge Frau kam auf ihn zu, und irgendwie war er sich

sicher, sie schon einmal gesehen zu haben. In Storkow, in der Waldemarstraße? Als ihm auffiel, dass sie Trauer trug, fiel es ihm wieder ein: Das war Sophie Schünow, Tilkowskis Braut. Sie begrüßten sich kurz.

«Na, wieder aus dem Krankenhaus raus?», fragte er, und erst als er es ausgesprochen hatte, fiel ihm auf, wie dämlich diese Frage war.

«Ja», hauchte sie. «Ich will zu einer Freundin fahren.»

Sie war, mochte sie noch so blass sein und schwermütig wirken, wunderschön, und Kappe hätte am liebsten Dienst Dienst sein lassen und wäre ihr gefolgt. Wenigstens wollte er so lange mit ihr plaudern wie möglich. «Wir haben leider noch nichts weiter. Also, ich meine, was Ihren Paul betrifft.»

«Lassen wir das, ich ...» Sie nickte ihm noch einmal kurz zu, dann verschwand sie im Bahnhofsgebäude.

Kappe fragte sich, ob der Himmel diese Begegnung herbeigeführt hatte, um ihm zu zeigen, dass es noch andere schöne Mädchen gab und er nicht alles auf die Karte Klara Göritz setzen sollte. Jetzt galt es aber, sich auf den Einsatz am heutigen Abend zu konzentrieren.

«Es liegt was in der Luft», sagte er, als Galgenberg aus dem Zug geklettert war.

Der Kollege nahm es gelassen. «Keen menschlicher Verstand ermisst, wat mancher für een Dussel ist. Denken die, sie können die Welt aus 'n Angeln heben, wenn se uns Blumentöppe uff'n Kopp schmeißen?» Dann erzählte er, was er über Flüster-Fritze und Priebisch oder Priebusch herausgefunden hatte. «Der Flüster-Fritze alias Friedrich Schwina, der hat 'ne lange Latte an Vorstrafen und is jemeldet in 'ner Laubenkolonie an der Sickingenstraße. Und der Priebusch heißt Priebisch, Albert Priebisch, ist Zimmermann und wohnt in Rixdorf. Priebischs gibt es 'ne Menge, aber nur einer ist als Anarchist bekannt, dieser Albert. Ich war schon bei ihm zu Hause, aber er war leider nicht zugegen. Die Nachbarn sagen, dass er sich in Moabit herumtreibt. Klar, um die Leute aufzuhetzen.»

«Dann lassen Sie uns erst mal zu diesem Schwina gehen», schlug Kappe vor.

«Gut, wo 'ne Destille is, is ooch 'n Weg. Bilden Sie mal 'n Satz mit Amtsrichter!»

«Keine Ahnung.»

«Abends riecht er immer nach Schnaps.»

Vom Bahnhof Beusselstraße bis zum Laubengelände am Ende der Sickingenstraße am Charlottenburger Verbindungskanal war es nicht weit, aber da rings um den Kohlenplatz von Kupfer & Co. schon wieder alles dicht war, mussten sie den Umweg über die Wittstocker Straße machen.

Galgenberg erzählte, was noch so an Arbeit angefallen war. «Im Kintopp Thurmstraße 70 haben wir den Friseur Paul Höhne festgenommen, 22 Jahre alt, hat bei seinem Bruder in der Beusselstraße gewohnt und sich wiederholt an seiner neunjährigen Nichte vergangen. Menschen jibt dit! In Groß-Lichterfelde in der Hauptkadettenanstalt ist ein Kadett, achtzehn Jahre alt und kurz vor der Fähnrichsprüfung, vom Dach gefallen und mit zerschmetterten Gliedern unten liegengeblieben. Da mussten wir sehen, ob das 'n Unfall war oder ihn jemand runtergestoßen hatte.»

«Und?»

«War wohl 'n Unfall, er wollte seinen Kameraden zeigen, was er für 'n großartiger Kletterkünstler is. Und in der Firma Ariadne in der Wilmersdorfer Straße, da war es auch nur 'n Unfall, da ist ein Arbeiter in den Transmissionsriemen geraten.»

Damit waren sie auf dem Laubengelände angekommen und schafften es, sich bis zur Behausung von Friedrich Schwina durchzufragen. Doch der Gesuchte war nicht zu Hause.

«Wenn de denkst, du hast'n, springta aus'n Kasten», sagte Galgenberg. «Ein Satz mit Waschblusen?» Und da Kappe wieder keine Antwort wissen würde, fuhr er gleich fort: «Wasch blusen die Trompeter, Husaren heraus ...»

Kappe verdrehte die Augen. «Sehr schön. Also suchen wir jetzt den Albert Priebisch!»

Galgenberg nickte. «Mit Jeduld und Spucke/fängt man eene Mucke./Mit Jeduld und Spei/fängt man ihrer zwei. Also, auf ins Jetümmel!»

«Ein Satz mit Telefon?», fragte Kappe, nachdem er lange darüber nachgedacht hatte, wie er sich an Galgenberg rächen konnte.

«Wat sachste da?» Der Kollege bekam vor lauter Staunen den Mund nicht mehr zu. «Weeß ick nich.»

«Na, ganz einfach: Wenn Nachbars Köter Junge kricht, krieje ick ooch 'ne Töle von.»

«Tooor!», rief Galgenberg. «Toor! Eins zu eins.»

Sie mischten sich unter die Leute. Ab 18 Uhr sammelten sich an verschiedenen Punkten halbwüchsige Burschen, zu denen sich bald Frauen, Kinder und Männer gesellten. Nach und nach wuchsen diese kleinen Haufen zu größeren Mengen an. Man nahm den patrouillierenden Schutzleuten gegenüber eine aggressive Haltung ein, verzichtete aber auf jegliche Attacken. Es entspannen sich lediglich erregte Dispute. Erst als um 19 Uhr verschiedene Polizeiabteilungen unter Führung ihrer Offiziere ausrückten, zündete der Funke. Pfiffe ertönten, aufreizende Rufe wurden laut, und stellenweise stürmte die immer mehr anwachsende Menge auf die Beamten ein. Die Polizeioffiziere mussten ihre ganze Autorität aufbieten, um ihre erregten Mannschaften zurückzuhalten. Sie blickten immer wieder zum Himmel hinauf, wo dichte Wolken aufgezogen waren, und hofften auf einen Wolkenbruch, der die Leute auseinanderstieben lassen würde. Doch es blieb trocken. Die Aufrührer unternahmen erste Versuche, die Sperrketten zu durchbrechen, wurden aber von berittenen Beamten zurückgedrängt. Es blieb bei einem Geplänkel.

An der Ecke Beussel- und Thurmstraße griff die Menge einen Straßenbahnwagen an, der zum Bahnhof fahren wollte. Führer und Schaffner wehrten sich so lange, bis die Polizei erschien.

Gegen 20 Uhr kam es dann an der Ecke Wiclef- und Beusselstraße zum ersten Zusammenstoß. Unter Johlen und Schreien drang die Menge auf die Schutzleute ein und bombardierte sie mit

Steinen. Daraufhin bekamen die den Befehl, blankzuziehen und zum Angriff überzugehen. Mit dem Säbel in der Hand stürmten die Beamten, von berittenen Kollegen begleitet, die Straßen hinunter, trieben die johlende Menge vor sich her und verletzten mehrere Menschen durch Säbelhiebe. Nach verhältnismäßig kurzer Zeit war es gelungen, die beiden Straßen zu säubern. Dafür flammte der Kampf an der Ecke Beussel- und Sickingenstraße um so heftiger auf. Aus den Fenstern wurden Steine, Flaschen und Scherben auf die Beamten geworfen. Einem durchschlug ein Stein den Helm und verwundete ihn am Kopf. In der Erasmusstraße, wo Charlottenburger Beamte im Einsatz waren, kamen zum Steinbombardement Schüsse hinzu, die aber niemanden verletzten. Auch am Unionplatz wurde auf Offiziere und Mannschaften geschossen. Aus der zweiten Etage des Hauses Waldstraße 43 wurden mehrere Blumentöpfe heruntergeworfen. Ein Arbeiter namens Reinhardt wollte sich für vorher erlittene Verletzungen rächen. Als ein Leutnant mit seinen Männern die Wohnung stürmte, suchte ihm Reinhardts nur leicht bekleidete Ehefrau eine brennende Petroleumlampe ins Gesicht zu schleudern. Durch einen schnellen Sprung zur Seite konnte er sich retten. Das entstehende Feuer wurde von seinen Leute ausgetreten.

In der Rostocker Straße erreichten die Tumulte dieser Nacht ihren Höhepunkt. Dort demolierten die Aufrührer sämtliche Laternen auf einmal und eröffneten ein furchtbares Steinbombardement auf die Polizisten, die an der Ecke Wiclefstraße Aufstellung genommen hatten. Daraufhin schritt die Polizei zur Räumung der in völliges Dunkel gehüllten Straße. Gegen viertausend Menschen, darunter an die fünfhundert Frauen, füllten sie in ganzer Breite.

«Bluthunde!»

«Schießt die Schufte nieder!»

Die Rufe wurden immer lauter. Ein Polizeioffizier forderte die Menge auf auseinanderzugehen. Dreimal. Die Antwort war ein höhnisches Gejohle, und man fing an, die Beamten auch hier mit Steinen zu bewerfen. Im gleichen Augenblick wurden in den Mietshäusern zahlreiche Fenster aufgerissen, und ein wahrer Hagel von leeren Bier- und Seltersflaschen prasselte auf die Schutzleute nieder. Dazwischen fielen immer wieder Revolverschüsse. Mitten im Getümmel stand der Polizeipräsident von Jagow, der gegen 22.30 Uhr erschienen war, und gab Befehl, jede Widergesetzlichkeit sofort mit der Waffe zu beantworten. Nun kam das Kommando, die Schüsse aus den Fenstern zu beantworten. Auf jedes Fenster, aus dem auf die Schutzleute geschossen oder etwas geworfen wurde, richteten sich die Pistolen der Beamten, und ein lebhaftes Feuer wurde eröffnet. Der Versuch der Polizisten, in die Häuser einzudringen und die Aufrührer aus den Wohnungen und den Höfen herauszuholen, scheiterte meistens daran, dass die Haustüren jedes Mal rasch abgeschlossen wurden. Ein Teil der Aufrührer zog sich auf den Hof der Löweschen Fabrik an der Wiebe- und der Huttenstraße zurück, deren Tore vom Pförtner bereitwillig geöffnet worden waren. Bis zwei Uhr morgens wütete der Kampf. Zuletzt stürzte alles auf die Straße, schleppte Holzbohlen, Matratzen, Kisten, Stroh und Lumpen heran, schichtete sie übereinander und setzte sie mit Petroleum in Brand. Die Flamme schlug blitzartig empor und reichte bis zum zweiten Stock der Häuser hinauf. Die Rostocker Straße, die eben noch im Dunkel gelegen hatte, war nun hell erleuchtet. Die Feuerwehr rückte mit einem Automobillöschzug heran. Danach war alles erschöpft.

Kappe und Galgenberg hatten sich aus allem heraushalten können und keinerlei Blessuren davongetragen, aber auch ihr Ziel verfehlt, Albert Priebisch zu finden und zu verhören. Sie hatten offenbar zu sehr auf den Zufall gehofft. Was nun – sollten sie nach Hause gehen, oder gab es noch eine Chance, des Verdächtigen habhaft zu werden?

«Von der Wiege bis zur Bahre is der Suff det einzich Wahre», reimte Galgenberg. «Ob wir noch 'n Rundgang durch alle Kneipen machen? Vielleicht sitzt er da noch.»

Kappe winkte ab. «Ich habe keine Lust, mich überall anpöbeln zu lassen. Vielleicht stellen wir uns vor den Bahnhof Beusselstraße und gucken, ob er da auftaucht, um nach Hause zu fahren.»

Galgenberg lachte. «Gute Idee – doch wenn er nun von Bellevue abfahren will? Und außerdem scheitert das Ganze daran, dass um diese Zeit keine Züge mehr fahren werden.»

«Lassen Sie uns noch mal nachdenken ...»

«Erst können vor Lachen.»

«Beim Streikkomitee haben wir noch nicht nach ihm gefragt», fiel Kappe ein.

«Ick will endlich in't Bette.» Galgenberg zeigte sich wenig begeistert von Kappes Idee, konnte aber schließlich überredet werden, doch noch mitzumachen. «Aber haben Sie 'ne Ahnung, wo det werte Streikkomitee zu finden is?»

«Nein, durchaus nicht.» Kappe fragte einen der Zeitungsschreiber, die sich an der Ecke Rostocker/Wittstocker Straße zu einem kleinen Plausch zusammengefunden hatten, und bekam den Hinweis, dass er es einmal in der Kneipe ein paar Häuser weiter versuchen sollte. «Da sitzt der Gustav Dlugy, das ist einer der Strippenzieher. Der kennt garantiert auch den Priebisch.»

Sie gingen hinüber und öffneten die Tür der Destille mit äußerster Vorsicht. Der Gedanke, einen Bierseidel an den Kopf zu bekommen, wenn man sie als Kriminalschutzleute erkannte, war wenig verlockend. Aber nichts geschah. Die Leute waren alle zu müde und zu abgekämpft. Als sie den Zapfer nach Dlugy fragten, zeigte er auf einen Hünen hinten in der Ecke. «Der da, der wie 'n Boxer aussieht und quatschen kann wie 'n Professor.» Sie bedankten sich und gingen hin.

«Wir suchen einen Herrn Priebisch», sagte Kappe.

Dlugy sah sie lange und durchdringend an. In seinem Gesicht zuckte es. «Albert Priebisch ...» Er zögerte. «Sie sind ein Kriminaler?»

«Ja.»

«Dann setzen Sie sich mal. Das, was Ihnen der Albert Priebisch erzählen wird, das kann ich Ihnen viel besser erzählen. Wenn es um den Mörder von Paul Tilkowski gehen sollte …?»

«Ja, um den geht es.» Kappe schob den Stuhl, den Dlugy ihm anbot, wieder unter den Tisch zurück. «Aber wir hätten den Priebisch schon gern selbst gesprochen.»

«Geht erst wieder morgen früh. Er hat heute nicht mitgemacht bei uns hier, weil er für seine Firma nach Königs Wusterhausen musste, einen Dachstuhl fertigmachen.»

«Schade. Na, dann …»

Sie verließen die Destille und machten sich auf den Heimweg.

NEUN
Mittwoch, 28. September 1910

ALBERT PRIEBISCH wohnte in Rixdorf, und zwar im Hause Bergstraße 6, in dem das «Vermessungs-Bureau Voegelke» und der «Rixdorfer Vorschuss-Verein» ihren Sitz hatten. Zudem gab es drei kleinere Ladenlokale, davon ein Geschäft im Keller. Um sich hier eine Wohnung mieten zu können, reichte sein Lohn als Zimmermannsgeselle bei weitem nicht, aber er kannte den Hausbesitzer, und der hatte ihm erlaubt, sich eine Remise auf dem Hof als Wohnstatt herzurichten. Priebisch war im «roten Rixdorf» geboren worden und hing an seinem Kiez.

Als er gestern von der Baustelle in Königs Wusterhausen nach Hause gekommen war, hatte er sich noch die Abendausgabe des *Berliner Lokal-Anzeigers* gekauft, war aber zu müde gewesen, noch darin zu blättern. So hatte er jetzt gleich seine Frühstückslektüre. Aber was er da las, verdarb ihm den Appetit.

Die Ausschreitungen in Moabit, die heute früh in kleinerem Maße fortgesetzt wurden und deren Wiederholung in womöglich noch größerem Umfange für heute Abend befürchtet wird, können gar nicht scharf genug verurteilt werden. Aber gegen solche Exzesse, wie sie in Moabit vorgekommen sind, muss mit aller Entschiedenheit Front gemacht werden. Wer nicht selbst mit dem Blaukoller behaftet ist, kann in diesem Falle gegen die Polizei, die sich vor eine ungewöhnlich schwere Aufgabe gestellt sah, auch nicht den leisesten Vorwurf erheben. Es ist Tatsache, dass zuerst arbeitswillige Kutscher einer Firma, unter deren Arbeitern ein Streik herrscht, angegriffen wurden. Wenn es sich die Polizei angelegen sein ließ, diese vor weiteren Unbilden zu schützen, so tat sie nur, wozu sie da ist. Wer die Angreifer waren, ob organi-

sierte Arbeiter oder der Janhagel, der oft als Prügelknabe vorgeschoben wird, ist dabei vollkommen gleichgültig. Zu bedauern sind die ruhigen Bürger, die in Angst und Schrecken versetzt wurden, sind die verwundeten Schutzleute und andere Verletzte, die vielleicht ohne ihr Wollen in den Strudel hineingezogen wurden. Mit den Exzedenten braucht man kein Mitleid zu haben, auch nicht, wenn es ihnen bei der Wiederholung der Skandale schlimmer ergehen sollte als bisher. Geschieht ein Unglück, dann trifft nicht die Behörden die Schuld, sondern die Verantwortung tragen die Unruhestifter, tragen in letzter Reihe die Leute, die in verwerflicher Ueberhebung sich die Befugnis anmaßen, andere mit Gewalt an der Arbeit zu hindern, weil sie selbst einen Streik für berechtigt halten.

Das war ja wirklich empörend! Natürlich mussten andere kommen und den Arbeitern sagen, wo es langgehen sollte. Sie selber konnten es nicht, weil die herrschende Klasse es über Jahrhunderte hinweg verstanden hatte, sie dumm zu halten. Aber ein gehöriger Teil der Unmündigkeit war selber verschuldet. Was sagten sie bei ihm auf dem Bau immer? «Prost Pulle, wie süß ist dein Loch!»

Er schreckte hoch, denn jemand bummerte gegen seine Tür. Nanu, so früh schon einer? Wollte Dlugy ihn abholen, um in Moabit neue Aktionen zu starten? Während ihm dies durch den Kopf schoss, gab man sich draußen zu erkennen. «Die Kriminalpolizei! Wir hätten Sie gerne einmal gesprochen, Herr Priebisch.»

Er sprang auf. «Ja, sofort, ich komme, ich muss mich nur erst schnell anziehen.» Das war eine Lüge, denn er war bereits ausreichend bekleidet, aber er brauchte die Zeit, um seine Browning-Pistole, die neben ihm auf dem Tisch lag, unter seiner Matratze verschwinden zu lassen. Als er dann öffnete, sah er draußen zwei Männer stehen, die eigentlich harmlos aussahen. Besonders vom Jüngeren hätte er nie vermutet, dass der ein Kriminaler war. Eher hätte er ihn für einen Schulrektor oder einen höheren Postbeamten gehalten. Der Ältere schien ihm überaus bieder zu sein, der typische Schutzmann an der Ecke, nur ohne Uniform.

Jetzt erst fiel bei Priebisch der Groschen. Gott, ja, der eine, der Jüngere, hatte ihn am Montagabend in Moabit festnehmen wollen, war dann aber von einem Blumentopf getroffen und außer Gefecht gesetzt worden. Dass er ihn nicht auf den ersten Blick erkannt hatte, mochte an seiner Müdigkeit liegen, vor allem aber an dem schlechten Licht bei ihrer ersten Begegnung.

Die beiden stellten sich als Kappe und Galgenberg vor, und Priebisch konnte nicht anders, als sie in sein Wohn- und Schlafzimmer zu lassen. Und das, obwohl er Polizisten aus tiefstem Herzen hasste. Sie entweihten und beschmutzten sein Zuhause.

«Was liegt an?», fragte er, als sie alle drei Platz genommen hatte, fragte das überaus förmlich.

Kappe musterte ihn. «Wir hatten ja schon einmal das Vergnügen.»

Priebisch gab sich alle Mühe, seine Aggressionen zu unterdrücken und das Ganze ebenso leicht und locker anzugehen wie der Kriminalbeamte. «Wie gern hätte ich mich bei dieser Gelegenheit mit Ihnen unterhalten, aber sie haben es vorgezogen, vom Dienst abzutreten.»

«Der Blumentopf hätte ihn töten können», sagte Galgenberg.

«Ich habe ihn nicht geworfen!», rief Priebisch.

«Aber er ist sozusagen in Ihrem Auftrag geworfen worden.»

Priebisch fand das albern, schaffte es aber, sachlich zu bleiben. «Haben Sie den Mann denn dingfest machen können?»

«Nein.»

«Leider kann ich Ihnen da nicht weiterhelfen.» Priebisch merkte, dass er im Ton zu frech geworden war, und bemühte sich schnell um größere Sachlichkeit. «Ich kann nur schwören, dass ich ihn nie gesehen habe und auch nicht mit ihm unter einer Decke stecke.»

Kappe ergriff jetzt wieder das Wort. «Aber mit anderen stecken Sie unter einer Decke. Mit dem Moabiter Streikkomitee zum Beispiel.»

«Ist das schon gegen das Gesetz?»

«Nein, aber Sie sollen gedroht haben, es allen Streikbrechern heimzuzahlen, sprich, sie niederzuschießen.»

Priebisch zögerte einen Augenblick. Solche Drohungen hatte er ausgestoßen, das war richtig. Aber war es nun klüger, das zuzugeben oder es abzustreiten? In dieser Sekunde wurde ihm erst so richtig bewusst, warum die Kriminalisten bei ihm waren: wegen Paul Tilkowski.

«Was ist nun?», fragte Galgenberg. «Immer raus mit de Zicke an de Frühlingsluft.»

«Kann sein, dass ich mal ein bisschen lauter geworden bin», gab Priebisch zu. «So ein Streikbrecher ist nun mal für die Streikenden ein elender Verräter. Sich aus allem raushalten, aber dann freudig alles mitnehmen, wenn es mehr Lohn geben sollte.»

Kappe nickte. «Ihren Zorn kann ich schon verstehen, aber deswegen schießt man doch keinen Menschen nieder.»

«Ich habe Paul Tilkowski nicht erschossen!», rief Priebisch.

«Und Sie wissen auch nicht, wer es getan hat?»

Doch! Priebisch hätte es um ein Haar ausgerufen. Doch, Dlugy ist es gewesen. Es fiel ihm schwer, seine Impulse zu kontrollieren. «Nein», stieß er schließlich hervor, aber es war Kappe und Galgenberg deutlich anzusehen, dass sie ihm keinen Glauben schenkten. Priebisch begann zu schwitzen. Wenn sie ihn jetzt mitnahmen und ins Untersuchungsgefängnis steckten und das Gericht ihn später wegen des Mordes an Tilkowski zum Tode verurteilte ... Schwindel packte ihn, er musste sich an der Tischkante festhalten. Ob Dlugy dann wirklich so anständig war, ein Geständnis abzulegen und ihn zu entlasten? Das war die große Frage – und wer konnte schon einem anderen Menschen ins Herz sehen? In der Tat: Dlugy war nicht zu trauen. Hatte er nicht in Schildhorn erklärt, er habe Tilkowski erschossen, um ein Zeichen zu setzen, und er werde alsbald zur Polizei gehen und sich selber stellen? War er aber noch nicht, dazu war er zu feige. Dafür opferte er nun seinen Freund.

Das alles schrie in Albert Priebisch danach, Dlugy ans Messer zu liefern und sich selber zu retten, doch zugleich hörte er aus seinem tiefsten Innern eine Stimme, die es ihm verbot. «Einen Freund und Genossen verrät man nicht!» Es war eine Sache der Ehre. Und so schwieg er denn. Für sich selber konnte er mühelos ein Alibi beibringen.

Die Mordkommission Kohlenplatz traf sich zur «Morgenandacht» im Zimmer des Leiters. Waldemar von Canow war schlecht gelaunt, denn es war erst Mitte der Woche, und das bedeutete, dass es bis zu ihrem Ende noch viele Stunden Bürofron für ihn geben würde.

«Was macht die verkohlte Leiche?», fragte er, nachdem er seine lieben Untergebenen begrüßt hatte.

«Sie verkohlt uns weiterhin», war Galgenbergs Antwort. «Schickt uns zu einem Zimmermann namens Priebisch, aber der kann es nicht gewesen sein – sein Alibi ist in Ordnung: Er hat zur Tatzeit unter Zeugengegenwart in einer Destille gesessen. Ein Anruf beim Wirt hat das bestätigt.»

«Wie lange ist der Tilkowski nun schon tot?», fragte von Canow.

«Seit dem Abend des 24. September», antwortete Kappe. «Seit Sonnabend letzter Woche also.»

«Wird ja langsam Zeit, den Mörder zu finden. Also, meine Herren!»

Kappe fühlte sich ganz besonders angesprochen, obwohl Galgenberg und Dr. Kniehase viel mehr Dienstjahre aufzuweisen hatten und im Rang weit höher standen als her. «Ich finde es am besten», sagte er, «wenn wir uns weiterhin auf Moabit konzentrieren, weil ich mir sicher bin, dass der Mord an Paul Tilkowski mit den Moabiter Unruhen in enger Verbindung steht.»

«Wenn ich da widersprechen darf?» Dr. Kniehase hatte sich aufgerichtet. «Es kann ebenso gut ein ganz normaler Einbruch gewesen sein. Wie der erste auch, nur dass der Täter diesmal gestört worden ist und auf Tilkowski geschossen hat.»

«Sicher», musste Kappe zugeben, wobei er an Storkow und sich selbst denken musste. «Darum werden wir zusehen, dass wir diesen Flüster-Fritze, diesen ... diesen ...» Gott, sein schlechtes Namensgedächtnis! «... dass wir den bald zu fassen kriegen.»

«Friedrich Schwina», half ihm Galgenberg aus. «Wobei ich Sie leider nicht an die Hand nehmen kann, Kappe, weil ich dringend zum Zahnarzt muss.» Er zeigte auf seine dicke Backe.

«Und ich werde im Labor versuchen, die Herkunft der Fackel zu klären, mit der die Baracke bei Kockanz in Brand gesetzt worden ist», sagte Dr. Kniehase. «Das sind komplizierte chemische Prozesse, die ich Ihnen nicht im Einzelnen ... Wissen wir, wo sie gekauft worden ist, können wir vielleicht auf den Täter schließen.»

«Haben Sie Kockanz mal gefragt, ob er diese Fackeln nicht möglicherweise bei sich gelagert hatte?», fragte Kappe.

«Nein.» Dr. Kniehase sah ihn an. «Aber Sie können das mal für mich erledigen und sich bei ihm danach erkundigen.»

«Gerne, wenn ich ohnehin schon in Moabit bin.»

Am Morgen bot die Rostocker Straße ein Bild der Verwüstung. Wer sie betrat, lief auf Schritt und Tritt Gefahr, durch die aufgehäuften Scherben von Flaschen und Geschirren aller Art, durch auf dem Boden liegende Steine und Eisenstücke verletzt zu werden. An zahlreichen Häusern bemerkte man zerbrochene Fensterscheiben. Hier waren die Kugeln der Schutzleute eingeschlagen. Die Balkone wiesen starke Beschädigungen auf, was teils auf die Schüsse der Polizisten zurückzuführen war, teils daran lag, dass die Mieter Stuck und Eisenverzierungen abgebrochen hatten, um sie als Wurfgeschosse zu benutzen. Alle Laternen waren eingeschlagen, die eisernen Stangen arg demoliert und vielfach abgerissen worden.

Friedlich lagen die Straßenzüge im morgendlichen Dunst, aber niemand wusste so recht, ob es die Ruhe nach oder vor dem Sturm war. Jedenfalls wurden die geschwächten Polizeimannschaften durch neue abgelöst. Die Offiziere dagegen ließ man wegen ihrer gesammelten Erfahrungen möglichst im Dienst.

Den ersten Menschenauflauf gab es, als zwei Kutscher der

Firma Kupfer & Co. die Arbeit niederlegten, nachdem sie mit ihren Fuhrwerken die Kohlen zur öffentlichen Waage gebracht hatten, um sie wiegen zu lassen. Es dauerte geraume Zeit, bis Ersatz zur Stelle war. Die Wagen wurden dann unter Polizeiaufsicht zur Chausseestraße gefahren.

Die nächste Aufregung ließ nicht lange auf sich warten, denn in einem Buttergeschäft in der Rostocker Straße drohten die Kunden, die Einrichtung zu demolieren, wenn man mit den Preisen nicht runterginge. Das Personal weigerte sich, den Verkauf fortzusetzen.

Dem Kaiser war über die Moabiter Ausschreitungen inzwischen ein ausführlicher Bericht erstattet worden, in dem die Polizeiführung meinte, dass aus den Vorgängen ein gewisses planmäßiges Vorgehen von zielgerichteten Leuten zu erkennen sei. Die Verabredungen würden wahrscheinlich in einem Restaurant in der Rostocker Straße getroffen, in dem viele Anarchisten und ein Teil der organisierten Metallarbeiter verkehren würden. Man zählte ganz genau nach und stellte fest, dass aus den Brownings der Beamten 163 Schüsse abgegeben worden waren. Die Aufrührer hätten aber das Fünffache an Munition verschossen. «Es ist eine bitterernste Sache», erklärte ein Polizeisprecher, «es ist eine kleine Revolution. Wer sich gegen die Gesetze vergeht, riskiert sein Leben. An die Proklamation des Belagerungszustandes wird nicht gedacht. Es liegt auch noch keine Veranlassung vor, Militär heranzuziehen.»

Kappe fühlte das Wehen, welches sein geistiger Ziehvater, der Major von Vielitz in Storkow, immer den hehren Atem der Geschichte nannte. Dabei zu sein war schon etwas sehr Schönes, es sei denn, man bekam einen Blumentopf auf den Kopf geworfen – und das ohne Helm. Für die Fahrt mit der Stadtbahn vom Alexanderplatz zum Bahnhof Bellevue kaufte Kappe sich die Morgenausgabe des *Berliner Lokal-Anzeigers*. Was er da über die Moabiter Unruhen las, war wenig erfreulich und ließ weitere Kampfhandlungen befürchten:

Gescheiterte Einigungsbestrebungen. – Der Transportarbeiterverband hat der Firma Kupfer & Co. mitgeteilt, dass er zu Verhandlungen geneigt sei. Der Kohlenhändlerverband beschloss dagegen gestern Nachmittag in einer Sitzung, mit dem Transportarbeiterverband nicht zu verhandeln und auch den vom Streik betroffenen Firmen dringend zu empfehlen, Verhandlungen mit dem Transportarbeiterverband abzulehnen. Der Arbeitgeberverband und auch die vom Streik betroffenen Firmen sind dagegen wohl bereit, mit den streikenden Arbeitern selbst zu verhandeln, auch durch den Magistratsrat von Schulz, mit dem sie sich in Verbindung gesetzt haben. Die Arbeitgeber sind auch bereit, vom 1. April an eine Lohnerhöhung eintreten zu lassen. Den vom Streik betroffenen Geschäften hat der Kohlenhändlerverband in der gestrigen Sitzung seine Unterstützung zugesagt.

Die Leute ringsum schienen allerdings diesem Thema kein allzu großes Interesse zu widmen – anderes war ihnen wichtiger. Das Fleisch sollte teurer werden. Im Freibad Wannsee war Saisonschluss. Die Schulen hatten das Schiller-Theater gedrängt, in seiner Dependance im früheren Wallner-Theater *Wallensteins Tod* und im Haupthaus in Charlottenburg *Die Braut von Messina* zu spielen. Prinz Heinrich von Preußen weilte in Begleitung des Fürsten Münster in England bei Lord Newton. Admiral von Tirpitz hatte sich zum Vortrag beim Kaiser nach Rominten begeben.

Fast automatisch stieg Hermann Kappe am Bahnhof Bellevue aus dem Stadtbahnzug, denn mit dieser Station assoziierte er den Stadtteil Moabit – und um den und die verkohlte Leiche auf dem Kohlenplatz in der Wiclefstraße kreiste in den letzten Tagen all sein Denken. Er hatte sich derart auf die Suche nach dem Mörder Paul Tilkowskis konzentriert, dass er Klara Göritz fast vergessen hatte. Dabei waren gerade einmal zwei volle Tage vergangen, seitdem sie sich auf der Rückfahrt von Storkow selig an ihn geschmiegt hatte. Doch wie heißt es so schön? Aus den Augen – aus dem Sinn. Es war auch schwer, ständig in Kontakt zu bleiben, denn beide hatten keine Gelegenheit, privat miteinander zu telefonieren, und bei der

Arbeit beziehungsweise im Dienst wagten sie es nicht. Außerdem hatte Kappe die Abende und Nächte auf den Moabiter Straßen und im dortigen Krankenhaus verbracht, während Klara jeden Tag so viel und so lange zu arbeiten hatte, dass sie zu Hause nur noch halbtot ins Bett fallen konnte. Immerhin hatte er ihr gestern heimlich im Dienst einen Brief geschrieben. Mal sehen, ob und wann sie antwortete.

Auf dem Weg vom Bahnhof zur Wiclefstraße staunte Kappe, wie sehr man das Chaos schon wieder beseitigt hatte. Einem Besucher aus einer fremden Stadt wäre nie in den Sinn gekommen, dass es hier in den letzten beiden Nächten heftige Ausschreitungen gegeben hatte.

Bis 13 Uhr waren die Kohlenwagen der Firma Kupfer & Co. von ihrer ersten Ausfahrt zum Kohlenhof in der Sickingenstraße zurückgekehrt, ohne aufgehalten worden zu sein. Die Arbeiter von Ludwig Loewe und den anderen Fabriken gingen in der Mittagspause ruhig nach Hause oder in die angrenzenden Kneipen. Etliche hatten verbundene Köpfe. Fehlte jemand, so war nicht immer klar, ob er schwerer verletzt oder verhaftet worden war und einer Verurteilung wegen Landfriedensbruchs entgegensehen musste. Unruhe kam auf, als bekannt wurde, dass die Staatsanwaltschaft Beamte in die Unfallstation Erasmusstraße entsandt hatte, um Einsicht in die Bücher zu nehmen und die Aufrührer zu ermitteln, die gestern Nacht Hilfe in Anspruch genommen hatten. Unter Berufung auf das ärztliche Berufsgeheimnis wurde ihrem Wunsch aber nicht entsprochen. Dann aber wurden die Bücher auf Weisung des Oberstaatsanwalts am Landgericht Berlin I beschlagnahmt. Trotzdem blieb es auf den Straßen ruhig, lediglich ein paar Dutzend Arbeiterinnen formierten sich zu einem Demonstrationszug, beließen es aber dabei, den Schutzleuten mit ihrem Mundwerk Zunder zu geben.

Kappe kam ohne besondere Zwischenfälle zum Kohlenplatz in der Wiclefstraße, erfuhr aber von den dort beschäftigten Arbeitern, dass Gottfried Kockanz über Mittag nach Hause gefahren sei, um mit einem Makler zu verhandeln. Er habe die Absicht, sich oben in Frohnau ein Grundstück zu kaufen.

Kappe bedankte sich und überlegte, wie er von der Wiclef- am besten zur Charlottenburger Schloßstraße gelangen konnte. So lange lebte er nun auch noch nicht in der Hauptstadt, dass er sich so gut auskannte wie ein alter Droschkenkutscher. Jetzt wäre es ganz gut gewesen, auf Galgenbergs Ortskenntnis zurückgreifen zu können, aber der befand sich wohl noch immer beim Zahnklempner, wie er die Dentisten nannte. Er kam zum Schluss, dass es wohl am besten sei, wenn er mit der Eisenbahn vom Bahnhof Beusselstraße nach Witzleben fuhr, von dort zum Kaiserdamm lief und dann die U-Bahn bis zum Sophie-Charlotte-Platz nahm. Seit zwei Jahren endete die am Reichskanzlerplatz. Aber er fuhr nicht gern mit der Hoch- und der U-Bahn. Mal litt er unter einer gewissen Höhenangst, mal unter der Vorstufe einer Tunnelphobie. Das musste er natürlich von Canow und den Kollegen verschweigen, denn sonst wäre es mit seiner Laufbahn als Kriminaler bald zu Ende gewesen. «Sie verfolgen einen Mörder, Kappe, und was machen Sie, wenn der zur Hochbahn hinaufläuft und in den gerade eingefahrenen Zug springt?» – «Ich lasse ihn fahren.» Das war einer seiner Albträume.

Die Frage war also, ob er von A nach B auch mit der Straßenbahn gelangen konnte. Das sicher – aber mit welcher? An der Ecke Beussel-/Wittstocker Straße fragte er einen Mann, der gerade dabei war, Plakate an eine Litfaßsäule zu kleben.

«Weeß ick doch nicht – bin ick Jesus?», war die Antwort.

Er ging zur Thurmstraße hinunter und beschloss, einen Fachmann zu fragen, sprich einen Schaffner der Linie 4, die dort eine Haltestelle hatte.

«Wie komme ich von hier mit der Straßenbahn zum Knie?»

«Nie.»

«Wie?»

«Mit uns, da komm' Se nie zum Knie.»

Kappe hatte das Gefühl, noch lange zu brauchen, um ein richtiger Berliner zu werden. «Wie soll ick das verstehen?»

«Is doch janz einfach: Wir sind die Große Berliner Straßenbahn und haben keene Linie, die zum Knie fährt. Det macht die Konkurrenz. Die mit die Buchstaben statt die Zahlen. Da drüben, Alt-Moabit, fährt die Linie Q zum Bahnhof Halensee.»

Kappe sagte dem Mann herzlichen Dank und machte sich auf den Weg zur angegeben Haltestelle. Richtig, dem Fahrplan war zu entnehmen, dass die Linie Q an der Ecke Kniprode-/Elbinger Straße einsetzte und über die Invalidenstraße Alt-Moabit erreichte. Dann ging es weiter über Gotzkowskybrücke, die Franklin- und die Marchstraße zum Knie. Die Bahn kam auch bald, und als Kappe beim Bezahlen den Schaffner fragte, wie weit er fahren müsse, um möglichst dicht an die Charlottenburger Schloßstraße heranzukommen, wurde ihm geraten, bis zur Ecke Wilmersdorfer/Scharrenstraße zu fahren. «Die jeh'n Se dann lang – und schon sind Se da.»

Kappe folgte der Empfehlung und kam auf schnellstem Wege zum Ziel, glücklich darüber, der höllischen U-Bahn entgangen zu sein. Die Schloßstraße führte von der Bismarckstraße hinauf zum Spandauer Damm, also zum Eingang des Charlottenburger Schlosses, und war eine recht feudale Wohngegend. Kappe staunte. So etwas gab es in Berlin innerhalb der Ringbahn nicht eben häufig. Gottfried Kockanz schien also mit seinem Kohlenhandel nicht schlecht verdient zu haben. Auf dem Stadtplan im Bureau hatte Kappe gesehen, dass Kockanz auf der westlichen Seite der Schloßstraße zwischen der Potsdamer Straße und der Neuen Christstraße wohnen musste.

Als er auf der Mittelpromenade der Schloßstraße angekommen war, fiel sein Blick auf eine unbesetzte Parkbank, und er konnte der Versuchung nicht widerstehen, ein wenig zu rasten. Er hatte Kockanz' Haus im Auge, und wenn der es wirklich verlassen sollte, konnte er schnell aufspringen und ihn ansprechen.

Kappe wurde immer schläfriger. Das war wieder seine geheimnisvolle Krankheit, die dafür sorgte, dass bei ihm manchmal ganz plötzlich die Luft raus war. Er dachte daran, wie er oft an seinen

Seen gesessen und auf die weite Fläche hinausgeblickt hatte, erst auf den Scharmützel-, dann den Storkower See. Er dachte an Klara. Was machte sie in dieser Sekunde gerade? Wahrscheinlich bei Rudolph Hertzog stehen und auf die nächste Kundin warten. Er stellte sich vor, wie er sich ihr von hinten näherte und ihr die Hände vor die Augen legte. «Wer bin ich?» Sie würde herumfahren, einen kleinen Freudenschrei ausstoßen und ihn dann küssen.

Er musste kurz eingenickt sein. Als vor ihm ein Automobil hupte, schreckte er hoch und wusste für Sekunden nicht genau, wo er war und was er hier sollte. Mit Kockanz reden, klar! Langsam erhob er sich und machte andeutungsweise einige kleinere gymnastische Übungen, um wieder in Schwung zu kommen. Noch immer aber war er wie in Trance.

Plötzlich war er hellwach, denn als er die westliche Fahrbahn der Schloßstraße überqueren wollte, kam ihm der Mann entgegen, den er noch intensiver suchte als den Mörder vom Kohlenplatz: der Mann, der ihm in Storkow eine Kugel in die Brust gejagt hatte.

«Hallo, Sie! Moment mal!»

Er wollte den Verbrecher am Ärmel festhalten, doch der war geistesgegenwärtig genug, sich loszureißen und in Richtung Kaiserdamm und Bismarckstraße davonzulaufen. Er musste sein Opfer erkannt haben, und dass er die Flucht ergriff, war Kappe Beweis genug, dass er den Richtigen vor sich hatte. Ohne sich zu besinnen, folgte er ihm, und da er ein ausgezeichneter Läufer war, zweifelte er nicht daran, ihn bald eingeholt zu haben. Doch der Verbrecher legte eine Ausdauer an den Tag, die nicht zu erwarten gewesen war, und Kappe hatte, als sie die Knobelsdorffstraße erreichten, bestenfalls sieben von etwa fünfzehn Metern aufgeholt.

Der Verbrecher musste aber gemerkt haben, dass sein Vorsprung immer geringer wurde und sein Verfolger ihn irgendwann auf dem Kaiserdamm packen würde, denn er sprang kurz entschlossen die Stufen zum U-Bahnhof Sophie-Charlotte-Platz hinunter. Kappe zögerte einen Augenblick. Seine instinktive Angst vor der U-Bahn, vor dem Tunnel ... Aber er überwand sich. Gerade war ein Zug eingelaufen, und eine erhebliche Anzahl von Fahrgästen strebte dem Ausgang entgegen. Gegen sie prallten nun Verfolgter wie Verfolger gleichermaßen. Kappe holte das Letzte aus sich heraus, denn er wusste, dass er verloren hatte, wenn es dem anderen gelang, in den anfahrenden Zug zu springen. Blieb er auf dem Bahnsteig zurück, würde er seinen Mörder vielleicht nie wieder zu Gesicht bekommen.

«Zurückbleiben!», schrie der Stationsvorsteher und hob die Kelle. Der Zugbegleiter klopfte gegen die Scheibe des Führerstandes. Das war das Zeichen für den Fahrer, die Motoren heraufzuschalten.

Da erreichte der Verbrecher die letzte Tür des letzten Wagens. Sie war schon geschlossen, aber da es noch keine Automatik gab, konnte er sie wieder aufreißen und in den Waggon springen. Blitzschnell fuhr er nun herum und umschloss den schweren Messinggriff der Tür, um sie wieder zu schließen und es seinem Verfolger unmöglich zu machen, auch noch zuzusteigen. Doch Kappe schaffte es, seinen rechten Fuß zwischen Tür und Rahmen zu bringen und den Griff außen zu packen.

In seiner Not wagte der Verbrecher nun das Äußerste. Er lief zur anderen Seite des Wagens, um die dortige Tür aufzureißen und auf die Gleise zu springen. Der Bahnhof Sophie-Charlotte-Platz verfügte über zwei Seitenbahnsteige, die beiden Gleise lagen also dicht nebeneinander, nur durch einen Betonsockel mit Stützsäulen getrennt. Neben diesem Sockel verliefen die Stromschienen. Auf ihrer blanken Oberseite rutschten die Stromabnehmer der Züge entlang, und wer mit ihren 750 Volt in Berührung kam, war zumeist auf der Stelle tot.

Der Verbrecher sprang dennoch, flog über Sockel und Stromschiene hinweg und landete auf dem Gegengleis. Jetzt hatte er die Wahl, sich auf den südlichen Seitenbahnsteig zu schwingen oder in den Tunnel zu flüchten. Viel Zeit hatte er nicht, denn rechts von ihm im Tunnel waren schon die Lichter eines herannahenden Zuges zu erkennen. Er entschied sich für den Bahnsteig.

Kappes Organismus kannte nur noch ein Ziel: den Mann zu fangen. Es war der Urinstinkt des Raubtiers. Hatte es die Beute so dicht vor Augen, war alles andere ausgeblendet. Und so sprang er dem Verbrecher hinterher. Doch in der Hundertstelsekunde, als er in die Höhe schnellte, aber noch keine Weite gewonnen hatte, merkte er, dass der Zug in Richtung Warschauer Brücke gerade mit zischender Bremsluft in den Bahnhof einfuhr und ihn unweigerlich erfassen würde, wenn er auf den Gleisen landete. Verzweifelt ruderte er also mit den Armen in der Luft herum, nach einem Halt suchend. Und irgendwie erwischte er mit der rechten Hand noch den Türrahmen. Das führte dazu, dass er herumgewirbelt wurde und mit dem Rücken voran aus dem Wagen stürzte. Er hatte nur noch eine Chance zu überleben: Es musste ihm gelingen, sich mit den Fingern an einer der Säulen zwischen den Gleisen festzuklammern. Das war einerseits eine artistische Glanzleistung, und er war schon immer ein schlechter Turner gewesen, schien aber andererseits nicht völlig unmöglich, denn die Säulen waren an sich T-Träger, die man nur mit Nieten und einigen Ornamenten künstlerisch aufgewertet hatte. «Hilf mir, Herr!»

Und Kappe schaffte es in der Tat, auf dem schmalen Betonsockel zwischen den beiden Zügen und den tödlichen Stromschienen ausreichend Halt zu finden. Doch bis der Strom ausgeschaltet war und das Personal ihn geborgen hatte, war der Verbrecher schon längst über alle Berge.

Immerhin war er dem Tod zum dritten Mal von der Schippe gesprungen. Wenn das kein Grund zum Feiern war! Nachdem alle Protokolle geschrieben waren, eilte er in das erstbeste Restaurant und bestellte sich ein sündhaft teures Kalbsmedaillon.

Die dritte Nacht stand ins Haus. Die Sicherheitsbehörden beeilten sich, das Aufflackern neuer Unruhen durch geeignete Maßnahmen im Keime zu ersticken. So wurde nach einer Vereinbarung zwischen der Berliner und der Charlottenburger Schutzmannschaft die Polizeistunde für die Restaurants im Moabiter und dem angrenzenden Charlottenburger Aufruhrgebiet auf 17 Uhr festgesetzt. Ferner wurde in den Kasernen des 4. Garde-Regiments und des Elisabeth-Regiments, die dem bedrohten Gebiet am nächsten lagen, «kriegsstarke» Kompanien in ständige Bereitschaft versetzt, um auf Ersuchen der Polizei sofort ausrücken zu können. Die Polizisten erhielten teilweise Pistolen, die wirkungsvoller waren als die herkömmlichen Brownings, und die Feuerwehrleute wurden mit Spitzhacken und Stemmeisen ausgerüstet, damit sie die Türen aufbrechen konnten, wenn die Aufrührer versuchen sollten, in die Mietshäuser zu flüchten und sich in den Wohnungen zu verstecken. Ebenso wurden Magnesiumfackeln und elektrische Lampen an die Beamten verteilt, falls die Straßenlaternen erneut demoliert wurden und ausfielen. Auch die Radfahrpatrouillen, die sich bei der Übermittlung von Befehlen wie beim Auskundschaften des Gegners bewährt hatten, wurden verstärkt. Fast tausend Schutzpolizisten und Kriminalwachtmeister waren schließlich im Moabiter Krisengebiet versammelt.

Dies alles aber konnte die Moabiter Aufrührer nicht aufhalten, zumal sie aus anderen Stadtteilen reichlich Zulauf erhielten. Als es 20 Uhr geworden war, drängten immer mehr Menschen gegen die Absperrungen. Sie verspotteten die Schutzleute und wurden von Minute zu Minute aggressiver. Auf die dreimalige Aufforderung des Polizeimajors Klein, die Straßen zu räumen, wurde mit Hohnrufen und Steinwürfen geantwortet. Damit war das Signal zur ersten Attacke gegeben, und die Schutzleute hieben mit blanken Waffen auf die Menschenmauern ein. Die Aufrührer ergriffen daraufhin die Flucht. Mehrere Hundert flüchteten sich in den Bahnhof Beusselstraße und bestiegen einen dort gerade einfahrenden Stadtbahnzug. Sie glaubten sich nun in Sicherheit, sahen sich aber getäuscht, denn mit blanker Waffe wurden alle diejenigen, die keine Fahrkarte vorzeigen konnten, wieder aus den Abteilen herausgetrieben.

Zur selben Zeit eskalierte der Konflikt an der Reformationskirche Beussel-, Ecke Wittstocker Straße. Hier sprengten zwanzig Berittene die Straße hinunter und trieben die Menge vor sich her.

Daraufhin eröffneten die Anwohner aus den Häusern ein Bombardement mit Blumentöpfen, Gläsern, Flaschen und anderen Gegenständen auf die Schutzleute. Als einer der Berittenen ins Gedränge geriet, wollten ihn die Aufrührer vom Pferd reißen und traktieren, aber eine Schar von Fußschutzleuten konnte ihn heraushauen. Unterdessen hatten vierzig bis fünfzig andere Schutzleute zu ihren Browning-Pistolen gegriffen. «Die Fenster schließen!», schrien sie nach oben. «Entfernen Sie sich sofort von den Fenstern!» Das hatte Erfolg.

Nun stürmte ein Dutzend Beamter das Haus Beusselstraße Nummer 41, in das sich zahlreiche Exzedenten geflüchtet hatten. Als die Polizisten über den Hof liefen, um die Wohnungen in den Seitenflügeln nach ihnen zu durchsuchen, empfing sie ein Hagel leerer Flaschen. Sie schossen nun nach oben, verzichteten aber auf weitere Attacken, da beim Kommando die Meldung eingegangen war, dass sich im Kleinen Thiergarten ein aus Tausenden bestehender Zug formiere, um gegen 22 Uhr mit roten Fahnen durch die Emdener Straße in Richtung Sickingenstraße zu marschieren. Ziel war es, das Kohlenlager von Kupfer & Co. zu stürmen. Im Kleinen Thiergarten kam es nun zu erbitterten Gefechten, die sich in die Nacht zogen und weit über hundert Verletzte forderten. Viele Schwerverletzte, alle mit Hieb- und Stichwunden, wurden in das gegenüberliegende Krankenhaus Moabit eingeliefert. Leichter Verletzte ließen sich, um der polizeilichen Feststellung zu entgehen, in den fliegenden Sanitätswachen behandeln.

In der Thurmstraße kam es zu einer heftigen Auseinandersetzung zwischen Schutzleuten und drei englischen Journalisten, die aus einem Automobil heraus die Tumulte beobachteten. Auf Veranlassung eines Kriminalbeamten, der die Herren für Organisatoren und Drahtzieher hielt, gingen die Schutzleute gegen das Fahrzeug vor und hieben auf die Insassen ein. Mr. Lawrence von Reuters Büro erhielt mehrere Hiebe über beide Hände, wobei die rechte fast durchgeschlagen wurde. Mr. Wile, der Vertreter der *Daily News*, erhielt mehrere Schläge über den Kopf.

Gegen Mitternacht hatte die Staatsmacht auf ganzer Linie gesiegt. In den Straßen gab es nur noch Polizisten und sogenannte friedliche Elemente, später keine Menschenseele mehr.

Der Vulkan schien alles ausgespien zu haben, was sich in vielen Jahren in der Tiefe angesammelt hatte, aber absolut sicher war sich niemand.

Hermann Kappe und Gustav Galgenberg hatten beschlossen, sich nicht unnötig in Gefahr zu begeben. Ihre Aufgabe war es nicht, die Tumultuanten und Exzedenten zur Raison zu bringen, ihre Aufgabe war es, Flüster-Fritze zu fassen. Und wo konnte man ihn mit größter Wahrscheinlichkeit und ohne jedes eigenes Risiko eher erwischen als in seiner Laube am Bahndamm? Zu Hause war er allerdings nicht. Seinen Köter hatte er zum Glück mitgenommen. Im Schutze der Dunkelheit hatten sie sich auf seine kleine Parzelle geschlichen und sich hinter seinem hölzernen Toilettenhäuschen versteckt. Sie mussten nur aufpassen, dass die beiden wackligen Stühle nicht gerade in dem Augenblick unter ihnen zusammenbrachen, in dem Friedrich Schwina nach Hause kam. Doch der ließ sich heute Abend Zeit.

Galgenberg trauerte dem Zahn nach, den man ihm am Vormittag gezogen hatte. «Da wächst nu nischt mehr nach. Ein Satz mit Furien, Sonne und Norwegen?»

Kappe stöhnte auf. «Wie immer: Fehlanzeige.»

«Na: Vurijen Winta hatte ick so 'ne Zahnschmerzen nor wejen die jroße Kälte.»

Kappe konnte nur bedingt lachen, denn noch immer hatte er sich nicht davon erholt, was ihm im Bahnhof Sophie-Charlotte-Platz widerfahren war. Auch dass ihm der Verbrecher entkommen war, schmerzte ihn. Wie gern hätte er dem Major in Storkow Mitteilung gemacht, dass der Mann nun hinter Schloss und Riegel sitze.

Während Kappe wortkarg hinauf zum Sternenhimmel blickte, war Galgenberg in ausgesprochener Plauderstimmung.

«Haben Sie das gelesen, Kappe, was da aus Breslau gemeldet worden ist?» Als der das verneinte, erzählte ihm Galgenberg von der dreißig Mann starken Räuberbande aus Russisch-Polen, die über die Grenze auf deutsches Gebiet vorgedrungen war und einen Raubzug durch vier Gemeinden unternommen hatte. «Überall haben sie die Gemeindekasse beraubt und drei Wächter, einen Gemeindevorsteher und zwei Bauern durch Revolverschüsse getötet. Sehen Sie, woanders geht es noch schlimmer zu als bei uns, was ja ein schöner Trost ist.»

«Danke.»

Galgenberg suchte die Wartezeit zu verkürzen, indem er alles wiedergab, was in den letzten Tagen in Berlin an Verbrechen aktenkundig geworden war. In Charlottenburg war der siebzehnjährige Kaufmannslehrling Ewald Meyer mit dreitausend Mark durchgebrannt. Am Bahnhof Zoo war ein sechzehnjähriger Lehrling dabei erwischt worden, einen Automaten mit Hilfe falscher Münzen zu plündern. In Friedrichshagen hatte die sechzehnjährige Anna F. eine Vergewaltigung durch einen ahnungslosen Gürtler vorgetäuscht, um von ihren Eltern nicht wegen verspäteter Heimkehr bestraft zu werden. Vor Gericht wurde der Fall des Arztes Dr. Hartung verhandelt. Er wurde beschuldigt, sich an seinen Empfangsdamen und mehreren jugendlichen Patientinnen sittlich vergangen zu haben. «Sehen Se, das erleben Sie nur in Berlin.»

«Ach, in Storkow kann man auch erschossen werden.»

«Ja, aber offensichtlich nur von einem Berliner.»

Kappe fand das nicht ganz so komisch wie der Kollege. «Morgen bekomme ich den Zeichner, und ich hoffe, dass es ihm gelingt, nach meinen Angaben ein Porträt zu Papier zu bringen, mit dem wir erfolgreich nach ihm fahnden können.»

Galgenberg wollte sich einen von Schwinas Äpfeln pflücken, ließ es aber lieber, als er an seinen gezogenen Zahn dachte. «Ein Satz mit Referendar? – Die Äppel sind ja so jrün, ham Se denn keene reeferen da?»

Langsam ging ihnen der Gesprächsstoff aus. Zudem begannen sie kräftig zu frieren. Ihre Stimmung wurde immer schlechter, und Galgenberg brummte schon, dass er sich wegen eines kleinen Eierdiebes keine Lungenentzündung holen wolle.

Da sahen sie Friedrich Schwina kommen. Vor seinem windschiefen Gartentor brannte eine Gaslaterne. Sie wollten warten, bis er vor der Tür seiner Laube stand und den Schlüssel ins Schloss gesteckt hatte, doch diesen Plan machte sein Hund zunichte. Als das Tier die Fremden auf dem Grundstück witterte, sprang es wie von Sinnen am Gartenzaun hoch, und die beiden Kriminalbeamten mussten fürchten, von ihm zerfleischt zu werden, wenn es ihm gelang, über das Hindernis zu setzen.

«Kriminalpolizei!», schrie Galgenberg. «Nehmen Sie das Tier gefälligst an die Leine. Wir hätten Sie gerne einmal gesprochen, Herr Schwina.»

ZEHN
Donnerstag, 29. September 1910

DIE MORGENANDACHT der Mordkommission Kohlenplatz begann heute verspätet, denn Waldemar von Canow war länger als gewöhnlich mit der Lektüre der Morgenzeitungen befasst. Großer Raum wurde weiterhin den «Streikkrawallen in Moabit» gewidmet, aber auch der Nachruf auf den Geheimen Kommerzienrat Karl Bolle kam nicht zu kurz, etwa im *Berliner Lokal-Anzeiger*:

Mit Karl Bolle ist ein in Berlin populärer Mann dahingegangen, und das ist traurig und sehr zu beklagen, denn die populären Männer werden immer seltener in dieser von Tag zu Tag gleichförmiger werdenden Zeit. Ganz fest ist Bolles Wirken mit dem hastigen Wachsen dieser Stadt, in der wir leben, verknüpft. Sein anheimelnd deutscher Name war in aller Munde, und seine Bollejungen wurden in hundert Couplets besungen, ja traten chorweise in Balletten auf und tanzten sinnbetörend. Und als später diese Bollejungen sich in Bollemädchen verwandelten, da wurde die Sache bei den Berlinern womöglich noch populärer ... Wie in der guten alten Zeit bimmelt auch heute noch der weiße Wagen durch die Straßen, verzapft sein friedliches Getränk und bringt in den Lärm des Berliner Vormittags einen Zug freundlicher Ländlichkeit.

Weiter unten war zu lesen, dass die Kaiserin ihrer Anteilnahme am Todes Karl Bolles in einem Telegramm Ausdruck gegeben hatte, das als erstes im Trauerhause eingetroffen war. Was gab es noch? In Spandau war die Cholera, der Ende August ein Ehepaar zum Opfer gefallen war, glücklicherweise erloschen. In Bayern hatte der Thronfolger Prinz Ludwig das Wirken seines Vaters als segensreich gepriesen: *Das wird niemand leugnen, dass Bayern in den letzten 23 Jahren fortgeschritten ist.* Auf einer Automobiltour ins Oderbruch waren zwei Berliner schwer verunglückt. *Die beiden Verletzten wurden mit der Bahn nach Berlin übergeführt. Das Auto ist total zertrümmert.* Ein Heiratsschwindler-Trio hatte in Cöpenick zugeschlagen. *Seit einiger Zeit treibt dort ein angeblicher Ingenieur Willi Treß sein Unwesen, indem er mit Mädchen und Zimmervermieterinnen Beziehungen anknüpft, ihnen die Ehe verspricht und sie dabei gründlich rupft.*

Aus London hatte der Korrespondent Kommentare der einflussreichsten Zeitungen zu den Moabiter Unruhen gedrahtet. So hatte die *Daily News* geschrieben:

Ausbrüche dieser Art sind etwas Neues in der Geschichte des modernen Deutschland. Bisher glaubte man, dass die militärische Disziplin, die das gesamte Leben des deutschen Volkes durchdringt, alle Lust zu Straßenkämpfen unterdrückt. Diese Ansicht war falsch. Daher müssen die Tage des Aufstandes als ein bedeutsames Zeichen gedeutet werden. Noch ist die eigentliche Ursache und die Natur der Kämpfe in Halbdunkel gehüllt ... Aber etwas kann man unmöglich glauben, nämlich dass der Streik der Angestellten einer Kohlenfirma die Ursache zu derartigen Exzessen, die an Barrikadenkämpfe erinnern, sein soll.

Der *Standard* vermutete, dass die Arbeiterorganisationen in Deutschland – wie das auch schon in England zu registrieren war – ihre Gewalt über die Massen verlieren würden.

Aus Brüssel hatte der dortige Korrespondent einen Auszug aus der Zeitung *Le Peuple* nach Berlin gemeldet:

Wenn es richtig ist, dass die Ereignisse anzusehen sind als Explosion einer in den arbeitenden Volksschichten angesammelten Erbitterung, so muss man die Ursache dafür in den wirtschaftlichen und politischen Verhältnissen suchen und nicht allein in dem Anwachsen der indirekten Steuern, wovon die ungeheure Theuerung des Fleisches und der notwendigen Lebensmittel eine der geringsten Konsequenzen ist, oder in der Verweigerung eines liberalen Wahlrechts für Preußen, sondern in dem sozialen Anachronismus des 20. Jahrhunderts. Der Aufstand ist vielleicht nur der Prolog zu einem Drama.

Waldemar von Canow ließ die Zeitung sinken. In der Tat, einiges erinnerte wirklich an die Revolutionen von 1789 in Paris oder 1848 hier in Berlin. Hatte die Götterdämmerung der Hohenzollern begonnen? Kam danach die Republik? Würde man vorher alle Adligen aufs Schafott schleppen oder wenigstens des Landes verweisen? War die Zeit gekommen, sich auch ein paar Freunde unter den Sozialdemokraten zu suchen?

Während sich ihr Vorgesetzter seiner Zeitungslektüre und seinen frei flutenden Gedanken hingab, quälten sich Hermann Kappe und Gustav Galgenberg mit Flüster-Fritze herum.

Kappe fixierte ihn. «Schwina, Sie bestreiten also weiterhin, jemals in ihrem Leben den Kockanzschen Kohlenplatz in der Wiclefstraße betreten zu haben?»

«Ja.»

Friedrich Schwina sprach so leise, dass Kappe das Fenster hatte schließen müssen, damit sie überhaupt etwas verstanden. Auch legten er und Galgenberg, wenn Schwina etwas sagte, die Hände wie Schalltrichter an die Ohren.

Umso lauter redete Galgenberg, es war eine merkwürdige Reaktion. Fast schrie er schon. «Du hast also weder den ersten Einbruch begangen noch den zweiten, in dessen Folge vermutlich Paul Tilkowski erschossen worden ist?»

Schwina starrte ihn an, da er nicht genau wusste, ob er auf diese Frage mit Ja oder mit Nein zu antworten hatte. «Ich habe nichts gemacht», sagte er schließlich.

«Und wo waren Sie zu den genannten Zeiten?» Kappe nannte sie nochmals, um Schwinas Erinnerungsvermögen auf die Sprünge zu helfen.

Friedrich Schwina überlegte einen Augenblick. «Also da, wo

nur einjebrochen worden ist, da weeß ick et nich mehr, in meine Laube, jloobe ick. Fragen Se de Nachbarn. Und der Mann, der bei Kockanz aus der Baracke jerannt is, der kann ick nich jewesen sein, weil ick zu diese Zeit gerade uff da 34. Wache jesessen hab. Ick soll anjeblich Steine uff die Blauen jeschmissen hab'n.»

Galgenberg ging zum Telefon und ließ sich vom Amt mit der 34. Wache in Moabit verbinden. Die Kollegen möchten doch mal bitte nachsehen, ob Friedrich Schwina dort zur fraglichen Zeit festgehalten worden sei. «Gleich», sagte er, nachdem er den Hörer wieder eingehängt hatte. «Und gleich heißt eine halbe Stunde. Warten wir also. Sag mal, Flüster-Fritze, wovon lebste eigentlich?»

«Von dem, wat in meine Laube wächst», flüsterte Schwina.

Galgenberg lachte. «Is ja auch 'n janz schöner Jroßgrundbesitz. Haste wenigstens 'n vernünftigen Verwalter für?»

«Am liebsten wär mir 'n Kriminaler, der nebenbei noch ...»

«Sollen wir das als Versuch einer Beamtenbestechung werten?», fragte Kappe.

«Nee, aba wo wir uns so jlänzend verstehen.»

«Ein Satz mit Ösen und Haken?», fragte Galgenberg.

«Ösen rausjeschmissen ham, ha'ken eene inne Fresse jehaun», flüsterte Schwina.

Galgenberg strahlte. «Sehen Se, Kappe, det is 'n echta Berlina.»

«Mit mehr Vorstrafen, als ich an Lebensjahren aufzuweisen habe», merkte Kappe an.

Galgenberg wurde philosophisch. «Zum einig Volk von Brüdern jehört nu mal ooch so eena wie der, det kann ick Ihnen flüstern.»

Kappe begann sich zu langweilen, und wie immer, wenn er das tat, kaute er auf seiner Unterlippe herum. Dass ein Kriminaler die selben Tugenden aufweisen musste wie ein Fischer, fiel ihm heute mal wieder auf: Er musste warten können und warten und warten, bis ihm endlich ein Fisch ins Netz ging. Um nicht einzuschlafen, stellte er sich vor, an der Seite des alemannischen Königssohns Rando in Mainz die Römer zu überfallen, Ostern 368.

Die Kollegen von der 34. Wache riefen endlich zurück. Ja, Schwina sei zur fraglichen Zeit bei ihnen sistiert gewesen.

Was blieb Galgenberg und Kappe übrig, als zur Morgenandacht zu eilen und vorzuschlagen, Friedrich Schwina wieder laufenzulassen? Von Canow nickte nur.

Als sie auf Karl Bolles Tod zu sprechen kamen, sang Galgenberg ganz ungeniert: «Wenn die Bollemeechen in die Ecken seechen, und die Pennebacken in die Ecken kacken, dann ist Frühling in Berlin.»

Von Canow umriss die Lage mit knappen Worten: «Tendenz lustlos, meine Herren, oder?»

Kappe ergriff als Erster das Wort. «Entweder wir beißen auf Granit, wie im Falle Schwina, oder unsere Angriffe gehen ins Leere, wie bei Priebisch. Es ist zum Verzweifeln. Und hilft uns wirklich einmal der Zufall, dann nützt das nicht viel, weil der Täter unheimlichen Dusel hat und in der U-Bahn entkommen kann.»

«Wer?», fragte von Canow.

«Na, der Mann, der in Storkow Major von Vielitz überfallen und mich um ein Haar erschossen hat.»

«Ach ja, da ist schon wieder angerufen worden, ob wir denn in dieser Sache keine Fortschritte machen würden.» Canow seufzte. «Und das bei den guten Beziehungen, die der Major zu höchsten Kreisen hat. Nun, spätestens Ende der Woche werden wir überall Fahndungsplakate hängen haben.»

«Es wäre natürlich das Einfachste, der Schütze von Storkow wäre auch der Mörder des Moabiter Kohlenarbeiters», sagte Dr. Kniehase. «Leider können wir noch keine ballistischen Untersuchungen anstellen und sagen, ob die Kugeln beide Male aus derselben Waffe abgefeuert worden sind, weil wir in den Trümmern der Kockanzschen Baracke das Projektil noch immer nicht gefunden haben.»

Kappe schwieg. Eine Welle von Schwermut hatte ihn gepackt. So hatte er sich den Dienst als Kriminaler nicht gedacht, dass sich ein Misserfolg an den anderen reihte. In Storkow hatten ihn die kleinen Freuden des Alltags getragen, in Storkow war er wer gewesen. In Berlin erlebte er eine Enttäuschung nach der anderen, war er ein Nichts. Berlin war in allem gnadenlos. Am besten war es, er telefonierte mit dem Major und bat ihn um Verständnis dafür, wieder in seinen Landkreis zurückkehren zu wollen. Aber Klara bekam er nur, wenn er in Berlin als Kriminaler Karriere machte.

«Kappe, wir wollen nicht einschlafen», mahnte von Canow.

Galgenberg lachte. «Den Seinen gibt's der Herr im Schlafe.»

Sollte das Hermann Kappe, der kaum in die Kirche ging und fast schon als Freidenker gelten konnte, auf sich beziehen? Jedenfalls wurde wenige Minuten später an die Tür geklopft, und auf das unwillige «Herein!» von Canows erschien ein leicht verwachsener Bürobote.

«Gibt es hier einen Herrn Katte?», fragte der Mann.

«Nein», antwortete von Canow. «Hans Hermann von Katte ist 1730 vor den Augen Friedrichs des Großen auf der Festung Küstrin geköpft worden, wir haben hier nur einen Hermann Kappe – mit pp statt tt und ohne von.»

«Da ist ein Brief an den mit pp.» Als er das sagte, bekam der Bote, bei allem Respekt vor dem Inspektor, einen kleinen Lachanfall, denn *P. P.* stand immer draußen an den Bedürfnisanstalten.

Kappe war rot angelaufen, denn er glaubte, Klara Göritz hätte ihm einen Liebesbrief geschrieben, hierher ins Präsidium, weil sie seine private Adresse vergessen hatte. Mit rasendem Puls nahm er dem Boten den Umschlag aus der Hand und drehte ihn um. Aber da stand gar kein Absender. «Der ist anonym.»

«Vorsicht!», rief Dr. Kniehase. «Da können giftige Pulver drinstecken.»

«Anonyme Briefe gehören bei uns in den Papierkorb», sagte von Canow. «Aber erst, nachdem man sie gelesen und ausgewertet hat. Dann öffnen Sie mal das Kuvert, Kappe.»

«Ja, aber ...» Kappe zögerte. Wenn der Brief nun wirklich von Klara war und sie etwas sehr Gewagtes geschrieben hatte? Wenn man ihn zwang, das in diesem Kreise vorzulesen, oder den Brief reihum gehen ließ?

Der Leiter der Mordkommission Kohlenplatz wurde ungeduldig, riss ihm den Umschlag aus der Hand und reichte ihn dem Boten, der noch nicht wieder abgetreten war. «Sie tun das mal für uns, Sie haben die meiste Erfahrung mit solchen Sachen.»

Der Mann tat, wie ihm geheißen, und förderte einen einmal gefalteten weißen Bogen zu Tage. «Da ist nichts weiter ...»

«Danke.» Von Canow nahm den Bogen und faltete ihn auseinander.

Kappe sprang auf und griff danach. «Lassen Sie nur, das ist doch für mich.»

«Nein, das ist für uns alle.» Von Canow hatte auf einen Blick erkannt, dass es etwas Dienstliches war. Drei Zeilen waren es nur, drei Sätze, mit einer Schreibmaschine zu Papier gebracht:

Der Mörder des Kohlenarbeiters Paul Tilkowski ist Gustav Dlugy vom Streikkomitee. Er hat den Streikbrecher erschossen, um ein Zeichen zu setzen. Erst hat er gleich zur Polizei gehen wollen, jetzt ist er zu feige dazu.

Erst einmal schweigen sie alle. Das klang nicht wie das Elaborat eines geistig gestörten Menschen, sondern wie eine amtliche Verkündigung. Zu diesem Eindruck trug auch bei, dass der Brief auf einer Maschine geschrieben worden war.

«Warum aber ist der Brief an Kappe adressiert und nicht an das Polizeipräsidium als solches?», fragte Dr. Kniehase.

Die Antwort musste sich Kappe nicht lange überlegen. «Weil ich in Moabit als der bekannt bin, der nach dem Mörder sucht, ich war am meisten vor Ort.»

«Haben Sie das Schreiben womöglich selber verfasst?», fragte Dr. Kniehase lachend.

Kappe war empört, suchte aber die Contenance zu wahren. «Wieso denn das?»

«Weil es an Sie persönlich adressiert ist.»

«Diese Art von Humor liegt mir fern. Ich bin diesem Dlugy auf der Suche nach Priebisch kurz begegnet, aber wenn ich ihn verdächtigen würde, hätte ich das doch in diesem Kreise sagen können, ohne mit negativen Reaktionen rechnen zu müssen.»

«Es gibt immer wieder Menschen, die sich in den Vordergrund spielen müssen», brummte Dr. Kniehase.

«Nu is aba jut, Herr Doktor!», rief Galgenberg. «Wie hat meine Mutter immer gesagt: Knall dir selba eene, ick hab jetzt keene Zeit dazu.»

«Schluss jetzt!», rief von Canow und zeigte ein Maß an Energie, das man ihm kaum zugetraut hätte. «Sonst treffen sich meine Herren Untergebenen heute Abend noch zum Duell. Natürlich kann Kappe nichts dafür, dass jemand seinen Namen auf einen Briefumschlag schreibt, aber ebenso natürlich müssen wir uns fragen, warum gerade er. Aber das hat Zeit. Zunächst fahren Sie, Kappe, und Sie, Galgenberg, erst einmal nach Moabit, um sich diesen Dlugos – nein: Dlugy vorzuknöpfen.»

Das Gewitter ist vorüber, hieß es in der Abendausgabe des *Berliner Lokal-Anzeigers*, aber dies war mehr Wunsch als Wirklichkeit, denn zu Beginn der vierten Nacht war das Aufgebot an Schutzleuten noch einmal verstärkt worden. Die Ruhe, die tagsüber zu verzeichnen gewesen war, hatte die leitenden Stellen keineswegs zu einer optimistischen Beurteilung der Lage veranlasst. Angesichts der jüngsten Ausdehnung des Aufruhrherdes bis zum Kleinen Thiergarten rechnete man vielmehr mit der Möglichkeit, dass sich der Mob aus anderen Stadtteilen nach Moabit in Marsch setzen könne, und hatte für eine Sicherung der natürlichen Einfallstore dieses Stadtteils Sorge getragen. So waren für den Fall einer Zusammenrottung im Thiergarten unter anderem starke Polizeimannschaften in der Kaserne des 4. Garderegiments in der Rathenower Straße zusammengezogen worden. Zudem standen für den Notfall die Soldaten zur sofortigen Unterstützung der Polizei bereit. Polizeimajor Klein hatte sich trotz seines hohen Alters und einer Verwundung am Knie, von einem Steinwurf herrührend, im Laufe des Tages mehrmals mit Hauptmann von Heeringen, dem Kommandeur der Charlottenburger Polizei, getroffen und über gemeinsame Maßnahmen der beiden Nachbarstädte verständigt.

Um 17 Uhr versammelte Major Klein die Polizeioffiziere zu einer Konferenz um sich. Man beschloss, energisch gegen die Exzedenten vorzugehen und sofort von der Schusswaffe Gebrauch zu machen. Um mehr Wirkung zu erzielen, wurden in der Rostocker Straße fünfzig Polizisten mit Karabinern ausgerüstet. Dazu kamen an dieser Stelle etwa zwanzig Berittene und hundert Kriminalschutzleute. Vor jedem Hausflur mussten sechs bis acht Kriminalbeamte Posten beziehen, während die mit Karabinern ausgestatteten Schutzleute zu zweit beziehungsweise zu viert die Straßen ständig auf und ab patrouillierten, um Bewohner, die sich an den Fenstern zeigten, zu warnen. Die Rostocker Straße bot somit ein äußerst kriegerisches Bild. Die Mehrzahl der Fenster war unbeleuchtet und verhängt; die Straße war bis auf die Beamten menschenleer. Wenn sich hier und da ein neugieriger Kopf am Fenster oder auf dem Balkon zeigte, legten die Schutzleute sofort den Karabiner an und schrien «Sofort verschwinden!» nach oben.

Die Aufrührer verlegten sich auf eine andere Taktik. Pfiffig bombardierten sie die Einsatzleitung mit Hunderten von anonymen Anzeigen. Einmal sollte das Bollesche Unternehmen, dann wieder das Kupfersche Anwesen geplündert werden, schließlich hieß es, man wolle das Zellengefängnis Moabit stürmen. Daraufhin lud man im Polizeipräsidium bergeweise Fackeln und Acetylenlaternen auf zwei Möbelwagen und schaffte sie unter dem Schutz einer starken Eskorte zum Lagerplatz in der Sickingenstraße. Als der Transport in der Mitte der Berlichingenstraße angekommen war, öffneten sich plötzlich verschiedene Fenster der dort gelegenen Häuser, und nun sausten Steine auf die Beamten herab. Die eröffneten sofort das Feuer, ohne aber, wie es schien, jemanden getroffen zu haben.

Hermann Kappe und Gustav Galgenberg versuchten auch an diesem Abend alles, um nicht in die Schusslinie zu geraten. Die

Rostocker Straße hatten sie von Anfang an gemieden. Ihre Suche nach Dlugy war aber bisher vergeblich gewesen.

«Vielleicht ist es doch besser, wir wenden uns an Major Klein», gab Galgenberg zu bedenken. «Dann hätten wir die Unterstützung Hunderter Kollegen.»

«Aber die Leute würden uns sofort die Tür vor der Nase zuschlagen», widersprach ihm Kappe. «Oder schießen gar auf uns.»

«Na ja: Besser ein Schuss in den Ofen als einer ins Herz», sagte Galgenberg. «Aber wie diesen Dlugy finden? Wenn er ein Schweinebraten wäre, könnt' ick ihn riechen, so aber … Dass der ooch Gustav heißt wie icke, stimmt mir traurig.» Galgenberg fand das wirklich empörend. «Aba: Det Traurigsein hat ja keenen Zweck, Jrieneisen holt die Leiche weg.» Er stutzte. «Sagen Sie mal, Kappe, liegt denn die verkohlte Leiche vom Kohlenplatz noch immer in der Pathologie – oder haben sie den Tilkowski schon begraben?»

«Soweit ich weiß, wird die Trauerfeier erst Anfang Oktober sein. Im Krematorium Wedding.»

«Na, viel einzuäschern is ja bei dem nich mehr. Ist denn seine schöne Braut schon wieder aus'm Krankenhaus raus?»

«Ja, ich habe sie neulich am Bahnhof Beusselstraße getroffen.»

«Schade um det schöne Paar», sagte Galgenberg und wurde poetisch. «Lass mir an deinem Busen / noch eenmal schmusen. / Da sprach sie unter Tränen: / ‹Ick hab ja keenen. / Den, wo ick jestern hatte, / der war von Watte. / Und jeden Tag 'n neuer, / det kommt mir zu teuer.› – Na, der von der Sophie Schünow is bestimmt nich aus Watte. Wär det nich 'ne Braut für Sie, Kappe?»

«Ja …» Kappe spürte durchaus ein gewisses Kribbeln in der Lendengegend.

Galgenberg packte seine Hände und hielt sie hinter seinem Rücken fest. «Gestehen Sie, Kappe, deswegen haben Sie den Kohlenarbeiter Paul Tilkowski erschossen!»

«Nein, nicht ich, der Dlugy hat es für mich getan und tausend Mark dafür bekommen.»

Galgenberg ließ ihn wieder frei. «Ach schade, dass das Leben kein Roman von Hedwig Courths-Mahler ist. Meine Frau kommt gar nicht mehr los von der.»

Kappe fragte einige Leute, die halbwegs friedlich und vernünftig aussahen, nach dem Streikkomitee. «Wir sind Freunde von Gustav Dlugy.»

«Keine Ahnung, der ist mal hier, der ist mal dort.»

Sie bedankten sich und ließen sich wieder treiben. Dabei musste Galgenberg aufpassen, dass ihn die Kollegen, die hier im Einsatz gegen die Aufrührer waren, nicht erkannten und freudig begrüßten, womit sie dann jede Chance verspielt hätten, Dlugy aufzustöbern. Für Kappe war das kein Problem, ihn kannte kaum jemand.

Um 21 Uhr kam es vor dem Hause Thurmstraße 58 zu einem Zusammenstoß. Wie auf Kommando gingen in diesem und den Nebenhäusern die Fenster auf, und herunter flogen Blumentöpfe, Gläser und Flaschen, während die auf der Straße versammelte Menge, fünfhundert Köpfe mochte sie zählen, laut schrie und johlte und Miene machte, sich auf die Schutzleute zu stürzen. Sofort wurden Schüsse auf die Fenster abgegeben, und es wurde Attacke auf die Menge geritten. Zehn bis fünfzehn Bürger wurden verletzt, ein Schutzmann erhielt aus der Menge einen Schuss in die Hand.

«Bravo, Dlugy!», schrie einer, aber Kappe und Galgenberg waren viel zu weit entfernt, um das hören zu können.

Um 22.15 Uhr erschienen der Minister des Innern von Dallwitz und der Polizeipräsident von Jagow in Moabit, um sich von den getroffenen Maßnahmen persönlich zu überzeugen. Der Minister begrüßte Major Klein und ließ sich von ihm ausführlich Bericht erstatten. Anschließend trat der Polizeipräsident auf die anwesenden Vertreter der Berliner Zeitungen zu und sagte: «Beruhigen Sie doch Ihre englischen Kollegen. Es ist bedauerlich, dass die Herren ins Gedränge gekommen sind. Ich habe mich sofort informiert; es ist ja glücklicherweise nur einer der Herren leicht verletzt. Er hat diese Wunde auf dem Felde der journalistischen Ehre davongetragen.

Sie alle stehen mehr oder minder bei solchen Anlässen ebenso wie unsere Beamten stets in hoher Gefahr. Hoffentlich werden sich Ihre englischen Kollegen nicht weiter beunruhigen.»

Der hohe Besuch brach dann zu einem Rundgang durch die Moabiter Straßen auf, und der Minister trat hin und wieder an die Schutzleute heran und sprach ihnen seinen Dank für ihre gute Haltung aus. Auf seine Frage nach der Wirkung des Einsatzes von Karabinern wurde ihm geantwortet, dass die Exzedenten die Fenster viel schneller schließen würden, als wenn man nur mit Brownings auf sie feuerte. Am Ende wollte man noch den Lagerplatz der Firma Kupfer & Co. besichtigen. Während ihres Rundganges hatten etwa fünfhundert Menschen an der Heilandskirche versucht, den Polizeikordon zu durchbrechen, waren aber zurückgeschlagen worden.

Kappe und Galgenberg hatten diesen Vorfall aus der Ferne verfolgt. Noch immer irrten sie ziemlich planlos in Moabit herum. Was anderes hätten sie auch tun können.

«Vielleicht sollten wir doch sehen, dass wir mit Major Klein sprechen und uns Amtshilfe erbitten», sagte Kappe schließlich. «Dann laufen wir zwar quasi mit offenen Visier herum, aber wir wissen wenigstens, in welche Richtung wir zu laufen haben.»

«Hört sich gut an, Ihr Vorschlag, Kappe. Also auf zu Kupfer & Co., da wird er sicher noch zu finden sein.»

Und richtig, der Polizeipräsident und der Minister waren gerade dabei, sich zu verabschiedeten, und auch der Major Klein wollte den Heimweg antreten, als sie in der Sickingenstraße eintrafen. Da man Galgenberg kannte, war es kein Problem, zum Einsatzleiter vorzudringen.

«Herr Major, wir sind unterwegs, um Gustav Dlugy festzunehmen», erklärte ihm Galgenberg. «Er steht in dringendem Verdacht, den Kohlenarbeiter Paul Tilkowski als einen Streikbrecher erschossen zu haben.»

«Ja, habe davon gehört. Warum haben Sie nicht eher mit mir gesprochen?»

«Wir wollten die Leute nicht zusätzlich reizen», begründete Kappe ihr Vorgehen.

«Wir werden auch mit gereizten Leuten fertig. Nun aber ...! Ich vermute, dass der Dlugy wieder in der Beusselstraße ist, in diesem Anarchistenlokal da, Nummer 25. Uns ist gerade mitgeteilt worden, dass auf dem Hof dieser Wirtschaft eine Anarchistenversammlung stattfinden soll.»

Es war 23.20 Uhr, als sich Kappe und Galgenberg auf den Weg machten. Sie waren gerade rechtzeitig zur Stelle, um mitzuerleben, wie zwölf uniformierte Schutzleute und dreißig Kriminalbeamte unter Führung eines Polizeileutnants in das Lokal eindrangen. Die Aufforderung des Leutnants, dieses sofort zu räumen, wurde mit Hohngeschrei aufgenommen, dann stürzten sich die Anwesenden auf die Polizeibeamten. Es entspann sich ein kurzer, aber erbitterter Kampf. Ein Teil der Anarchisten entfloh, ein anderer Teil wurde überwältigt und festgenommen. Fast alle trugen Verletzungen davon. Einer hatte einen Schuss in die linke Brusthälfte abbekommen, nicht weit weg vom Herzen war die Kugel im Körper steckengeblieben, und er wurde auf einer Bahre davongetragen.

«Ist zufällig der Gustav Dlugy unter den Festgenommenen?», fragte Kappe den Leutnant, nachdem Galgenberg sie miteinander bekannt gemacht hatte.

«Weiß ich nicht, wir haben noch keine Zeit gehabt, alle Personalien aufzunehmen.»

«Hier, Gustav Dlugy, das bin ich.» Der Mann auf der Bahre versuchte, sich ein wenig aufzurichten. «Sind Sie Arzt?», fragte er Kappe.

«Nein, Kriminaler. Wir sind hier, um Sie zu verhören. Sie werden verdächtigt, am 24. September dieses Jahres den Kohlenarbeiter Paul Tilkowski erschossen zu haben.»

«Ja, ich gebe zu, dass ich ihn ... Wenn ich jetzt abkratze, dann sollen wenigstens alle wissen, wer's war.»

ELF
Freitag, 30. September

HERMANN KAPPE liebte es, morgens an seinem Schreibtisch zu sitzen, seinen frisch gebrühten Kaffee zu trinken und die Morgenausgabe des *Berliner Lokal-Anzeigers* zu lesen, die Galgenberg regelmäßig mitbrachte, aber dazu sollte er heute nicht kommen, denn kaum war er im Dienstgebäude erschienen, wurde er schon zu seinem Vorgesetzten zitiert. Waldemar von Canow erhob sich sogar, als er bei ihm angeklopft hatte und eingetreten war, und kam ihm entgegen, um ihm lang und anhaltend die Hand zu schütteln.

«Bravo, Kappe, Gratulation! Der Herr Polizeipräsident ist sehr erfreut darüber, dass Sie und Galgenberg es geschafft haben, den Mörder des Kohlenarbeiters ... da in der Sickingenstraße dingfest zu machen.»

Kappe verkniff es sich, den Namen Paul Tilkowski herauszuposaunen und seinen Vorgesetzten dahingehend zu korrigieren, dass sich der Tatort in der Wiclef- und nicht in der Sickingenstraße befand. Er beließ es dabei, sich mit einer stummen Verbeugung für das Lob zu bedanken, das ihm zuteil geworden war.

«Was man heute morgen von der Moabiter Front hört, klingt ja sehr verheißungsvoll», fuhr von Canow fort. «Alles ruhig, die Kommandos und Patrouillen sind vermindert worden. Die Kohlenwagen von Kupfer & Co. werden nicht mehr behelligt. Auch für den heutigen Abend ist man guter Hoffnung, dass es zu keinen weiteren Ausschreitungen kommen wird.»

Kappe freute sich, endlich mal wieder einen freien Abend zu haben. Es sein denn ... «Wie geht es Dlugy?», fragte er schnell.

«Ich habe mich vor einer Viertelstunde telefonisch nach seinem Befinden erkundigt und vom Krankenhaus Moabit die Auskunft erhalten, dass keine Lebensgefahr mehr besteht, er aber bis auf weiteres noch nicht vernommen werden kann. Da wir aber sein Geständnis schon haben, erscheint mir das nicht relevant zu sein.»

«Ist es genehm, dass ich mich bis dahin dem Abfassen der Protokolle widme und zudem versuche, des Mannes habhaft zu werden, der in Storkow den Major von Vielitz bedroht hat und mich um ein Haar erschossen hätte?», fragte Kappe.

Von Canow war entzückt darüber, wie elegant sich Hermann Kappe auszudrücken wusste. Wenn man den jungen Mann gezielt förderte, konnte der bei der Berliner Kriminalpolizei eine große Karriere machen, obwohl da noch ein anderer war, der über außergewöhnliche Talente verfügte, dieser Ernst Gennat. Von Canow selber hatte nicht die geringsten Ambitionen, in höhere Ämter zu gelangen und eine Legende zu werden. Glücklich war nur der, der wollte, was er bekam.

«Machen Sie sich mal heute einen ruhigen Tag», sagte er zu Kappe. «Sie haben sich's verdient. Und wenn die Fahndungsplakate erst aushängen, werden Sie auch wieder alle Hände voll zu tun haben. Ich meine, mit Ihrem Mörder da aus ... aus ...»

«Storkow.» Nun hatte sich Kappe doch nicht bremsen können.

«Ja, Storkow.» Damit beschloss von Canow ihr Gespräch und brachte Kappe, leutselig wie er heute war, zur Tür. «Und weiterhin frohes Schaffen.»

Kappe bedankte sich und kehrte mit einem nie gekannten Hochgefühl in sein Büro zurück. Er hatte Berlin erobert! Es war die richtige Entscheidung gewesen.

Inzwischen war auch Galgenberg erschienen, und sie teilten sich seine Zeitung. Zuerst las Kappe natürlich das, was aus dem Moabiter Unruhegebiet berichtet wurde. Die Festnahme Dlugys nahm nicht mehr als drei Zeilen ein, was aber mit dem Redaktionsschluss zu tun haben musste, wie Galgenberg meinte. Da war auf die Mittagsausgabe zu warten. Was gab es noch? Der Kaiser hatte dem Reichsversicherungsamt sein Bildnis mit eigenhändiger Unterschrift geschenkt. Die Eröffnung der Schöneberger U-Bahn war für Ende November in Aussicht genommen. Direktor Max Reinhardt hatte sich geweigert, das Gastspiel des Deutschen Theaters in München fortzusetzen. Der 41-jährige Anstreicher Erich Grimm war nach seiner Entlassung aus dem Gefängnis sofort wieder als Heiratsschwindler in Erscheinung getreten. In einer feschen Jägeruniform hatte er nach neuen Opfern Ausschau gehalten. Der Wegelagerer von Cöpenick war endlich gefasst worden. Der Techniker Treff hatte in den letzten Wochen fortwährend dreiste Raubüberfälle auf wehrlose Frauen ausgeführt. Bei einer Bahnfahrt hatte ein vierzigjähriger Reisender den Tod gefunden.

Auf der Fahrt von Görlitz nach Berlin stürzte er aus bisher noch nicht ermittelter Ursache aus dem Abteil heraus, las Galgenberg laut vor. *Unglücklicherweise blieb der Rock am Laufbrett hängen, und so wurde der Verunglückte mitgeschleift und unter die Räder geschleudert. Kopf und Brust wurden dem Manne vollständig zermalmt, sodass der Tod fast auf der Stelle eintrat.*

Kappe schüttelte sich. «Hören Sie auf! Das erinnert mich zu sehr an mein Abenteuer in der U-Bahn, Sophie-Charlotte-Platz. Außerdem muss ich am Sonntag wieder mit der Eisenbahn fahren – zu meinen Verwandten nach Hoppegarten.»

«Mit Ihrem Fräulein Braut?», wollte Galgenberg wissen.

«Braut wäre schön», seufzte Kappe. «Klara …»

«Klara Fall», analysierte Galgenberg die Sache, «die lässt Sie zappeln. So sind die Frauen eben.»

«Wenn's nur das wäre, aber ich habe so das dumpfe Gefühl, dass mein lieber Freund Liepe dabei ist, ihr den Kopf zu verdrehen.»

«Wenn sie diese Probe nicht besteht, sollten Sie froh sein, dass Sie jetzt schon merken, wes Geistes Kind sie ist, und nicht erst dann, wenn es zu spät ist.» Galgenberg gefiel sich in seiner Rolle als väterlicher Ratgeber in allen Lebenslagen. «Vorsicht mit der Devise: Liebe mir – oder ick zerhack dir die Kommode.»

Kappe schaute in den berlinisch blauen Himmel. «Ob ich nicht doch mal zu Rudolph Hertzog gehe und sehe, was sie macht?»

«Was wird sie machen? Korsetts wird sie verkaufen.»

«Ich meine, was sie im Hinblick auf mich denkt.»

«Tun Sie, was Sie nicht lassen können.» Galgenberg warf ihm einen Blick zu, der ebenso verschwörerisch wie schelmisch war. «Fragt jemand nach Ihnen, dann sage ich, Sie suchen den Mörder von Königs Wusterhausen.»

Kappe konnte ihm nicht folgen. «Wen?»

«Na, meinen Sie denn, der Reisende mit der zermalmten Brust ist von alleine aus dem Zug gestürzt? Den hat doch einer rausgeworfen.»

«Malen Sie nicht den Teufel an die Wand!» Möglich war alles. Kappe stand auf. «Ja, dann ... Ich werde in einer knappen Stunde wieder zurück sein.»

«Ein Satz mit ...»

«Dann erst in dreien.»

Mit gemischten Gefühlen schlenderte Kappe zum Kaufhaus Rudolph Hertzog. Einerseits war er voller Vorfreude, Klara endlich wiederzusehen, andererseits fürchtete er, brüsk zurückgewiesen zu werden und am Ende aller Träume angelangt zu sein. Ob Gottlieb Lubosch wirklich so gemein und hinterhältig sein würde, ihm Klara auszuspannen? Was hatten sie ihm bei der Schulung zum Kriminalwachtmeister beigebracht? Dass die Triebe, wurden sie nicht gebändigt, einen jeden Menschen zum Verbrecher machen konnten.

Als er in der feudalen Eingangshalle des Kaufhauses stand, verließ ihn der Mut. Er fühlte sich in diesem Tempel der eleganten Welt mehr als deplatziert und schrumpfte immer mehr. Wenn sie ihn als Bettler und Landstreicher verhaften würden, wäre er kaum verwundert. Wie anders könnte er auftreten, wenn er als Kriminaler hier wäre! Ein Amt hob einen Menschen ungemein, multiplizierte es doch seine geringe Größe mit der Allmacht des Staates.

Kappe straffte sich und gab sich alle Mühe, nicht wie ein auswärtiger Besucher zu wirken, wie einer, der aus Kyritz oder Pyritz kam. Ein Scherz von Galgenberg fiel ihm wieder ein: Kommt ein Hinterwäldler mit seiner Frau nach Berlin, und die beiden wollen ins Theater gehen. Fragt die Frau, als sie im Foyer eines Theaters vor der Kasse stehen: «Was kostet es denn?» Antwortet er, der gute zwei Zentner wiegt: «Komm, das können wir uns sowieso nicht leisten.» – «Warum denn das?» – «Na, da steht doch: *Pro gramm eine Mark fünfzig* – und das bei meinem Gewicht.»

«Bitte sehr, Sie wünschen?» Einer der Herren des Empfangs war auf ihn zugekommen.

«Ich soll ein Korsett für meine Mutter suchen, die sich den Fuß gebrochen hat.»

«Sehr wohl, dort entlang.»

Kappe war zu sehr Kriminaler, um nicht zu bemerken, wie der Mann innerlich feixte, weil er zu wissen glaubte, wozu das Korsett eigentlich gedacht war, wurde doch immer wieder kolportiert, dass sich ehrbare Männer zu Hause im Geheimen als Damen kleideten und sich als solche fühlten.

Als er Klara Göritz erblickte, wusste er sofort: Die oder keine. Zu liebreizend sah sie aus. Gerade hatte sie eine Dame der höheren Stände zur Kasse begleitet und konnte sich einen Augenblick erholen, bis die nächste Kundin zu bedienen war. Schon stand er neben ihr.

«Klara, ich musste dich wiedersehen.»

Sie blickte ihn kalt und abweisend an. «Nicht hier.» Und lauter: «Mein Herr, bitte belästigen Sie mich nicht.»

«Was ist denn los mit dir?!» Kappe hätte sie am liebsten gepackt und Anstalten gemacht, sie in eine der Umkleidekabinen zu ziehen, wo sie sich nicht so unnahbar geben musste. «Machen wir am Sonntag wieder einen Ausflug – allein?»

«Nein. Ich bin schon anderweitig unterwegs.»

ZWÖLF
Sonntag, 2. Oktober 1910

GOTTFRIED KOCKANZ hatte schlechte Laune. Aber wer hatte schon gern am Sonntagmorgen die Polizei in der Wohnung? Es dauerte zwei Stunden, bis die Kriminalschutzleute alles nach Spuren abgesucht und zu Protokoll genommen hatten.

«Ich fasse noch einmal zusammen», sagte der federführende Beamte. «Am Donnerstagmorgen ist Ihr Diener Alfons Weißagk nicht mehr zur Arbeit erschienen und hat sich bis heute nicht wieder bei Ihnen gemeldet. Sie können sich sein Verschwinden nicht erklären. Fest steht, dass er einiges an Geld und Schmuckstücken hat mitgehen lassen. Wenn Sie sich diese Liste bitte ansehen würden?»

Kockanz nahm das Blatt zu Hand. «Ja danke. Es ist ja doch eine ganze Menge.»

«Sie haben wirklich Pech», sagte der zweite Beamte. «Erst der Einbruch bei Ihnen auf dem Kohlenplatz, dann die verkohlte Leiche, jetzt der Diebstahl hier ... Aber was den Mord an Paul Tilkowski betrifft, da haben wir ja den Täter, und diesen Weißagk werden wir auch bald zu fassen bekommen.»

«Hoffen wir es.» Kockanz nahm seinen silbernen Krückstock und ging zur Anrichte. «Wenn die Herren einen kleinen Sauren mit Persiko oder ein Gläschen Danziger Goldwasser ...?»

«Nein danke, Sie wissen doch: Dienst ist Dienst, und Schnaps ist Schnaps.»

«Aber ich selber genehmige mir einen, ich bin ja nicht im Dienst. Auf den Schrecken. Dass ich den Diebstahl erst jetzt bemerkt habe, ist wirklich dumm, da wird der Alfons schon über alle Berge sein.»

«Warten wir's ab. Viele Ganoven fühlen sich hier in Berlin am sichersten.»

Kockanz probierte beide Liköre und fühlte sich danach erheblich wohler. Was Weißagk ihm gestohlen hatte, ließ sich verschmerzen, es traf keinen Armen. Als die beiden Beamten wieder gegangen waren, putzte er sich heraus, denn er wollte den Sonntag zu einem kleinen Ausflug nutzen – allerdings nicht allein, sondern in Begleitung von Sophie Schünow. Wenn sie denn einwilligte.

Er verließ seine Wohnung und trat auf die Schloßstraße hinaus. Eine vornehme Ruhe umgab ihn, aber dennoch wollte er weg von hier, ein eigenes Haus besitzen, wie es sich für seinen Stand gehörte, und nicht mehr nur als Mieter leben. Doch was war eine Villa in Frohnau ohne eine Ehefrau? Andererseits – vielleicht war er schon heute Abend am Ziel ... Nein, zu schnell durfte es mit der Eroberung nicht gehen, sonst würden die Leute ihn einen Leichenfledderer nennen, und üble Nachrede war nun das, was ein Geschäftsmann wie er am wenigsten gebrauchen konnte. Aber einfädeln konnte er die Sache sehr wohl, ohne ins Gerede zu kommen.

Er ging zur Wilmersdorfer Straße, wo er eine Garage für seinen Daimler angemietet hatte. Als er sich hinters Steuer gesetzt und den Motor gestartet hatte, war er doch wieder unschlüssig. Er hatte von Tilkowski gehört, dass Sophie Schünow eine kleines Zimmer hinter ihrer Plätterei bewohnte, aber dort zu klingeln und ihr mit einem Blumenstrauß in der Hand gegenüberzutreten, erschien ihm zu platt und pietätlos, zumal ihr Verlobter noch nicht einmal unter der Erde war. Nein, wenn er sie zu einer Fahrt in seinem Automobil einladen wollte, dann ging das nur, wenn er sie ganz zufällig traf. Also fuhr er zur Bismarckstraße hinauf, erreichte am Knie die Berliner Straße, blieb auf ihr bis zum Bahnhof Thiergarten und bog dann in die Klopstockstraße ein, um über den Hansaplatz und die Lessingstraße zur Thurmstraße zu kommen. Langsam fuhr er an ihrer Plätterei vorbei, doch seine Hoffnung, dass sie dort auch am Sonntagvormittag arbeiten würde, erfüllte sich nicht. Es war kurz vor elf Uhr, und vielleicht war sie noch gar nicht aufgestanden. Was blieb ihm, als zwischen Strom- und Beusselstraße auf und ab zu fahren? Zum Glück waren die Unruhen nach der Festnahme Dlugys abgeflaut, von daher hatte er nicht mehr zu befürchten, dass plötzlich der Janhagel angestürmt kam und schrie: «Hungerlöhne zahlen, aber mit einem großen Automobil durch die Gegend fahren!» Was ihm jetzt drohte, war höchstens ein Zusammenstoß mit einer Straßenbahn.

Fast zwanzig Minuten betrieb Kockanz das Spielchen, dann sah er Sophie Schünow auf die Straße treten. Sofort gab er Gas.

«So ein Zufall!», rief er, als er neben ihr hielt. «Ich komme gerade vom Friedhof, vom Grabe meiner lieben Mutter, und bin auf dem Weg nach Frohnau, da sehe ich Sie ... Sie sind auf dem Weg zur Kirche?»

«Nein, ich wollte nur ein wenig frische Luft schnappen.»

«Dann kommen Sie doch mit nach Frohnau, da ist es herrlich jetzt. Viel Wald. Ich will mir da ein Baugrundstück ansehen, und Sie können mich beraten ...» Er stieg aus und ging um den Wagen herum, um ihr die Tür auf der Beifahrerseite aufzuhalten.

Sie überlegte einen Augenblick. Gefährlich schien es ihr nicht zu sein, aber ... Kockanz war ein geachteter Mann, das heißt, als Mann hatte sie ihn nie wahrgenommen, er war immer nur der Chef ihres Verlobten gewesen und gehörte einem ganz anderen Stand an als sie. War es schicklich, mit ihm allein in einem Automobil zu sitzen, und was würde Paul dazu sagen? Paul merkte nichts mehr. Aber sie hörte schon die Leute reden: Die Trauerzeit hat gerade begonnen, da wirft sie sich schon einem anderen Kerl an den Hals. Nun, um rein in die Ehe zu gehen, war es längst zu spät. Wie sagte ihre Mutter immer? Ist der gute Ruf erst ruiniert, lebt sich's wirklich ungeniert.

«Na?», fragte Kockanz.

«Nun gut.» Sie stieg ein.

Er fuhr los. Über die Beusselbrücke hinweg, an Plötzensee vorbei Richtung Wedding. Zuerst schwiegen sie, dann fragte er sie, ob sie sich nun erleichtert fühlte, dass mit Dlugy der Mann, der ihren Paul erschossen hatte, hinter Gittern sei. Ihm selber ginge es so.

«Mir auch. Und sie werden ihn ja zum Tode verurteilen.»

«Möglich. Kannten Sie Dlugy?»

«Nein, höchstens mal vom Sehen in 'ner Kneipe, wenn ich meinen Paul abgeholt habe.»

«Ach ja ...», seufzte Kockanz. Dann wechselte er das Thema. «Es ist ein ganzes Stückchen raus aus Berlin, wo ich mich niederlassen will.»

Frohnau war vor drei Jahren gegründet worden, als Guido Graf Henckel Fürst von Donnersmarck dem Baron Werner von Veltheim dreitausend Morgen Wald der Stolper Heide abgekauft hatte, um mit Hilfe der Berliner Terrain-Centrale (BTC) eine Gartenstadt nach englischem Vorbild zu errichten. Als Name war in einem Wettbewerb Frohnau, «Frohe Aue», gefunden worden. 1909 hatte man mit der Anlage der ersten Straßen und Plätze begonnen, in diesem Jahr waren der Bahnhof und die umgebenden Gebäude fertiggestellt worden, und am 7. Mai hatte die feierliche Einweihung Frohnaus stattgefunden. Langsam kamen auch die ersten Siedler. Zwischen 95 und 150 Mark waren pro Quadratmeter zu zahlen. Man versprach allen, die sich hier niederließen, Steuerfreiheit.

«Das ist doch was», sagte Kockanz, als sie sich von Hermsdorf her der Gartenstadt näherten.

«Hier ist es ja wie im Paradies», murmelte Sophie Schünow. «Aber nichts für unsereins.»

«Wer weiß ...»

Kockanz hatte mit der Terraingesellschaft schon über ein Grundstück an der Veltheimpromenade verhandelt, ohne aber genau zu wissen, wo die gelegen war. So musste er erst am Bahnhof halten und fragen. Es sei die vergleichsweise breite Straße, die vom östlichen der beiden Plätze abginge, wurde ihm erklärt. «Da wo der Rumland wohnt.»

Erstaunlich viele Berliner waren am heutigen Sonntag nach

Frohnau gekommen, teils aus Neugierde, teils in der Absicht, hier ansässig zu werden. Die Straßen war weitgehend schon angelegt, aber an der Bebauung fehlte es noch immer ganz erheblich, sobald man sich ein Stückchen von den Plätzen entfernte, das heißt, die Baugrundstücke überwogen bei weitem.

Das Landhaus des Patentingenieurs Julius Rumland war von dem bekannten Architekten Paul Poser entworfen worden, und als Gottfried Kockanz es sah, rief er spontan: «So eines möchte ich auch gerne haben!» Dann fügte er mit Blick auf Sophie Schünow traurig hinzu: «Aber so alleine in dem großen Haus ...»

«Sie werden schon eine finden.»

«Mir ist so, als hätte ich schon eine gefunden.»

Sophie Schünow erschrak. Kockanz war doppelt so alt wie sie und hinkte. Andererseits ... Wer nahm sie denn noch? «Tausche abgelegte Braut gegen ein Pfund Sauerkraut», reimten die Leute hinter ihrem Rücken. Alle wussten, dass sie kein unbeschriebenes Blatt mehr war, und wer wollte sie noch zum Traualtar führen? Höchstens einer der Proletarier, die sich gerade mit den Blauen herumgeschlagen hatten.

«Darf ich also hoffen?», fragte Kockanz.

«Sie dürfen.»

Hermann Kappe saß im Zug nach Hoppegarten (Mark), hatte sich im Abteil dritter Klasse in eine Ecke verkrochen und hätte am liebsten losgeheult wie ein siebenjähriger Junge, dem sie die Angelrute gestohlen hatten. Himmelhoch jauchzend – zu Tode betrübt. Erst der Triumph mit der Festnahme des Kohlenplatzmörders, dann der Korb, den ihm Klara gegeben hatte. Nun musste er alleine zu den Börnickes fahren. Es nicht zu tun, hätte ihm die Schelte seiner Eltern eingebracht. «Hermann, es ist deine Patentante, und du hast die Pflicht, sich um sie zu kümmern.» Die Tante war ja noch in Ordnung, aber der Onkel ...

Viel zu schnell stand er vor dem Gartentor und rief nach hinten, dass man ihm bitte öffne. Doch man ließ sich Zeit. Wahrscheinlich hielt man das für besonders vornehm. Der Dobermann sprang wie von Sinnen am Zaun hoch und hätte ihn am liebsten zerfleischt. Endlich kam der Onkel nach vorn, riss das Tier zurück und schloss ihm das Tor auf.

«Ruhig, Hannibal, kusch! Es ist nur der Hermann. Tut mir leid, aber er kann nun mal keine Polizisten leiden.»

«Ich habe doch keine Uniform mehr an als Kriminaler.»

«Das riecht er aber.»

Richard Börnicke, gerade 51 Jahre alt geworden, war an sich das, was die Berliner einen Kotzbrocken nannten, kam aber immer scheißfreundlich daher und konnte allen um den Bart gehen, musste das auch in seinem gutgehenden Kolonialwarenladen in der Kreuzberger Bergmanstraße, um die Hausfrauen und Dienstmädchen, die bei ihm kauften, bei der Stange zu halten. Korpulent war er – vollgefressen, sagten seine Feinde und Neider. Das Geschäft warf eine Menge ab, und gerade hatte er sich ein Grundstück in Hoppegarten gekauft und darauf ein kleines Häuschen errichten lassen, an dessen klassizistischem Giebel der Name *Villa Frieda* prangte, das aber nur eine bessere Sommerfrische war. «Später, wenn wir uns ein Automobil zugelegt haben und immer hier draußen wohnen, lassen wir es zu einem Schlösschen erweitern», erklärte er. Noch lebte er mit Frau und Tochter in einer geräumigen Wohnung über dem Laden. Auch zu Hause liebte er es, in einem weißen Kittel herumzulaufen, und der wölbte sich dann über seinem Leib, als ginge er mit Drillingen schwanger.

Kappe ertappte sich immer wieder bei dem Gedanken, welch ungeheuren Genuss es ihm bereiten würde, seinen Onkel einmal festzunehmen. In irgendwelche krummen Machenschaften war der ganz sicher verwickelt.

Tante Frieda kam nun aus dem Häuschen, um ihn zu begrüßen. Nicht mit einem Händedruck, sondern einer festen Umarmung. Diese fürchtete er ebenso wie den schlappen und feuchten Händedruck seines Onkels, denn als pubertierender Knabe hatte er sich oft vorgestellt, von seiner Tante verführt zu werden. Trotz des Befehls seines Vaters «Hände über der Bettdecke!» und der darauffolgenden Tracht Prügel, wenn wieder feuchte Flecke entdeckt wurden. Das war ihm die Lust schon wert.

Frieda Börnicke, mit ihren nur 32 Jahren erheblich jünger als ihr Mann, war eine geborene Kappe, kam also aus Wendisch Rietz. Sie hatte einige Jahre als Dienstmädchen bei Börnicke gearbeitet und ab und an im Laden ausgeholfen. Als dann Börnickes erste Frau an Darmverschluss verstorben war, hatte sie den Witwer hingebungsvoll gepflegt. Nach einer angemessenen Trauerzeit war sie die neue Frau Börnicke geworden und hatte ihrem Mann alsbald eine Tochter geschenkt. Die Frage, wie sie das Kind gezeugt hatten, gab zu vielerlei Spötteleien Anlass, denn Börnicke war ein Fettkloß auf zwei Beinen, und sie war so gebaut, dass einige meinten, sie sei schon in der Bibel angekündigt worden: «Eine lange Dürre wird kommen.» Sie wusste genau, dass Börnicke sie nicht wegen ihrer körperlichen Reize, sondern wegen einer anderen Eigenschaft genommen hatte: ihrer Fähigkeit, das Geld zusammenzuhalten und das Geschäft mit neuen Ideen voranzubringen. Ihr Traum war es, eines Tages Frau Kommerzienrath zu sein.

Dass Hermann sie vor Jahren als junge Frau begehrt hatte, war Frieda Börnicke nicht verborgen geblieben, und sie erinnerte sich gern daran, denn nun war sie es, die sich vorstellte, mit ihm das Lager zu teilen, denn Börnicke vermochte ihr nicht das zu geben, was sie sich ersehnte. Gern las sie schwülstige Romane, und wenn da ein Jüngling ausrief: «Olga, ich lechze nach Vereinigung!», dann stöhnte sie gepresst. Woran sie sich am meisten ergötzen konnte, war der Gedanke, Hermann Kappe würde ihr Schwiegersohn werden. Nichts hatte sie unversucht gelassen, ihre Tochter auch heute wieder herauszuputzen. Sündhaft teuer war das Kleid, das sie ihr bei Rudolph Hertzog gekauft hatte.

«Hertha, nun zeige dich doch endlich!», rief sie in die «Villa Frieda» hinein. «Hermann ist gekommen.» Das «Cousin» oder «Vetter» ließ sie weg, denn noch immer ging das Gerücht, dass eine Ehe unter so engen Verwandten debile Kinder zur Folge haben würde. Sie hielt das für ausgemachten Unsinn, aber es schien ihr geraten, sich die Sache gar nicht erst ins Gedächtnis zu rufen.

Hertha Börnicke war siebzehn Jahre alt und ging noch zum Lyzeum. Ihr großer Traum war es, eine berühmte Schriftstellerin zu werden. In jeder freien Minute las sie die sentimentalen Romane der Eugenie Marlitt, die in der *Gartenlaube* erschienen waren und die ihre Mutter gesammelt hatte. In eifriger Korrespondenz stand sie aber mit Hedwig Courths-Mahler, deren Stern gerade aufzugehen begann. Lange Zeit waren deren Romane als Fortsetzungen in den Tageszeitungen erschienen, so 1904 *Licht und Schatten* im *Chemnitzer Tageblatt*, seit kurzem aber gab es sie auch in Buchform zu kaufen. Hertha Börnicke war still und verschlossen und überaus schüchtern. Die Leute sagten von ihr, dass sie von ihrer Mutter die Figur und von ihrem Vater etwas aus dem Geschäft geerbt habe: «Eine lange Bohnenstange mit Rosinen im Kopp.» Wie ihre Mutter schwärmte sie für Kappe. Er hatte so etwas verhalten Männliches, er war einfach umwerfend! Ihn zu fragen, ob er mit ihr zu einem Tanzvergnügen gehen würde, hätte sie nie gewagt, aber sie hoffte, dass ihre Mutter das schon arrangieren würde.

Hermann Kappe hatte die Fähigkeit, sich in andere Menschen hineinzuversetzen, und so erriet er ziemlich genau, was Mutter und Tochter bei seinem Anblick fühlten, so gleichgültig und blasiert sie auch wirken wollten. O Gott! Aber andererseits ... Eine schlechte Partie war seine Cousine nun ganz sicher nicht. Und jetzt, wo ihn Klara so kühl abgewiesen hatte ... Wenn man Hertha hochpäppelte und sie ein wenig Fleisch ansetzte, mochte sie gar nicht so übel sein.

«Du bist ja richtig berühmt geworden», sagte Hertha, als sie zum Mittagstisch gingen. «Ich habe gelesen, dass du den Kohlenplatzmörder festgenommen hast.»

«Ach, das hat sich doch fast von selbst so ergeben.» Kappe gab sich bescheiden, aber es tat ihm wohl, angehimmelt zu werden.

Gottfried Kockanz saß in seiner Loggia, rauchte eine Havanna und genoss den ältesten französischen Rotwein, den er in seiner Speisekammer liegen hatte. Der Kaufvertrag für das Frohnauer Grundstück war unterschrieben, im nächsten Jahr zog er in sein Landhaus ein, mit einer wunderbaren Frau an seiner Seite. Sophie Schünow hatte ihm praktisch schon ihr Jawort gegeben. Alle Träume hatten sich erfüllt. Vor ihm auf dem Tisch lagen die ersten Entwürfe seines Architekten. Wie Heinrich Straumer, der in Frohnau am meisten Ansehen zu genießen schien, bevorzugte er Kalksteinsockel, verputztes Mauerwerk, Erker mit Holzschindeln, kleinteilige Sprossenfenster, mit Schiefer gedeckte Brüstungen, ein steiles Satteldach mit Biberschwanzziegeln und Fledermausgauben. Kockanz gefiel das alles bestens, nur bei den Fenstern hatte er seine Bedenken, da war er zu sehr praktisch eingestellt. Sie waren «fassadenbündig», wie der Architekt das genannt hatte, lagen also in keinen Höhlungen und waren damit Wind und Wetter sehr ausgesetzt. *Will ich so nicht!*, schrieb er mit Kopierstift an den Rand der Blaupause. Nach kurzem Zögern fügte er noch hinzu: *Und das Haus will ich L-förmig*. Oder doch nicht? Er war sich da nicht ganz schlüssig.

Während er noch hin und her überlegte, wurde draußen am Klingelzug gerissen. Erst reagierte er gar nicht – wozu war denn sein Diener da? –, dann fiel ihm ein, dass es hier ja keinen Alfons Weißagk mehr gab. Also hinkte er selber in den Korridor hinaus. «Bitte, wer ist da?» In diesen Zeiten musste man vorsichtig sein, besonders als Kohlenhändler.

«Hier ist Frieda.»

«Ich kenne keine Frieda!», rief er, unwillig über die Störung.

«Frieda Grienerick.»

«Ich kenne auch keine Frieda Grienerick.»

«Doch kennen Sie mir ... nee: mich! Ich habe Sie ... nee: Ihnen imma die Mülch gebracht, ick bin Ihr Bollemeechen.»

Kockanz empfand es als Unverschämtheit, ihn am Sonntagnachmittag heimzusuchen. «Ich brauche keine Milch.»

«Es ist etwas Persönliches.» Frieda Grienerick bemühte sich, als Dame aufzutreten und nicht so stark zu berlinern. «Das geht nicht im Treppenhaus, das kann ich Ihnen nur unter vier Augen sagen.»

Kockanz erinnerte sich jetzt an Frieda. Das war doch das auffallend hässliche Milchmädchen mit dem Silberblick. Die in seiner Wohnung zu haben, jagte ihm fast Angst ein. Dennoch öffnete er jetzt, denn er wollte kein weiteres Aufsehen erregen – die anderen Mieter im Haus hatten die Sache mit Weißagk mitbekommen und standen sicherlich hinter ihren Türen und drückten sich die Nasen platt, um durch die Türspione alles verfolgen zu können. «Nun empfängt er auch noch alleinstehende Damen.»

Als Frieda Grienerick eingetreten war, wies sie ihn an, ihr den Mantel abzunehmen und zur Garderobe zu tragen. «Es wird ein längeres Gespräch werden. Und denken Sie dabei immer daran, dass ich alles aufgeschrieben und meiner besten Freundin übergeben habe. Stößt mir etwas zu, dann reißt sie den Umschlag auf und geht zur Polizei.»

Kockanz zeigte ihr den Weg zur Loggia. «Kommen Sie. Wenn Sie da Platz nehmen würden? Und können wir es kurz machen? Ich habe wenig Zeit. Worum geht es eigentlich?»

Frieda Grienerick setzte sich und sah aus dem Fenster. Die letzten Sonnenstrahlen fielen auf Blätter, die sich langsam zu verfärben begannen. «Es geht um Paul Tilkowski, die verkohlte Leiche.»

Kockanz zog an seiner Havanna. «Sind Sie eine Verwandte von ihm?»

«Nein, aber ich wohne in der Wiclefstraße, im Haus links neben Ihrem Kohlenplatz, im zweiten Stock. Ich kann direkt auf Ihre Baracke runtersehen.»

«Wie das? Da ist doch nur die Hauswand, ohne Putz, und kein Fenster drin ...» Kockanz verstand das nicht.

«Kein Fenster, nein, aber ein schmaler Schlitz», erklärte ihm Frieda Grienerick. «Sieht man von unten gar nicht. Den hat mein

Vater mal in die Mauer gestemmt, weil meine Mutter immer so gemeckert hat. Wir haben da unser Klo, und es hat immer so gestunken. Durch das Loch in der Wand ist dann frische Luft reingekommen.»

«Und was hat das mit mir zu tun?»

Frieda Grienerick atmete tief durch. «Ich habe schon als Kind immer gern durch diesen Schlitz geguckt und gesehen, was bei Ihnen auf dem Kohlenplatz passiert ist. Und zuletzt ... Gott, der Paule Tilkowski war schon ein Mann ... Ich konnte ihm stundenlang zusehen.»

«Ja, und?»

«Sonnabend vor einer Woche, da bin ich auch bei mir oben gestanden und hab ihm zugesehen. Bis Sie dann gekommen sind und sich mit ihm gestritten haben.» War sie bis hierher noch sehr beherrscht gewesen, so brach es jetzt aus ihr heraus. «Wie Sie ihn dann erschossen haben ... und in Ihre Baracke geschleppt haben ... und die dann angesteckt. Habe ich alles mit eigenen Augen gesehen!»

Kockanz schwieg und starrte an ihr vorbei in die untergehende Sonne. Es war um Sophie Schünow gegangen. «Nun ...» Er riss sich zusammen. «Wie viel Geld verlangen Sie?»

«Kein Geld.»

«Was dann?»

«Dass Sie mich heiraten, dass ich Frau Kockanz werde.»

DREIZEHN
Montag, 3. Oktober 1910

HERMANN KAPPE und Gustav Galgenberg waren mit einem ungutem Gefühl im Büro erschienen, denn es war anzunehmen, dass man die Mordkommission Kohlenplatz im Laufe der Woche auflösen und sie beide wie auch Dr. Kniehase anderen Verwendungen zuführen würde. Mordkommissionen wurden immer nur ad hoc gebildet, und war der Fall gelöst, kehrte ein jeder Kriminaler mit einer Planstelle auf seinen alten Arbeitsplatz zurück. Bei Kappe als außerplanmäßigem Beamten lag die Sache anders. Er hoffte, von Canow würde sich für ihn verwenden und sicherstellen, dass er in der Fachinspektion A verblieb, es konnte aber auch sein, dass er von anderen Inspektionen, in denen gerade eine Menge Arbeit zu erledigen war, angefordert wurde. Die Inspektion A bearbeitete alle Fälle von Mord und Körperverletzung, die Inspektion B war für Raubüberfälle zuständig, die Inspektion C für Diebstahl und die Inspektion D für Betrug, Schwindel und Falschmünzerei, während die Inspektion E kurz und knapp als die Sittenpolizei bezeichnet wurde. Dazu kamen die Inspektionen F (Verstöße gegen die Gewerbe- und Konkursordnung), G (Vergehen, in die Kinder und weibliche Jugendliche verwickelt waren), H (Organisation des regelmäßigen Streifendienstes der Kripo und Durchführung von Fahndungen nach Personen und Gegenständen) und I (Erkennungsdienst, kurz E. D.).

«Wo möchten Sie denn gerne hin?», fragte Galgenberg, als sie dieses Thema diskutierten.

Kappe überlegte. «Am liebsten bei A bleiben.» Es war bekannt, dass die Behörde, hatte ein Kriminaler spezielle Kenntnisse, durchaus bereit war, strukturelle Veränderungen vorzunehmen und eine besondere Planstelle für ihn zu schaffen. Ein ehemaliger Gutsinspektor beispielsweise hatte eine Sonderabteilung bekommen, die sich mit Morden an Förstern und der Wilddieberei befasste.

«Eine spezielle Stelle für die Ermordung von Anglern und Fischdiebstahl werden sie für mich nicht einrichten», sagte Kappe, darauf anspielend.

«Nee.» Galgenberg konnte das nur bestätigen. «Eher für verkohlte Leichen.»

«Hören Sie bitte auf, mich zu verkohlen.»

«Langsam werden Sie 'n richtiger Berliner», sagte Galgenberg anerkennend. «Immer mit dem Mundwerk vorneweg.»

«Am schlimmsten wäre es, sie würden mich in die Inspektion F stecken – immer nur Bilanzen lesen und rechnen.»

«Sie, da geht es um Millionen und nicht um ein paar geklaute Eier», wandte Galgenberg ein.

«Aber das ist mir zu langweilig.»

«U-Bahn fahren können Sie bei jeder Inspektion», spottete Galgenberg in Anspielung auf die Szene im U-Bahnhof Sophie-Charlotte-Platz. «Was macht denn Ihr Beinahe-Mörder?»

«Ja, wenn ich das wüsste! Die Plakate mit seinem Konterfei hängen nun überall aus. Da wird er sicher weg sein aus Berlin.»

Galgenberg dachte nach. «Bloß komisch, dass sich noch keiner gemeldet hat. Irgendeiner muss doch wissen, wie der Mann heißt und wo er wohnt.»

«Vielleicht ist die Zeichnung so schlecht, dass ihn bis jetzt noch niemand erkannt hat», vermutete Kappe.

«Ich glaube eher, dass man Angst hat, ihn anzuzeigen. Wer so schnell wie der auf andere schießt ...»

Sie ließen das Thema und wandten sich ihrer Zeitung zu. In Leipzig war ein Schutzmann von einem flüchtigen Fahrraddieb erschossen worden. Seiner Verhaftung hatte er sich durch die Angabe, er sei Kronprinz Rudolf, entziehen wollen. Es sei ein gewisser Ignaz Denk aus Böhmen.

«Na, ein Denkmal wird man dem kaum errichten», sagte Galgenberg. «Wollen Sie nicht mal in Leipzig nachfragen, ob dass derselbe ist, der in Storkow auf Sie geschossen hat?»

«Gute Idee, das mache ich gleich nach dem Frühstück.»

In Hamburg war der englische Kohlendampfer *Sir Walter Scott* mit dem deutschen Schoner *Friedrich* zusammengestoßen, worauf Letzterer sofort gesunken war. Drei Mann seiner Besatzung, darunter der Kapitän, waren ertrunken.

«Der Dampfer hatte bestimmt neue Kohlen für Kupfer & Co. und für Kockanz an Bord», sagte Kappe. «Denn von denen geht nur Unheil aus.»

«Doch nicht für Sie», wandte Galgenberg ein. «Sie haben sich durch die verkohlte Leiche bei Kockanz schneller einen Namen gemacht, als jemals zu erwarten war, das war doch ein Glücksfall für Sie.»

«Wenn man's so sieht ...», murmelte Kappe.

«So muss man's sehen.» Galgenberg verzog das Gesicht. «Ich glaube, ich verspüre ein menschliches Rühren. Mein Name is Kuchen, ich verkrümele mich mal schnell.» Dabei zog er eine Rolle mit besonders weichem Toilettenpapier aus einer Schreibtischschublade.

«Hängt keines mehr auf dem Klo?», fragte Kappe.

«Doch, aber det is wie Sandpapier, da kriegt man auf Dauer nur Arschknödel von.»

Kappe zuckte bei diesem Ausdruck unwillkürlich zusammen und musste einen Augenblick nach der Übersetzung suchen. «Sie meinen Hämorrhoiden?»

In diesem Augenblick klopfte es an ihre Tür. Galgenberg ließ sein Toilettenpapier schnell wieder verschwinden und rief dann: «Kommen Se rein, können Se rauskieken!»

«Nicht doch!», zischte Kappe. «Wenn das nun von Canow ist!»

Es war aber nicht ihr Vorgesetzter, der in der Tür erschien, sondern Gottfried Kockanz.

Erstaunt blickten sie den Kohlenhändler an. Was wollte der noch hier, die Sache mit Paul Tilkowski war doch zu den Akten gelegt?

«Ich möchte eine Aussage machen», erklärte Kockanz, nachdem sie das Begrüßungsritual vollzogen hatten.

«Den Mordfall Tilkowski betreffend?»

«Nein, es geht um den Mann auf dem Fahndungsplakat, der in Storkow auf einen Kriminaler geschossen hat.»

Kappe fuhr hoch. «Sie kennen den Mann?»

«Ja, der war ein paar Monate Hausdiener bei mir, ein gewisser Alfons Weißagk. Plötzlich war er weg, mit viel Schmuck und Geld.»

«Da können Sie noch froh sein, dass er Sie nicht umgebracht hat», sagte Galgenberg.

Jetzt wurden Kappe die Zusammenhänge klar. Er sah Kockanz an. «Dann war das also gar kein Zufall, dass ich ihm letzten Mittwoch in der Schloßstraße begegnet bin, als ich noch einmal wegen Tilkowski mit Ihnen sprechen wollte, da ist er aus Ihrem Haus gekommen.»

«Ja, er sollte mir Prospekte der Terraingesellschaft holen, für Frohnau.»

«Dabei ist er mir dann in die Arme gelaufen, und nach der Szene auf dem U-Bahnhof Sophie-Charlotte-Platz musste er so schnell wie möglich verschwinden. Nicht ohne vorher bei Ihnen alles mitgehen zu lassen.»

«Haben Sie denn eine Ahnung, wo er stecken könnte?», fragte Galgenberg.

«Deswegen bin ich ja hier.» Kockanz zeigte sich sehr kooperativ. «Hier, das habe ich noch in einer alten Zeitung gefunden, das müssen Ihre Kollegen übersehen haben. Hier auf dem Rand steht ein Name gekritzelt, Schwei ... oder so.»

«Das heißt Schwina!», rief Hermann Kappe. «Flüster-Fritze. Haben Sie herzlichen Dank, Herr Kockanz.»

Da immer noch mehrere Hundert Schutzleute in Moabit zusammengezogen waren – man wusste ja nie –, war es für die verantwortlichen Herren im Polizeipräsidium ein Leichtes, das Laubengelände an der Sickingenstraße umstellen zu lassen, um Alfons Weißagk keine Chance zur erneuten Flucht zu geben. Ob er sich aber wirklich in der Laube seines Freundes Friedrich Schwina versteckt hatte, wusste niemand. Es gab kein anderes Mittel, dies herauszufinden, als Kappe und Galgenberg auf das Grundstück zu schicken und nachsehen zu lassen.

«Wir haben doch gar nicht Himmelfahrt», sagte Galgenberg. «Was soll da so 'n Kommando?» Er sah Kappe an. «Haben Sie denn wieder ihr Schild in der Brusttasche stecken: Halt! Habe ich auch nichts vergessen?»

«Mist, das habe ich wirklich vergessen.» Kappe war da schon ein wenig abergläubisch und hätte das Schild gern bei sich gehabt. «Ach, Unsinn, so etwas wiederholt sich doch nicht.»

«Keine Ritter ohne Schild», sagte Galgenberg. «Ich würde schon gern eines vor mir her tragen, denn wenn man Pech hat, verliert man das Wasser aus der Kiepe.»

Kappe spürte mit Entsetzen, dass er am ganzen Körper zitterte, als sie vor Schwinas Gartenzaun standen. Gott, wenn Galgenberg das mitbekam! Feigheit vor dem Feinde nannte man das, und wer mit diesem Stigma versehen war, konnte alle hochfliegenden Pläne vergessen. Da konnte er gleich freiwillig zur Inspektion F gehen und Verstöße gegen die Gewerbe- und Konkursordnung bearbeiten – mit Ärmelschonern und einem Kopierstift als Waffe. Es war eine bittere Erkenntnis für Kappe, doch es änderte nichts: Er hatte eine wahnsinnige Angst vor diesem Weißagk. In Storkow wäre er um ein Haar von ihm erschossen worden, im Bahnhof Sophie-Charlotte-Platz seinetwegen fast von der U-Bahn zermalmt worden – und jetzt stand ihre dritte Begegnung ins Haus, der dritte Anlauf des Verbrechers, ihn zur Strecke zu bringen.

Kappe musste sich am Pfosten des Gartentors festhalten, so weich waren ihm die Knie geworden, so stark hatte ihn der Schwindel gepackt. Er hätte sich selbst verprügeln können wegen seiner Schwäche und schalt sich einen Ritter von der traurigen Gestalt. Sein Organismus forderte unerbittlich, dass er sich umdrehen und die Flucht ergreifen sollte, sein Organismus wollte ihm das Überleben sichern. Doch Kappe hielt stand. Vielleicht waren es gar nicht primär seine inneren Kräfte, die ihm halfen, diesen Kampf gegen sich selber zu gewinnen, vielleicht war es vielmehr der Sog der einmal in Gang gesetzten Ablaufmechanik, jedenfalls rief er zur Laube hinüber, man solle mit erhobenen Händen herauskommen.

«Schwina, Weißagk, wir wissen, dass Sie sich hier versteckt halten! Jeder Fluchtversuch ist sinnlos, hier ist alles umstellt!»

Die Reaktion war nur, dass der Hund in der Laube noch hysterischer kläffte. Wenn er den auf sie losließ ... Galgenberg zog seine Pistole, um das Tier notfalls zu erschießen. Aber erst mal treffen ...

Die Tür der windschiefen Hütte flog auf, und Schwina kam heraus. Er trug einen ausgeblichenen blauen Bademantel und schien noch geschlafen zu haben.

«Wat soll denn det nu schon wieda?», fragte er, als er die Kriminalpolizisten erkannt hatte, jetzt um vieles lauter als sonst. «Hier is keen Weißagk.»

Kappe hörte das nur allzu gerne. Vielleicht blieb ihm die dritte Begegnung mit seinem Mörder doch noch erspart. «Bleiben Sie da stehen, wo Sie sind, wir kommen mal nachsehen. Und sperren Sie Ihren Köter ein.»

Er wartete, bis Schwina das getan hatte, dann zog er seine Browning-Pistole und ging voraus. Galgenberg, auf seine Sicherung bedacht, folgte ihm in drei Schritten Entfernung.

Ein erfahrener Kriminaler hätte den Fehler, den Kappe jetzt machte, bestimmt nicht begangen, aber Kappe war nun einmal ein Neuling, und ein Vorgesetzter, der die Dinge nicht so laufen ließ, wie von Canow es tat, hätte ihm diese Aufgabe nie und nimmer übertragen. Canow war wohl davon ausgegangen, dass Galgenberg der eigentlich Agierende sein würde, doch der war ein durch und durch bequemer Mensch und immer froh, wenn ein anderer seine Arbeit übernahm.

Kappe also betrat Schwinas Laube, ohne vorsichtig hinter die Eingangstür zu schauen. Einen Atemzug später spürte er den Lauf einer Waffe im Rücken und hörte Weißagk sagen, er möge seine Pistole fallen lassen.

«Sofort, sonst knallt's! Und ehe Ihr Kollege abgedrückt hat, sind Sie schon ein toter Mann.»

Kappe musste tun, was ihm befohlen worden war, und Galgenberg blieb nichts anderes übrig, als hilflos zuzusehen, wie der Verbrecher Kappe zum Umkehren zwang.

«Aus der Laube raus», befahl er. «Den Gartenweg entlang, auf den Hauptweg hinaus, zur Straße hin.»

Die Schutzleute, die Schwinas Laube umstellt hatten, waren ebenso hilflos wie Galgenberg. Sicher, sie konnten Alfons Weißagk niederschießen, aber um selber abzudrücken und Kappe zu töten, würde er noch Zeit genug haben.

Kappe ergab sich in sein Schicksal. Es kam nur, wie es kommen musste, er hatte es von Anfang an gewusst. Er kannte das vom Tierreich her, hatte es am Scharmützelsee oft genug gesehen: Kein Frosch zappelte mehr, wenn die Schlange ihn gepackt hatte und dabei war, ihn hinunterzuwürgen. Die Natur hatte das so eingerichtet. Fressen und gefressen werden, ja, aber das Opfer sollte sich nicht unnütz quälen.

Erst als sie auf der Sickingenstraße waren, konnte Kappe seine Lähmung überwinden. Aber die Folge war nicht, dass er nun klar denken konnte, sie bestand nur in einer Panikattacke. Wenn er jetzt sterben sollte ... Nein! Er war doch noch so jung und hatte noch so viel vor sich: Klara heiraten, Kinder haben, Leiter einer eigenen Mordkommission werden, im Scharmützelsee schwimmen ...

Weißagk riss ihn aus seinem Tief. «Zum Bahnhof Beusselstraße, aber Tempo!»

Kappe wollte etwas erwidern, brachte aber zunächst kein

Wort hervor, sein Hals war wie zugeschnürt. Mit einer Stimme wie Flüster-Fritze stieß er schließlich die Frage hervor, was das denn solle.

«Wir fahren beide zusammen zur Grenze», antwortete ruhig Weißagk. «Nach Russisch-Polen.»

Kappe konnte erst einmal aufatmen. Weißagk würde ihn also nicht so schnell erschießen, er brauchte ihn als Geisel. Zwar war es ein entsetzlicher Gedanke, mit ihm zusammen, als wären sie siamesische Zwillinge, über Hunderte von Kilometern zu reisen, aber immerhin blieb er am Leben. Doch wie sollte das gehen? Irgendwann musste Weißagk ja auch schlafen. Er würde ihn fesseln und ihr Abteil verrammeln. Und dann, hinter der Grenze? Dann hatte er seine Schuldigkeit getan, und Weißagk würde kurzen Prozess mit ihm machen.

Das alles schoss Kappe durch den Kopf, als sie die Sickingenstraße entlanggingen. Weißagk hielt sich links hinter ihm, vielleicht einen halben Schritt zurück, und drückte ihm den Lauf seiner Pistole ständig in den Rücken. Drückte er ab, dann fuhr die Kugel Kappe von schräg unten direkt ins Herz. Wer nicht wusste, was hier gespielt wurde, konnte sie für ein Freundespaar halten, das sich in trauter Unterhaltung befand.

Kappe sah keine Chance, seinem Schicksal zu entgehen. Sie kamen am Lagerplatz von Kupfer & Co. vorbei, und gerade rollte mit lautem «Hüh!» ein Kohlenwagen auf die Straße, eskortiert von zwei berittenen Schutzleuten. Eines der Pferde stieg dabei hoch und machte Anstalten, durchzugehen und dabei Kappe und Weißagk niederzureiten.

Schon hatte es der Schutzmann durchpariert, doch diese eine Sekunde, während derer Weißagk abgelenkt war, genügte Kappe, beherzt zu handeln. Er ließ sich ganz einfach fallen und umschlang dabei Weißagks Knie, um ihn zu Boden zu reißen. Doch der schoss nun wirklich mit seiner Pistole. Kappe aber war schon so weit abgetaucht, dass die Kugel ihn nur noch streifte. Er warf sich auf den Verbrecher, und im Nu war der Spuk vorbei. Galgenberg und die anderen Schutzleute waren heran und brachten Weißagk in ihre Gewalt.

Kappe erhob sich, schloss die Augen und dankte, obwohl mehr Atheist als Christ, seinem Schöpfer.

VIERZEHN
Sonntag, 9. Oktober 1910

HERMANN KAPPE bekam den Ball auf der Höhe der Mittellinie zugespielt und sah, als er etwa dreißig Meter gelaufen war, dass er nur noch zwei Gegenspieler vor sich hatte. Den ersten überlief er ohne Mühe, der war eine lahme Schnecke, aber der zweite war ein Riesenproblem. Mächtig wie Samson stand er da, ein Fels, aber einer, der ausschlagen konnte. Wer von seinen Fußballschuhen getroffen wurde, konnte sich auf einen längeren Krankenhausaufenthalt einstellen. Kappe täuschte links an, um rechts an dem Riesen vorbeizuhuschen, doch der tat ihm den Gefallen nicht, sich verladen zu lassen. Kappe drehte sich einmal um die eigene Achse und suchte nach einer Möglichkeit, den Ball abzuspielen. Aber keiner seiner Mannschaftskameraden hatte sich frei gelaufen. Sekundenlang war er ratlos. Seine Verfolger waren fast heran. Da hatte er die rettende Idee, einfach zu versuchen, dem Riesen den Ball durch die weit auseinandergestellten Beine zu schießen und dann, ehe der sich umdrehen konnte, außen an ihm vorbeizulaufen. Gedacht, getan! Doch was Kappe als Vorlage für sich selber gedacht hatte, geriet zu einem Schüsschen aufs Tor. Er fluchte schon über die vergebene Chance und drehte ab, denn der Goalkeeper des Gegners hatte bislang sehr gut gehalten, da sah er, wie seine Mannschaftskameraden die Arme hochrissen. «Tooor! Tooor!» Was Zufall war, einfach ein Glückstreffer, wurde ihm als technische Meisterleistung zugerechnet, und als seine Mannschaft schließlich 1:0 gegen Helgoland 97 gewonnen hatte, war er der Held des Tages.

Alle umarmten ihn stürmisch, nur Ludwig Latzke nicht, der

alte Freund aus den Tagen in Storkow und am Scharmützelsee. Kappe dachte oft darüber danach, warum sich Latzke so verändert hatte, fand aber keine Antwort. Fragte er ihn, bekam er Antworten wie: «Nichts. Was soll schon sein?»

Hatten sie früher zusammen bei Germania 88 gespielt, so kickten sie nun bei Viktoria 89. Älter noch als diese beiden Vereine war der BFC Frankfurt, 1885 vom sportbegeisterten Bildhauer und Maler Georg Leux gegründet. Man war echt berlinisch, kickte auf dem Tempelhofer Feld und hatte den Namen nur vom Geburtsort seines Gründers.

Richtig aufblühen konnte der Fußballsport erst, als die Garnisonskommandanten das Spielen auf den Exerzierplätzen genehmigt hatten, und davon gab es im preußischen Berlin viele. 1892 wurden Hertha und Union gegründet, und Union 92 gelang es 1905 sogar, mit einem 2:0-Sieg über den Karlsruher FV Deutscher Meister zu werden. 1908 tat es Viktoria den Unionern gleich und konnte mit einem 3:1 über die Stuttgarter Kickers seine erste Deutsche Meisterschaft feiern. 1907 und 1909 kam man ebenfalls ins Endspiel, verlor aber gegen den Freiburger FC beziehungsweise gegen Phönix Karlsruhe.

Viel Kurioses erzählten sich die Fußballer. Zum Beispiel über Helgoland 97. Als die Insel, bis 1890 britisch, im Tausch gegen Sansibar wieder deutsch geworden war, gründeten sich im patriotischen Überschwang in Berlin gleich zwei Vereine, ohne voneinander zu wissen: Helgoland 97 und Helgoland 98. Als sie von ihrem Pendant erfuhren, beschlossen sie ein Schicksalsspiel: Der Unterlegene sollte sich auflösen. Nach zwei Unentschieden siegte schließlich 97, und 98 hielt sein Wort und verschwand von der sportlichen Bühne. Um die Jahrhundertwende trug man während des Spiels noch Mützen und hatte sich, um den Spielverkehr mit dem Umland anzukurbeln, eine ganz besondere Punktwertung ausgedacht: Spielten zwei Berliner Vereine untereinander, gab es zwei Punkte für den Sieg und einen für ein Unentschieden, siegte ein Berliner Verein aber in Nauen oder Cottbus, wurden ihm in der

Tabelle acht Punkte für einen Sieg und vier Punkte für ein Unentschieden gutgeschrieben.

An sich saß man nach dem Spiel noch ein Weilchen beim Bier zusammen, doch heute hatte es Hermann Kappe eilig, denn um 14 Uhr war Ferdinand von Vielitz vom Görlitzer Bahnhof abzuholen. So verabschiedete er sich schnell von seinen Mannschaftskameraden und eilte aus der Umkleidekabine, um sich auf sein Fahrrad zu schwingen und hinüber in den Südosten zu radeln. Doch als er ins Freie kam, prallte er zurück, standen da doch Klara Göritz und sein Freund Gottlieb Lubosch, plauderten und lachten.

«Lasst euch nicht stören!», rief er hinüber.

«Wir sind da, um dich abzuholen.» Lubosch kam herbei, ihm die Hand zu schütteln, während Klara, sichtlich befangen, sich nicht rührte.

«Mich abholen? Zu eurer Verlobungsfeier?» Kappe war derart getroffen, Klara verloren zu haben, und in einem Maße narzisstisch gekränkt, dass er ziemlich kopflos reagierte.

«Wieso denn das?», fragte Lubosch.

«Na, das sieht man doch.»

Der Freund lachte, lachte ihn aus. «Das will nun ein Kriminaler sein! Mit diesem Minimum an Menschenkenntnis! Nein, du, ich schwöre dir, bei Klara auf Granit gebissen zu haben. Sie hat mich nur mitgenommen, damit ich zwischen dir und ihr vermittle.»

Ferdinand von Vielitz freute sich auf das Wiedersehen mit Berlin. Viele Jahre seines Lebens hatte er in der Hauptstadt verbracht, und sie war für ihn noch immer der Nabel der Welt, aber viel zu hektisch für seine angegriffenen Nerven. Darum wäre er womöglich gar nicht für ein paar Tage von Storkow herübergekommen, aber zum einen wollte er seinen Ziehsohn Hermann Kappe und verschiedene Menschen aus seinem ersten Leben – wie er es nannte – gerne wiedersehen, und zum anderen hätte man im Polizeipräsidium seine Aussagen zum Fall Weißagk gern zu Protokoll genommen, bevor man die Akten dem Staatsanwalt übergab. Dazu kam sein Wunsch, wieder einmal ein Theater zu besuchen oder ins Konzert zu gehen. Und für das «Maison Riche» fühlte er sich auch noch jung genug, schließlich musste er seinem Ruf als «alter Genießer» gerecht werden.

Als der Zug in den Görlitzer Bahnhof eingelaufen war, ließ er das Abteilfenster herunter, um nach Kappe Ausschau zu halten, doch der war nirgends zu entdecken. Tief enttäuscht, erwog er schon, einfach im Zug sitzenzubleiben und wieder nach Hause zu fahren, da sah er Kappe auf den Bahnsteig laufen, verfolgt von einem Bahnbediensteten. Offenbar hatte die Zeit nicht mehr gereicht, eine Bahnsteigkarte zu kaufen.

«Ich bin im Dienst!», rief Kappe dem Bahnmenschen zu und zeigte ihm seine Dienstmarke. «Ich bin hier, um den Mann da zu verhaften!»

Er zeigte auf das Abteilfenster, und Vielitz zog sich schnell zurück. Schon hatte Kappe das Laufbrett geentert und die Abteiltür aufgerissen. «Entschuldigung, Herr Major, aber Klara Göritz hat mich daran gehindert, pünktlich wie sonst zu sein.»

«Die Liebe ist allemal ein ausreichender Entschuldigungsgrund.» Vielitz zog Kappe ins Abteil hinein und umarmte ihn.

«Au!» Kappe schrie auf. «Meine Wunde auf dem Rücken ... Die Kugel von Weißagk.»

Vielitz schüttelte ihm die Hand. «Meinen herzlichen Glückwunsch! Dass du ihm das Handwerk gelegt hast ... wichtiger aber noch, dass du alles überlebt hast!»

«Na ja ...» Kappe wusste, dass der Major Bescheidenheit als hohe Tugend schätzte.

«Und wenn ich die Zeitungen richtig gelesen habe, warst du es auch, der den Kohlenplatz-Mörder hinter Schloss und Riegel gebracht hast, diesen ... wie hieß er noch mal? Dlugy, ja. Junge, und das alles erst nach einem halben Jahr Berlin! Da kann die Stadt sich aber freuen, dass sie dich bekommen hat. Na, nachher musst du mir das alles ganz genau erzählen und mich durch die Moabiter

Straßen führen. Ich will alles sehen, aber erst fahren wir mal in mein Hotel und speisen gemeinsam, denn mich hungert schon fürchterlich.»

Wie bei jedem Berlin-Besuch logierte der Major im «Hotel zum Deutschen Offizier-Verein» in der Dorotheenstraße 33/34, und natürlich nahmen sie eine Droschke, um dorthin zu gelangen. Der Kutscher musste aber einen Umweg über die Urbanstraße fahren, denn von Vielitz ließ es sich nicht nehmen, einen Blick auf seine alte Kaserne zu werfen. An den Kaiser-Franz-Garde-Grenadieren hing er noch immer mit ganzem Herzen.

Nachdem er sein Zimmer bezogen und sich ein wenig frisch gemacht hatte, lud er Kappe zum Essen ein. Auch da blieb er seiner alten Gewohnheit treu und schlug die «Hopfenblüthe» vor, in der es sehr deftig zuging, aber die Damenbedienung wollte er sich nicht entgehen lassen. Die «Hopfenblüthe» befand sich im hinteren Teil des Gebäudekomplexes Unter den Linden 26 und 27 und war aus den früheren Kaiserhallen hervorgegangen. Vorn waren das Café Bauer und das Nachtlokal «Bar Riche» zu finden, das von Berlins Lebewelt gern frequentiert wurde. Wie oft hatte von Vielitz hier sein Vergnügen gesucht und darüber glattweg vergessen, sich eine Frau fürs Leben zu suchen. Einmal, da ... Von Vielitz seufzte.

«Ist Ihnen nicht gut?», fragte Kappe, besorgt um das Wohlbefinden des Majors.

«Ach, Junge, wenn du wüsstest ... Aber lassen wir das. Es ist verjährt.»

Hermann Kappe war schon zu sehr Kriminaler, als dass er nun nicht aufgehorcht hätte. Da musste es im Leben des Majors Ferdinand von Vielitz einen dunklen Punkt geben, dass spürte er deutlich. Aber was ging es ihn an? Eigentlich nichts.

Schnell hatte sich von Vielitz gefangen und beherrschte die Szene schon wieder. «Hermann, nun erzähle mir doch bitte alles, was du in den letzten Wochen so erlebt hast», bat er Kappe, während sie auf das Eisbein mit Erbspüree warteten. «Wie du auf die verkohlte Leiche gestoßen bist, wie du den Mörder gefunden hast, wie du Weißagk das Handwerk legen konntest.»

Hermann Kappe tat dies gern, wies aber immer wieder darauf hin, dass sich alles viel besser vor Ort erzählen ließe, und so brachen sie nach Moabit auf, kaum dass die Rechnung bezahlt war.

«Ich möchte aber mit der Straßenbahn fahren», bat sich von Vielitz aus. «Das ist doch etwas, das wir in Storkow nicht haben.»

«Oh, da werde ich fragen müssen, denn wir haben jetzt über 110 Linien in Berlin, und so lange bin ich noch nicht hier, dass ich die alle kennen würde. Und hier Unter den Linden darf ja sowieso keine Straßenbahn fahren, weil Seine Majestät den Anblick von Oberleitungen abscheulich findet.»

So mussten sie, nachdem sie sich kundig gemacht hatten, bis zur Dorotheenstraße laufen, wo die 13 eine Haltestelle hatte. Die kam von der Reichenberger, Ecke Glogauer Straße und fuhr nach Moabit, Ecke Bremer und Birkenstraße. Über den Reichstagsplatz, die Roon-, Fürst-Bismarck- und Moltkestraße ging es in schneller Fahrt dem Ziel entgegen. Rathenower Straße, Ecke Alt-Moabit stiegen sie aus.

«Wir werden noch ein ganz schönes Stück laufen müssen – wenn Ihnen das man nicht zu weit ist?» Kappe war sehr besorgt um den Major.

«Danke, junger Mann, ich bin trotz meiner 72 Jahre noch immer gut zu Fuß», erwiderte von Vielitz, hatte dann aber doch nichts dagegen einzuwenden, in einen gerade vorbeikommenden Solotriebwagen der Linie 10 zu steigen und bis zur Beusselstraße zu fahren.

«Damit sind wir gezwungen, mit dem Schluss zu beginnen», sagte Kappe, als sie in der Beusselstraße angekommen waren. «Denn in dem Lokal, das Sie hier sehen, haben wir Gustav Dlugy festgenommen, den Mörder des Kohlenarbeiters Paul Tilkowski.»

«Macht nichts.» Von Vielitz erinnerte daran, dass die Menschen auch gern Romane über die schöne Helena oder Julius Caesar lasen, obwohl sie doch schon lange wussten, wie die Geschichte ausgehen würde. «Streikführer erschießt Streikbrecher – das wird einen wunderschönen Prozess geben. Wie sagt doch Theodor Fontane? ‹Es ist fast so, als ob die große Triebkraft mehr im Schlechten als im Guten der menschlichen Natur läge.› Es ist wirklich erschreckend, was hier in Moabit geschehen ist. Es gärt im deutschen Volk, fürchte ich. Vielleicht war alles nur ein Vorspiel. Was wird in zehn Jahren sein? Alles fließt ...»

Kappe geriet plötzlich in Panik. Berlin erschien ihm als Moloch, der ihn über kurz oder lang verschlingen würde. «Vielleicht hätte ich doch in Storkow bleiben sollen», sagte er. «Als einfacher Schutzmann.»

Da wurde Vielitz ärgerlich. «Ach was! Sich abschließen, heißt sich einmauern – und sich einmauern ist der Tod.» Das ließ Theodor Fontane im *Stechlin* die Melusine sagen, und es war auch sein eigenes Motto, wenn er der Welt mit ihren Albernheiten überdrüssig war und tagelang keine Zeitung anfasste.

Hermann Kappe führte ihn nun zum Kohlenplatz von Kupfer & Co. und erklärte ihm, dass hier die Unruhen ihren Ausgang genommen hätten. Von Vielitz fand es unfassbar, denn heute am Sonntag war die Sickingenstraße ein Ort des Friedens und der besinnlichen Einkehr. Sogar einen Hauch von Poesie verspürte er, es schien ihm die Welt Heinrich Seidels zu sein, dessen *Leberecht Hühnchen* er liebte. Auch die Arbeiterklasse schien einen Hang zum Biedermeierlichen zu haben, wenn man ihr denn nur die materiellen Ressourcen zur Verfügung stellte, die zu einem solchen Lebensstil unabdingbar waren.

Kappe schilderte ihm in anschaulicher Weise, wie hier allmorgendlich die Kohlenwagen gestartet waren, von so vielen schwerbewaffneten Schutzleuten beschützt, als hätten Goldbarren statt Briketts auf den Ladeflächen gelegen. «Hier direkt vor der Ausfahrt ist es aber auch gewesen, wo Weißagk zum zweiten Mal auf mich geschossen hat.»

«Manchmal ist der Unterschied zwischen dem alltäglichen Leben und dem Krieg gar nicht einmal so groß», sagte Vielitz. «Insbesondere wenn man Kriminaler ist. Aber des Menschen Wille ist seine Hölle.»

«Sein Himmelreich», verbesserte ihn Kappe.

Vielitz schmunzelte. «Oh Pardon, welch ein Versprecher!»

Sie kamen zur Ecke Sickingen- und Berlichingenstraße, und Kappe erklärte, dass ihm hier ein Blumentopf um ein Haar den Schädel zerschmettert hätte. «Die Narbe am Hals ist noch ziemlich frisch.»

«Blumentöpfe als Geschosse ...» Von Vielitz erinnerte sich an die versuchte Revolution von 1848. «Da bin ich zwar erst zehn Jahre alt gewesen, kann mich aber noch genau an die Barrikaden erinnern. Theodor Fontane war auch am Rande in die Kämpfe verwickelt und wäre beinahe von Soldaten, die sein Versteck gestürmt hatten, erschossen worden. Daher rührt sein berühmter Ausspruch: ‹Man weiß nie, wie die Kugeln fliegen.›»

Kappe war nachdenklich geworden. «Manchmal frage ich mich, warum es hier in Moabit eigentlich keine Barrikaden gegeben hat.»

Von Vielitz lachte. «Weil die Exzedenten hier so ungebildet sind und nie etwas von der '48er Revolution gehört haben.»

«Vielleicht aber von den Märzgefallenen», fügte Kappe hinzu.

«Da magst du recht haben. Nun haben wir jedenfalls keine Septembergefallenen, und der Kaiser braucht seinen Helm nicht vor den aufgebahrten Leichen abzunehmen.»

«Manche finden das sicherlich schade. Aber zu etwas anderem ...» Kappe zeigte auf das Laubengelände hinüber. «Da steht das Häuschen von Flüster-Fritze, in dem sich Weißagk zuletzt versteckt hat. Jetzt sitzt Schwina im Gefängnis ein paar Zellen neben seinem Kumpan, obwohl Weißagk doch ein ganz anderes Kaliber ist und das Zehnfache seiner Strafe erhalten wird. Die beiden hatten sich ihre gemeinsame Zukunft ein wenig anders vorgestellt ...»

Vielitz lächelte und griff noch einmal auf Fontane zurück: «Wie viel hat das Leben, aber für wie wenige nur!»

Kappe lenkte ihre Schritte nun in Richtung Wiclefstraße. «Dann wollen wir langsam zum Höhepunkt unseres kleinen Rundganges kommen, zur Besichtigung des Kohlenplatzes mit der verkohlten Leiche. In hundert Jahren wird da eine Gedenktafel angebracht sein: Hier erschoss am 24. September 1910 der Streikführer Gustav Dlugy den Streikbrecher Paul Tilkowski.»

«... und der Kriminaler Hermann Kappe war es, der diesen Mord aufklärte.»

«Ja, mein erster Fall», sagte Kappe versonnen.

«Das erste Mal ist immer etwas Mystisches», fügte von Vielitz hinzu. Dann blieb er stehen. «Sag mal, was weißt du eigentlich alles über diesen Kockanz, diesen Kohlenhändler?»

«Nicht viel», antwortete Kappe und konnte sich, obwohl das eigentlich sehr unhöflich war, die Nachfrage nicht verkneifen, woher das Interesse des Majors an Gottfried Kockanz rühre.

«Na, du bist komisch: Dieser Weißagk war Diener bei ihm. Wieso hat Kockanz nicht gemerkt, was für ein Lump das ist?»

Kappe zuckte mit den Schultern. «Weißagk soll vollendete Umgangsformen gehabt haben. Wie alle Hochstapler. Und so etwas war er ja auch.»

Als sie in die Nähe des Kockanzschen Kohlenplatzes gekommen waren, wurden sie durch das mit schrillen Tönen ausgetragene Streitgespräch zweier Frauen gefesselt. Sie warfen sich die übelsten Schimpfworte an den Kopf.

«Da könnte man direkt darauf wetten, wer das größere Reservoir hat», sagte von Vielitz. «Die Bildhübsche oder die Potthässliche.»

«Das ist so ein Gekeife, da müsste man eigentlich einschreiten – wegen öffentlicher Ruhestörung, aber ...» Kappe stutzte. «Die eine kenne ich doch, das ist die Sophie Schünow.»

«Eine abgelegte Braut von dir?», fragte von Vielitz – und hätte gern mehr von einer möglichen Affäre gewusst.

«Nein, das war die Braut von Paul Tilkowski.» Kappe zeigte auf die Hübschere der beiden.

«Ah ...» Von Vielitz stellte sich so einiges vor. «Schade, dass wir nicht im Orient sind, die hätte ich mir sofort in meinen Harem geholt.»

Die Frau, die keine Schönheit war, verschwand im Mietshaus neben dem Kohlenplatz, während Sophie Schünow in ihre Richtung davoneilen wollte, aber stoppte, als sie Hermann Kappe erkannte. Man begrüßte sich kurz.

«Was hat Sie denn so in Harnisch gebracht?», fragte Kappe.

«Diese Vogelscheuche da! Das ist doch die, die mir Kockanz weggeschnappt hat!» Bei Sophie Schünow war die Erregung noch immer nicht ganz abgeklungen.

«Wie?» Kappe verstand gar nichts, von Vielitz noch weniger.

Die junge Plätterin erklärte es ihnen. «Paul ist mal gerade unter der Erde, aber ... jeder will leben. Und da habe ich ja gesagt, als mir Herr Kockanz einen Antrag gemacht hat.»

«Einen unsittlichen?», fragte Vielitz.

«Nein, einen Heiratsantrag. Ganz ernsthaft. Aber nun ...» Sophie Schünow brach in Tränen aus.

Von Vielitz legte ihr väterlich den Arm um die Schultern. «Bitte, beruhigen Sie sich doch, mein Fräulein.»

«... und erzählen Sie doch erst einmal, was man Ihnen angetan hat», fügte Kappe hinzu. «Wer war denn die andere eben?»

«Die? Das war die Frieda Grienerick. Ein Milchmädchen, ein Bollemeechen. Und die will der Kockanz nun heiraten, nicht mich», schluchzte Sophie Schünow.

«Wo die Liebe hinfällt ...» Mehr wollte Vielitz zu diesem Thema nicht einfallen. «Dürfen wir Sie noch nach Hause begleiten?»

«Nein danke, es geht schon wieder.» Sophie Schünow eilte in Richtung Bremer Straße davon.

Von Vielitz sah ihr lange hinterher. «Die Wege des Herrn, ach ja ... Je älter ich werde, desto weniger verstehe ich das Leben. Aber man kann wohl nur glücklich werden, wenn man aufgibt, es verstehen zu wollen. Was machen wir nun, Hermann, sind wir am Ende unseres Rundganges?»

Kappe begriff die Aufwallungen des Majors nicht ganz, fühlte sich aber nicht befugt, in ihn zu dringen. «Ja und nein. Ich wollte Ihnen noch den U-Bahnhof Sophie-Charlotte-Platz zeigen, wo ich Weißagk eigentlich schon gehabt hatte, aber der ist etwas abseits gelegen – und Sie könnten schon ermattet sein …»

Von Vielitz lachte verschmitzt. «Das heißt also im Klartext, dass du mich jetzt loswerden möchtest, weil du zu einem Rendezvous eilen willst.»

Kappe konnte nicht verhindern, ein wenig rot zu werden. «Sie haben mich durchschaut.»

«Wer ist denn die Glückliche?», fragte der Major, der schon vergessen hatte, dass Kappe sie bereits als Grund seiner Verspätung angegeben hatte.

«Na, die Klara Göritz aus Wendisch Rietz.»

«Ah ja! Warum denn in die Ferne schweifen, wenn die Gute liegt so nah?»

Wieder errötete Kappe. «Ganz so weit sind wir leider noch nicht.»

«Na, dann aber: Attacke!»

FÜNFZEHN
Montag, 10. Oktober 1910

HERMANN KAPPE und Gustav Galgenberg saßen beim Frühstück und warteten nur darauf, dass die Tür aufging und von Canow ihnen mitteilte, wo sie sich in der nächsten halben Stunde zur weiteren Verwendung einzufinden hätten.

«Eigentlich schade», sagte Galgenberg. «Wir haben uns so schön aneinander gewöhnt. Da kann man nur hoffen, dass es bald wieder mal einen Mord gibt, bei dem man uns zusammen in eine Kommission steckt.»

«Es sollte so bald wie möglich feste Mordkommissionen geben.» Das war eine von Kappes Lieblingsideen. «Aber ich bin ein viel zu kleines Licht, um in dieser Richtung einen Vorstoß zu wagen. Der Ernst Gennat soll es schon versucht haben, aber ... die da oben haben wohl Angst, dass wir nur herumsitzen und Däumchen drehen, wenn mal kein Mord geschehen ist.»

Galgenberg musste zugeben, dass das gar nicht so unlogisch war. «Hoffen wir, dass in Berlin eines Tages genügend viele Morde anfallen ... Ein Satz mit Fallobst?»

Kappe stöhnte auf. «Das wird mir fehlen.»

«Na, wann valobste dir denn endlich?»

«Unterm Weihnachtsbaum vielleicht, gestern konnte ich Klara noch nicht ganz von mir überzeugen. Wir waren tanzen, und dann habe ich sie auch nach Hause bringen dürfen, aber als wir vor der Haustür standen, ist ihre Vermieterin gekommen und ... Ende der Vorstellung.» Beim Thema Liebe fiel ihm wieder ein, was der Major und er gestern vor dem Kockanzschen Kohlenplatz erlebt hatte. Er gab es in aller Ausführlichkeit wieder.

«Das versetzt mich gar nicht in so Erstaunen», war Galgenbergs erster Kommentar. «Erinnern Sie sich noch, wie der Kockanz da mit dem Blumenstrauß aufgetaucht ist ... im Krankenhaus Moabit? Als die Sophie Schünow zusammengebrochen war.»

«Ja, natürlich ...» Kappe hatte das Bild noch lebhaft vor Augen. «Ich frage mich nur, warum der Kockanz die schöne Sophie wieder sausen lässt und dafür die hässliche Frieda ehelichen will. Das ist doch irgendwie pervers.»

«Nun übertreiben Sie mal nicht, Kappe! Wer diese Sophie heiratet, der wird nie richtig glücklich werden, weil er immer Angst haben muss, dass sie sich mit einem anderen einlässt. Andauernd versucht es einer. Und wie treu sie ist, hat sie selber unter Beweis gestellt: Kaum ist ihr Paul unter der Erde, wirft sie sich dem Kockanz an den Hals. Das muss den doch stutzig gemacht haben. Aber die Frieda, die nimmt ihm keiner weg.»

Kappe fand das zwar zynisch, bezog es aber dennoch auf sich: Nahm er Klara zur Frau, musste er jeden Tag auf sie aufpassen, überall lauerten andere Männer wie die Geier. Bei seiner Cousine Hertha dagegen konnte er sicher sein, die führte kein anderer in Versuchung. «Ja, da ist was dran.»

Sie hätten das Thema Kockanz und die Liebe noch weiter abgehandelt, wenn nicht in diesem Augenblick von Canow in ihr Büro getreten wäre.

«Meine Herren, ich habe eine Nachricht für Sie.»

«Wo komme ich denn hin?», fragte Kappe, der seiner Spannung nicht ganz Herr werden konnte.

«Ins Zellengefängnis Moabit.»

Kappe erschrak unwillkürlich. «Was habe ich denn ...?»

«Ja, was haben Sie denn ...? Sie wissen doch, ein Geständnis zieht im Allgemeinen eine mildere Strafe nach sich.»

«Ich habe doch aber gar nichts ...» Kappe war nun wirklich ein wenig verwirrt.

«Das ist ja noch schlimmer.» Von Canow war an diesem Montagmorgen prächtig gestimmt, weil er gestern im Freundeskreis beim Bridge einiges gewonnen hatte. «Sitzt hier in der Mordkommission und hat nichts getan!»

Kappe fehlte es an Erfahrung, um mit dem alten preußischen Casinoton zurechtzukommen. Er reagierte viel zu ernsthaft. «Wir haben doch den Dlugy, wir haben doch den Weißagk ...»

«Apropos Dlugy: Der möchte gerne, dass Sie zu ihm ins Gefängnis kommen, weil er seine Aussage ergänzen möchte. Er liegt noch im Krankenrevier.»

Gustav Dlugy hatte auch hinter Gittern mitbekommen, dass der Moabiter Aufstand schnell Geschichte geworden war. Alles ging so weiter, als wäre nichts geschehen. Sicher, jedes Feuer verlosch, warf man kein weiteres Holz hinein. Die Aufrührer hatten verloren, und er war der ganz besondere Verlierer. Dabei hatte er noch Glück gehabt. Wenn die Kugel wirklich in sein Herz gedrungen wäre, läge er jetzt auf dem Friedhof statt nur im Krankenbett. Man hatte sie herausoperieren, das Wundfieber aber nicht völlig beherrschen können. Doch nun ging es ihm wieder besser, und er hatte beschlossen, reinen Tisch zu machen.

Gegen 10.30 Uhr erschienen Kappe und Galgenberg an Dlugys Bett. Ein Kriminaler war zeitlebens ein Feind für ihn, aber die beiden hier waren bei weitem nicht die schlimmsten ihrer Gattung. Der Jüngere erschien ihm wesentlich intelligenter und wortgewandter, der Ältere war dafür eher gemütlich. Es war ihnen aber anzumerken, dass sie mit einem Mörder absolut nichts zu tun haben wollten. Sie sahen so aus wie Kinder, die man zwang, ein ekliges Tier anzufassen: «Igitt!» Oder Erwachsene, die von jemandem, der an Tuberkulose litt, angehustet worden waren. Als gäbe es eine Mordsucht, die ebenso ansteckend war wie die Schwindsucht. Vielleicht war es auch so, und jeder Mensch trug den Keim in sich, ein Mörder zu werden. Diesen Gedanken musste man mit allen Kräften und Mitteln abwehren.

«Es tut mir leid, meine Herren, dass ich Sie derart beanspruchen muss», begann Dlugy. «Aber ich muss Ihnen etwas sehr Wichtiges eröffnen.» Obwohl er sich nächtelang alles genau zurechtgelegt hatte, wusste er nicht, wie er nach diesem Eröffnungszug fortfahren sollte, und suchte Zeit zu gewinnen, indem er auf seinen Verband zeigte. «Meine Strafe habe ich schon bekommen ...»

«Für einen Mord ist das ein bisschen wenig», sagte Galgenberg.

«Das ist ja der springende Punkt.» Dlugy fühlte sich wie ein Kind, das etwas sehr Schlimmes ausgefressen hatte und es einfach nicht schaffte, mit seiner Beichte zu beginnen. Da war alles blockiert.

«Geht es also um Ihre Hintermänner?», fragte Galgenberg, um ihm Hilfestellung zu leisten.

«Nein, um mich.» Und jetzt brach es mit Macht aus ihm heraus, und er schrie: «Ich bin es gar nicht gewesen!»

Die beiden Kriminalbeamten starrten ihn an und brauchten einige Sekunden, bis sie begriffen hatten, was er meinte.

«Sie haben Tilkowski gar nicht ...?», fragte Kappe.

Dlugy starrte in ungläubige Gesichter. «Nein! Ich habe ihm zwar gedroht, dass wir Streikbrecher wie ihn ... Mehr aber nicht!»

Galgenberg lachte. «Wollen Sie uns vergackeiern?! Ihnen war es wohl zu langweilig hier?»

«Nein.»

«Warum haben Sie dann überhaupt ein Geständnis abgelegt?», wollte Kappe wissen.

Dlugy richtete sich auf. «Der Sache wegen: der Revolution. Ich wollte ein Zeichen setzen.» Dann konnte er nicht anders, als ehrlich zu sein. «Das auch, aber ... vor allem um vor meinen Freunden zu prahlen und meiner Braut zu zeigen, wozu ich fähig bin.»

Galgenberg lachte. «Schöne Freunde! Wir haben einen anonymen Brief bekommen, dass Sie es waren. Einer muss Sie verraten haben.»

«Oder mir einen Gefallen tun wollen, weil ich nicht selber zur Polizei gegangen bin und gesagt habe: Hier habt ihr mich, ich war es.»

«Und warum haben Sie es nicht getan?», hakte Kappe nach.

«Aus Angst vor den Folgen», bekannte Dlugy. «Es war ein Riesenfehler.»

Galgenberg fixierte ihn. «Und wer sagt uns nun, ob wir Ihnen jetzt Glauben schenken können, ob Sie Ihr Geständnis wirklich ehrlichen Herzens widerrufen – und nicht doch der Täter sind? Die Angst vor dem Henker ... Haben Sie ein Alibi für die Tatzeit?»

«Ein Alibi ...?» Dlugy musste sich erst darauf besinnen, was der Begriff beinhaltete. «Sie meinen, dass ich Zeugen dafür habe ...? Also, nicht für den Mord, sondern dass ich zu der Zeit, als man Paul Tilkowski erschossen hat, ganz woanders gewesen bin?»

«Genauso ist es.» Galgenberg klang fast ein wenig höhnisch.

Dlugy sank in seine Kissen zurück. «Das ist es ja. Ich zermartere mir jede Nacht den Kopf darüber, aber ich finde keine Antwort darauf. Ich war allein zu Hause.»

Galgenberg fasste sich an den Kopf. «Ganz Moabit war auf den Beinen – und ausgerechnet Sie als Streikführer, Sie wollen allein zu Hause gesessen haben?«

«Gerade weil ich Streikführer war!», rief Dlugy. «Ich habe am Tisch gesessen und an einer Kampfschrift geschrieben, an einem Pamphlet gegen Hugo Stinnes. Erst als mir nichts eingefallen ist, bin ich wieder runter auf die Straße. Das war kurz vor Mitternacht, und da ist Paul Tilkowski längst tot gewesen.»

SECHZEHN
Dienstag, 11. Oktober 1910

HERMANN KAPPE hatte eine schlaflose Nacht verbracht und war noch immer wie vor den Kopf geschlagen. Ihm war, als hätte man ihm den eben errungenen Lorbeerkranz wieder vom Kopf gerissen. Statt Hochachtung wurden ihm nun Hohn und Spott zuteil.

«Bloß gut, dass dieser Dlugy sich nicht auch noch bezichtigt hat, den Mord an Julius Caesar begangen zu haben», sagte Dr. Kniehase.

Auch von Canow ging bei der Morgenandacht nicht eben sanft mit ihm um. «Mensch, Kappe, das haben Sie allein auf die Ihre zu nehmen, Ihre Kappe! Ein richtiger Kriminaler muss doch spüren, dass ihn da einer auf die Schippe nimmt!»

Das traf ihn wie ein Kolbenhieb. Da hatte er sich wie ein junger Gott gefühlt – und nun ... Ungerecht war es auch, denn nur er bekam die Prügel, nicht aber Galgenberg, der auch dabei gewesen war, als Dlugy sein Geständnis abgelegt hatte.

«Auch ein Geständnis muss sorgfältig überprüft werden», sagte von Canow.

Kappe begann nun, sich zu wehren. «Vielleicht ist aber sein Geständnis doch richtig und der Widerruf falsch. Jetzt, wo er merkt, wie schlimm es im Gefängnis ist, will er den Kopf noch aus der Schlinge ziehen und lügt.»

«Dann recherchieren Sie in seinem Umkreis», sagte von Canow.

«Ja, am besten, Sie fragen den, der Ihnen den anonymen Brief geschrieben hat», höhnte Dr. Kniehase.

Kappe hatte sich nun so weit von seiner Niedergeschlagenheit erholt, dass er kühl zu kontern vermochte. «Danke für den Hinweis. Da hat es außer mir offenbar noch jemanden gegeben, der überzeugt war, dass Dlugy Tilkowski erschossen hat.»

Von Canow klatschte in die Hände. «Wir sind hier kein Debattierklub, ich will Ergebnisse!»

Damit waren sie entlassen, und Kappe setzte sich an seinen Schreibtisch, um nachzudenken. Es schien keine andere Möglichkeit zu geben, als noch einmal ins Gefängnis zu fahren und Dlugy selber nach seinem Freundeskreis zu fragen. Galgenberg würde sicher mitkommen.

«Nee.» Galgenberg schüttelte den Kopf. «Wozu denn in die Ferne schweifen ...? Einen seiner Freunde kennen wir ja schon: diesen Priebisch.»

«Gott, ja!» Kappe erinnerte sich wieder. Bei dessen Verfolgung hatte er schließlich den Blumentopf auf den Kopf bekommen. «Rufen wir mal bei der Zimmermanns-Innung an, die werden ja wissen, bei welcher Firma er arbeitet.» Zehn Minuten und zwei weitere Telefongespräche später hatte Kappe herausgefunden, dass Albert Priebisch auf einer Großbaustelle in der Potsdamer Straße im Einsatz war. «Beim Sportpalast.»

Sie gingen zur Straßenbahnhaltestelle hinunter und fuhren mit der 74 zur Potsdamer Straße. Dort entdeckten sie Priebisch im Gebälk des Dachstuhls. Kappe rief nach oben, er möge doch bitte für einen Augenblick nach unten kommen.

«Ach, Sie sind das ...»

Jetzt hatte Priebisch ihn erkannt, und Kappe hatte Angst, er würde mit dem Hammer nach ihm werfen, doch der Zimmermann schien heute friedlich gestimmt. «Wir sind wegen Dlugy hier», begann Kappe. «Er hat sein Geständnis widerrufen – was meinen Sie denn dazu?»

Priebischs Gesicht hellte sich auf. «Wenn das stimmt ... Kein Mord, nur eine geringe Strafe, weil er eine Straftat vorgetäuscht hat ... Das wäre schön.»

«Wie sicher waren Sie sich denn, dass er Tilkowski erschossen hat?», fragte Galgenberg.

Priebisch zögerte mit einer Antwort. Warum, war Kappe klar: Er musste nach einer Antwort suchen, die für Dlugy das meiste brachte – und die konnte nur lauten: «Eigentlich hab ich es nicht geglaubt.» Und so kam es dann auch. Sie fragten ihn noch nach dem weiteren Freundeskreis Dlugys und bekamen die Namen Ludwig Latzke, Johannes Sprotte und Luise Waldschischeck genannt. Letztere sei mit Dlugy liiert gewesen.

Kappe zuckte unwillkürlich zusammen. «Ist das etwa der Ludwig Latzke aus Wendisch Rietz, der Anstreicher?»

«Ja, der kennt Sie ganz genau.»

Kappe war es gar nicht so lieb, dass Galgenberg das mitbekam, denn wie leicht geriet er damit in den Ruf, ein verkappter Anarchist zu sein – aber was half es?

«Wissen Sie, wo wir Latzke finden können?», fragte er Priebisch. Beide waren sich in Berlin irgendwie fremd geworden.

«Auch hier im Sportpalast, im Büro des Direktors. Da streicht er gerade die Decke.»

Als Latzke die Kriminalbeamten kommen sah, fiel er fast von der Leiter. «Ich hab's ja geahnt, dass das eines Tages mal rauskommt.»

Kappe brauchte gar nicht mehr zu fragen, es konnte sich nur um den anonymen Brief handeln. Mit seinem photographischen Gedächtnis hatte er den Wortlaut noch im Kopf: *Der Mörder des Kohlenarbeiters Paul Tilkowski ist Gustav Dlugy vom Streikkomitee. Er hat den Streikbrecher erschossen, um ein Zeichen zu setzen. Erst hat er gleich zur Polizei gehen wollen, jetzt ist er zu feige dazu.*

Kappe sah Latzke an. «Warum hast du das gemacht?»

«Tja ...» Latzke stieg langsam von der Leiter herunter. «Wenn er schon damit prahlt, dann soll er gefälligst auch ... Und du bist mein ältester Freund, ich wollte dir helfen.»

«Danke.» Kappe glaubte das nicht ganz, eher sah er einen anderen Grund. «Und außerdem ... ist diese Luise Wald ... Wald ...

na, wie auch immer ... Ist das dieselbe Luise, von der du immer so geschwärmt hast?»

«Ja.» Latzke senkte beschämt den Kopf.

«Komm, Ludwig, du bist doch dadurch noch kein Verbrecher.» Kappe suchte ihn wieder aufzurichten. «Jetzt aber einmal ernsthaft: Dlugy hat gerade alles widerrufen. Was meinst du: Hat er es getan, oder hat er es nicht getan?»

Latzke zögerte lange mit einer Antwort. «Ich glaube schon, dass er es war.»

Hermann Kappe und Gustav Galgenberg standen auf dem Kockanzschen Kohlenplatz in der Wiclefstraße und sahen zu, wie eine neue Baracke mit dem Kontor und den Umkleide- und Waschräumen errichtet wurde. Alles, was an den Brand und den Mord vom 24. September erinnerte, war beseitigt worden.

«Ich bin immer noch felsenfest davon überzeugt, dass Dlugy den Tilkowski erschossen hat», sagte Galgenberg.

«Und ich halte Gottfried Kockanz für den Täter», erklärte Kappe.

Galgenberg schlug sich mit der flachen Hand gegen die Stirn. «Das ist doch absurd!»

«Nein – logisch. Kockanz muss Tilkowski aus dem Weg schaffen, wenn er Sophie Schünow erobern will – und nichts anderes will er. Und er nutzt die Gelegenheit, die sich mit den Unruhen bietet, er weiß, dass Dlugy überall herumerzählt hat, jeden Streikbrecher niederzuschießen. Und Tilkowski war einer von ihnen. Wahrscheinlich hat ihm Kockanz viel Geld dafür gegeben, dass er sich den Streikenden nicht anschließt. Er erschießt ihn also, steckt seine Baracke an und ergreift die Flucht. Dabei stürzt er. Das hat uns das Ehepaar erzählt, welches dann die Feuerwehr gerufen hat. Und leicht humpelnd rennt er davon. Klar, dachten wir, das wird von dem Sturz herrühren, und sind gar nicht auf Kockanz gekommen.»

«Ihre Phantasie möchte ich haben!», rief Galgenberg.

Doch Kappe ließ sich nicht beirren. «Und wer hat Kockanz bei der Tat beobachtet? Keine andere als Frieda Grienerick, die hier im Nebenhaus wohnt. Sie geht nun zu Kockanz und erpresst ihn: Entweder Sie heiraten mich – oder ich gehe zur Polizei und zeige Sie an. Was bleibt Kockanz da, als ja zu sagen und die Schünow sausen zu lassen?»

«Das ist ja wie im Roman!» Galgenberg konnte sich vor lauter Heiterkeit gar nicht mehr einkriegen. «Wie bei der Marlitt oder der Courths-Mahler.»

«Jedes Leben ist ein Roman», entgegnete Kappe mit einer Wendung, die er vom Major von Vielitz hatte. «Und das von Kockanz ist eben ein Kriminalroman.»

Galgenberg war noch immer amüsiert. Er zeigte die gut 25 Meter hohe und bis zur Waldenserstraße reichende Mauer hinauf, die von den Giebeln und Rückseiten des angrenzenden Vorder- und Hinterhauses sowie des Seitenflügels gebildet wurde. «Da hat die Grienerick also in ihrer Küche gestanden und durch die Wand hindurch Kockanz dabei zugesehen, wie er seinen Kohlenarbeiter erschossen hat? Herrlich!»

Kappe musste sich eingestehen, dass seine kühne Hypothese mit diesem Argument leicht zu widerlegen war. «Vielleicht war sie auch selber unten auf dem Kohlenplatz.»

«Und dann soll Kockanz sie nicht bemerkt haben? Nee, Kappe, nee!»

Dr. Konrad Kniehase war schwer beleidigt, dass er die simple Aufgabe der Kollegen Kappe und Galgenberg zu übernehmen und Alfons Weißagk im Untersuchungsgefängnis zu befragen hatte, denn das war einfach unter seiner Würde, aber von Canow hatte es angeordnet, weil er meinte, Weißagk nicht mit Kappe und Galgenberg konfrontieren zu können.

«Sie erzählen mir jetzt alles, was Sie über Kockanz wissen», begann er.

«Was ist denn mit Kockanz?»

«Ich bin es, der hier die Fragen stellt», betonte Dr. Kniehase. «Und je mehr Sie mir erzählen, desto besser für Sie, wenn ich im Prozess gegen Sie aussagen werde. Sie waren also Hausdiener bei Kockanz?»

«Ja.» Weißagk berichtete vom Alltag in der Charlottenburger Schloßstraße und den Plänen des Kohlenhändlers, sich in Frohnau anzusiedeln.

«Woher hatte der denn das Geld dazu, hat der Kohlenplatz so viel abgeworfen?», wollte Dr. Kniehase wissen.

«Er hatte zwei Kohlenplätze und außerdem noch einen reichen Onkel in Koblenz. Leder *en gros* und *en detail*.»

«Haben Sie den mal zu Gesicht bekommen?»

Weißagk musste einen Augenblick nachdenken. «Nein. Da hat er immer sehr geheimnisvoll getan. Aber so lange war ich bei ihm auch nicht, dass wir schon ein Herz und eine Seele waren.»

«Von Fräulein Schünow hat er Ihnen aber erzählt?»

«Erzählt nicht direkt, aber ich habe schon bemerkt, dass er ihr verfallen war. Eine Photographie von ihr hat er in seiner Nachttischschublade versteckt. Die muss er Tilkowski gestohlen haben. Aber warum fragen Sie ihn nicht selber?»

«Das werden wir schon noch.» Dr. Kniehase dachte nach. Was hatte er noch fragen sollen? «Ach so: Sagt Ihnen der Name Frieda Grienerick etwas?»

«Frieda Grienerick?» wiederholte Weißagk. «Nein, nie gehört.»

Hermann Kappe und Gustav Galgenberg standen vor der Wohnungstür der Witwe Auguste Grienerick und rissen am Klingelzug. Von drinnen wurde lautes Gepolter hörbar, dann wurde mit unangenehm schriller Stimme gefragt, wer denn da sei.

«Kriminalpolizei», antwortete Kappe. «Wir ermitteln wegen der Unruhen.»

«Ick habe keene Blumentöppe uff die Blauen jeschmissen.»

«Es geht um eine Frieda Grienerick.»

«Det is meine Tochta. Die aba ooch nich.»

«Nein.» Kappe blieb geduldig. «Wir suchen Ihre Tochter nur als Geschädigte. Sie ist doch von Tumultuanten auf ihrem Milchwagen bedrängt worden. Da brauchen wir die Zeugenaussage. Wir wissen, dass sie sich bei Bolle krankgemeldet hat.»

«Ja, die hat Migräne. Die können Se nich sprechen.»

Galgenberg nahm das Wort. «Nur ganz kurz, sonst ...»

Das zeigte Wirkung, sie wurden eingelassen. «Aba warten Se mal hier uff'm Korridor, det is ja unschicklich, wenn Se meine Tochta ...» Damit verschwand sie im Schlafzimmer.

«Kann ich mal auf die Toilette?», fragte Kappe. «Bei mir pressiert es etwas.»

«Ja, jehn Se rin.»

Kappe war es aber gar nicht um seinen Stuhlgang zu tun, sondern um die Prüfung von Galgenbergs These, dass Frieda Grienerick nicht durch die Wand habe gucken können. Kappe hatte es schon öfter erlebt, dass sich Leute, die kein Fenster in ihrer Toilette hatten, selber Lüftungslöcher ins Mauerwerk gebohrt hatten. «Um nicht zu ersticken», wie sie sagten. Und richtig, auch hier in der Wiclefstraße hatte jemand versucht, den Wohnkomfort eigenhändig zu verbessern, und dabei mehrere Ziegelsteine aus der Mauer gebrochen. Es war eine Öffnung von der Größe einer Faust entstanden, wobei so sauber gearbeitet worden war, dass man sie unten vom Kohlenplatz und von der Straße aus nicht erkennen konnte. Das war wichtig, denn mit Sicherheit hätte der Hausbesitzer ein Riesentheater gemacht, wenn sie entdeckt worden wäre. Kappe freute sich mächtig, sah er sich doch darin bestätigt, ein guter Kriminaler zu sein. Nun war nur noch zu hoffen, dass sie Frieda Grienerick ein Geständnis entlocken konnten.

Sie sah blass und mitgenommen aus, wie sie da im Krankenbett lag, aber Kappe fragte sich, ob die Migräne nicht nur vorgeschoben war. Vielleicht glaubte sie, es nicht mehr nötig zu haben, als Bollemädchen durch die Gegend zu fahren, wo sie in Kürze die Frau des wohlhabenden Kohlenhändlers Gottfried Kockanz sein würde.

Kappe und Galgenberg begrüßten sie, stellten sich kurz vor, setzten sich auf zwei Stühle und warteten, bis die Mutter das Zimmer wieder verlassen hatte.

Frieda Grienerick sah sie an. «Sie wollen mich fragen, wie et war, wie die mich vom Milchwagen jestoßen haben?»

«Das auch, Fräulein Grienerick, zuerst will ich Ihnen aber mal ein schönes Märchen erzählen – das vom armen Bollemeechen und dem reichen Kohlenprinzen.» Und wie ein Märchenonkel trug Kappe ihr die Hypothese vor, die er zuvor Galgenberg gegenüber entwickelt hatte. Während er redete, guckte sie an ihm vorbei aus dem Fenster. «Na, wie nahe bin ich der Wahrheit?», fragte er sie, als er geendet hatte.

«Ich weiß von nichts», flüsterte sie.

«Schön ...» Kappe war sich nicht so ganz sicher, wie nun am besten vorzugehen war. «Wenn es wirklich so ist, wie ich vermute, und es gelingt uns, Kockanz zu überführen, dann sitzen Sie auch auf der Anklagebank – wegen Mitwisserschaft – und werden bestimmt nicht zu knapp bestraft werden. Wenn Sie aber jetzt die Wahrheit sagen, wird jeder Richter sein Mitgefühl für Sie nicht verbergen können.» Das war eine Anspielung auf die Tatsache, dass sie so ungemein hässlich war. Sie tat ihm leid, aber seine Pflicht war es, den Mörder Paul Tilkowskis der Gerechtigkeit zuzuführen. Doch wenn Frieda Grienerick kein Geständnis ablegte – und auch Kockanz schwieg –, dann hatte er wohl keine Chance, dass ihm von Canow und die Staatsanwaltschaft seine Geschichte abnahmen.

«Wenn das Guckloch nicht wäre, Fräulein Grienerick, würde ich sagen, dass ich mich irre, aber das Guckloch ist nun mal da. Und sie haben hinausgesehen, hinunter auf den Kohlenplatz, als dort ein Schuss gefallen ist. Kockanz hat Tilkowski draußen erschossen und ihn erst dann in seine Baracke geschleppt. Und Sie sind nicht zur Polizei gegangen, um ihn anzuzeigen, weil sie sofort erkannt haben, dass das die große Chance Ihres Lebens ist.»

Auch Galgenberg schien jetzt überzeugt zu sein, dass Kappe

auf der richtigen Spur war, und setzte Frieda Grienerick seinerseits unter Druck. Er öffnete die Zimmertür und rief auf den Flur hinaus: «Frau Grienerick, wo kaufen Sie denn Ihre Kohlen?»

«Bei Kockanz natürlich.»

«Und wer holt die immer hoch?»

«Icke nich, die Frieda.»

Galgenberg nickte und wandte sich wieder dem Bollemädchen zu. «Da müssen Sie Kockanz also gekannt haben. Er hinkt zwar, hat aber doch so ein bisschen was Aristokratisches an sich, und Geld hat er auch. Was für eine Partie!»

«Eigentlich völlig unerreichbar für Sie», stieß Kappe nach. «Dann aber beobachten Sie ihn, wie er Tilkowski erschießt – und haben ihn von da an in der Hand.»

«Ich weiß von nichts.» Frieda Grienerick blieb dabei.

Kappe stand auf. «Gut, dann werden wir einen Haftbefehl gegen Sie erwirken.»

«Wenn Sie aber die Wahrheit sagen, bleibt Ihnen das erspart», fügte Galgenberg hinzu.

Gottfried Kockanz stand mit seinem Automobil vor dem Kohlenplatz und sah zum Mietshaus hinauf, in dem Frieda Grienerick wohnte. Er war gerade vorgefahren, als Kappe und Galgenberg im Hauseingang verschwunden waren. Dass sie zu Frieda wollten, erschien ihm sicher, die große Frage war nur, ob sie wegen des umgestürzten Milchwagens oder des Mordes an Paul Tilkowski gekommen waren. Hatte sich Frieda ihrer Mutter anvertraut und war die Alte zur Polizei gelaufen, oder hatte Frieda selber die Nerven verloren? Oder hatte gar Weißagk etwas mitbekommen und die Kriminalen auf seine Spur gebracht. Aber auch Sophie Schünow konnte ihn angezeigt haben. Nüchtern betrachtet, war seine Lage nicht sehr schön. Automatisch ging sein Blick zu dem Guckloch hoch, durch das Frieda Grienerick gesehen hatte, wie Paul Tilkowski von ihm erschossen worden war. Nach heftigem Streit und im Affekt – aber wer würde ihm das schon abnehmen? Der Staatsanwalt würde auf Mord aus niedrigen Beweggründen plädieren – und das konnte den Galgen bedeuten.

Wie findig war dieser junge Kriminale, dieser Kappe? Davon hing sein Schicksal ab. Der Ältere war zu sehr biederer Handwerker, um hinter alles zu kommen. Doch wenn dieser Kappe erst einmal Witterung aufgenommen hatte, dann jagte er offensichtlich verbissen hinter seiner Beute her – selbst wenn er dabei das eigene Leben riskierte, wie er es im Fall Weißagk mit den beiden spektakulären Versuchen, ihn festzunehmen, getan hatte.

Kockanz dachte nach. Am besten war es, er fuhr nach Hause und packte alles zusammen, um unterzutauchen. Ein erstes Versteck auf deutschem Boden hatte er sicher, und wenn ein wenig Gras über die Sache gewachsen war und man an den Grenzen nicht mehr nach ihm fahndete, konnte er ins Ausland gehen, am besten in die Vereinigten Staaten.

Er fühlte sich schlaff und glaubte, schon Fieber zu haben, die übliche Influenza, wenn der Herbst begann, schaffte es aber, in seine Wohnung zu fahren, alles in zwei Koffer zu stopfen, was ihm wichtig war, und diese ungesehen in seinem Auto zu verstauen. Das parkte etwa hundert Meter von seinem Wohnhaus entfernt, sodass er dessen Eingang voll im Blick hatte. Kamen Kappe und Galgenberg in der nächsten Stunde, würde er sofort Berlin verlassen, kamen sie nicht, konnte er in seine Wohnung zurückkehren, dann war die Gefahr vorüber. Wenn er zwischen dem Galgen und der Grienerick zu wählen hatte, dann war die das kleinere Übel.

Gottfried Kockanz begann zu warten.

SIEBZEHN
Mittwoch, 9. November 1910

DAS ERSTE GROSSE NACHSPIEL zu den September-Unruhen im Stadtteil Moabit begann vor der 3. Strafkammer des Landgerichts I, die ihre Sitzungen in den Schwurgerichtssaal des Landgerichts III verlegt hatte.

Als Kappe vor dem Gebäude des Kriminalgerichts stand, herrschte so großer Andrang, dass er lange warten musste, ehe er eingelassen wurde. Der Prozess schien ein Großereignis zu werden. Verschiedene Trupps von Schutzleuten sah man mit umgeschnallten Revolvern im Gebäude verschwinden. Kappe hatte ein ungutes Gefühl bei alldem. Auch zahlreiche Schutzleute in Zivil waren aufgeboten worden und hatten an den Treppen und auf den Gängen ihre vorgegebenen Posten bezogen. Der ziemlich geräumige Saal war kaum groß genug, um alle Angeklagten und sonstigen Prozessbeteiligten aufzunehmen. Die drei langen Pressetische waren dicht besetzt.

Kappe winkte einem Bekannten zu, dem Polizeileutnant Kulke, der für das Polizeipräsidium stenographieren sollte. Auch die kriminalpolitische Sektion des von Geheimrat Dr. von Liszt geleiteten kriminalistischen Seminars war auszumachen. Dann wurden die 34 Angeklagten, die sich zumeist in Untersuchungshaft befunden hatten, hereingeführt und, als die Anklagebank nicht ausreichte, auf den Bänken der Geschworenen platziert.

Um 9.45 Uhr eröffnete Landgerichtsdirektor Lieber die Verhandlung, unterstützt von drei Landgerichtsräten und einem Amtsrichter. Mit Rücksicht auf die außerordentlich lange Dauer der Verhandlung hielt man einen Assessor als Ergänzungsrichter in Bereitschaft. Die Anklage wurde durch den Ersten Staatsanwalt Steinbrecht und den Staatsanwalt Stelzner vertreten. Die Verteidigung bestand aus zehn Rechtsanwälten, von denen vier einen Doktor vor dem Namen stehen hatten.

Kappe war es gelungen, eine Liste mit den Namen der Angeklagten zu organisieren. Nur ein Kohlenarbeiter war unter ihnen, dazu kamen zwei Kutscher. Zwar überwogen die Arbeiter, aber es gab auch mehrere Schlosser und jeweils einen Schiffer, Barbier und Kunstmaler. Das größte Aufsehen erregten die fünf Frauen auf der Angeklagebank. Kappe zählte nach und staunte, dass nur sieben der Angeklagten vorbestraft waren, davon nur zwei erheblich. Sein Kommentar dazu war nur ein langgezogenes «Hm ...», denn nach Mob sah das hier wahrlich nicht aus.

Es begann nun eine endlose Debatte um Verfahrensfragen, und Kappe war geradezu froh über die kleine Abwechslung, die ihm die Angeklagte Elli Reinhardt, eine Näherin, bereitete. Während der Ausführungen ihres Anwalts begann sie heftig zu schluchzen und musste aus dem Saal geführt werden.

Besonders ins Zeug legte sich der Anwalt Blau. «Mein Klient, der Monteur Josef Albrecht, würde körperlich und wirtschaftlich aufs Schwerste geschädigt werden, wenn man ihn zwänge, vier Wochen lang den Verhandlungen gegen die übrigen Angeklagten beizuwohnen. Ich stelle also den Antrag auf Abtrennung. Zudem ist er ein ‹Gelber›, steht also zu den sozialdemokratischen Exzessen in keinerlei Zusammenhang.»

«Ich protestiere aufs Schärfste dagegen, dass hier von sozialdemokratischen Exzessen gesprochen wird!», rief der Rechtsanwalt Dr. Rosenfeld dazwischen. «Es handelt sich hier eher um Exzesse der Schutzmannschaft.»

Das ging dem Landgerichtsdirektor zu weit. «Ich untersage Ihnen hier derartige Redewendungen!»

«Auch ich weise die Behauptung, dass es sich um sozialdemokratische oder gewerkschaftliche Unruhen handelt, scharf zurück!», ließ sich der Rechtsanwalt Dr. Heinemann vernehmen.

Dr. Heinemann war es auch, der im Namen der Verteidigung den Antrag stellte, die Sachen, die nach ordnungsgemäßem Geschäftsplan nicht vor die 3. Strafkammer gehörten, abzutrennen und vor die zuständige Strafkammer zu verweisen. Zur Begründung warf er derart mit Paragraphen um sich, dass Kappe der Kopf zu dröhnen begann, und auch die Rechtsanwälte feuerten noch einmal aus allen Rohren.

Das Gericht zog sich nun zur Beratung zurück. Inzwischen wurde die Angeklagte Reinhardt, der unwohl geworden war, wieder in den Saal geführt und ans Fenster gesetzt. Kappe erinnerte sich, dass man sie in der Zeitung «die Petroleuse» nannte, weil sie es gewesen sein sollte, die einem Polizeileutnant eine brennende Petroleumlampe ins Gesicht geschleudert hatte. Nun führte man die Angeklagten zum Mittagessen ab.

Nach der Pause verkündete Landgerichtsdirektor Lieber, dass die 3. Strafkammer nach dem Geschäftsplan sehr wohl die Verhandlung übernehmen dürfe. Daraufhin stellte der Rechtsanwalt Heine den Antrag, die amtierenden Richter wegen Besorgnis der Befangenheit abzulehnen. Von seiner Begründung verstand Kappe so wenig, als hätte der Mann chinesisch gesprochen. Er schaltete völlig ab und verfiel in eine Art Dämmerzustand. So verpasste er es beinahe, wie Landgerichtsdirektor Lieber erklärte, dass der Gerichtshof für heute jede weitere Verhandlung ablehne.

«Die Sitzung wird auf morgen, Donnerstag, 9.30 Uhr vertagt.»

Als Kappe sich langsam zum Ausgang bewegte, wurde er vom einem Journalisten des *Berliner Lokal-Anzeigers* überholt und als Kriminaler erkannt.

«Ah, Sie sind doch ... Moment ... der Kappe mit der verkohlten Leiche.»

«So ist es.»

«Was gibt es denn Neues im Mordfall Kohlenplatz?»

Kappe war von dieser Frage nicht eben begeistert. «Eigentlich nichts. Gustav Dlugy bleibt dabei, den Mord an Paul Tilkowski *nicht* begangen zu haben, und das Milchmädchen Frieda Grienerick schwört Stein und Bein, wirklich gesehen zu haben, wie Kockanz den Tilkowski erschossen hat. Und Kockanz selber ist seit dem 11. Oktober spurlos verschwunden, wie vom Erdboden verschluckt. Was als Tateingeständnis zu werten ist. Aber solange wir ihn nicht haben ... Und da habe ich jede Hoffnung fahren lassen.»

«Sie hatten sich Ihren ersten Fall als Berliner Kriminaler sicher anders vorgestellt?»

«Und ob.» Fast wäre Kappe das herausgerutscht, was Galgenberg in solchen Fällen immer sagte: Da können Sie getrost einen drauf lassen.

ACHTZEHN
Sonntag, 20. November 1910

HERMANN KAPPE saß mit zwei seiner drei Geschwister im Zug. Sie hatten sich verabredet, vom Görlitzer Bahnhof gemeinsam zum 47. Geburtstag ihres Vaters nach Wendisch Rietz zu fahren. Es ging sehr kurzweilig zu.

Oskar, der als Feldwebel beim 1. Garde-Dragoner-Regiment in der Belle-Alliance-Straße diente, schwärmte von der Eröffnung des Sportpalastes in der Potsdamer Straße. «Letzten Donnerstag ... Ich hatte eine Karte, weil mein bester Freund beim Trommel-Korps des Leibgarde-Husaren-Regiments ist und die da mitgemacht haben. Ich kann euch sagen! Zweihundert Eiskünstler sind da aufgetreten! Und Mädchen dabei – unglaublich! Dazu der Kosleck'sche Bläserbund und die Hauskapelle. Zehntausend Leute passen in den Sportpalast rein. Und dann die Beleuchtung – märchenhaft! So hell wie eine halbe Million Kerzen.»

«Gott, die alle anzünden!», rief Kappe, seinen Bruder auf den Arm nehmend. «Was das an Streichhölzern kostet. Und eine halbe Million durch zehntausend – da muss jeder Besucher fünfzig Stück anzünden, bevor es richtig hell ist.»

Pauline hatte viel von ihrer Herrschaft zu berichten. «Er ist Deutsch-Professor im Gymnasium nebenan – und vergisst immer alles. Auch seinen Afterschließmuskel geschlossen zu halten, wie die Gnädige das nennt. Er sagt Flatu ... Flatu ... Gott, wie heißt das? Flatulenz! Wo er in der Wohnung geht und steht, lässt er einen sausen. Wie macht er das bloß während des Unterrichts?»

«Am besten, er sattelt auf Chemielehrer um», sagte Oskar. «Im Chemie-Unterricht stinkt's doch sowieso immer.»

Kappe erzählte von seinem Kollegen Gustav Galgenberg. «Der mit seinen Sprüchen: ‹Sieh da, sieh da, Timotheus, die Olle fällt vom Omnibus!› Und dann immer sein: ‹Ein Satz mit ...› Ein Satz mit Bilder? Bilda man nischt ein!»

Am Bahnhof Scharmützelsee holte sie ihr Bruder Albert ab, und zu viert gingen sie nach Hause. Wilhelm Kappe, das Geburtstagskind, war auch heute morgen zum Fischen auf dem See gewesen und noch damit beschäftigt, seinen Kahn zu säubern und die Gerätschaften wieder in Ordnung zu bringen. Die Glückwünsche seiner «Berliner Kinder», wie er sie nannte, nahm er wortlos entgegen. Was sollte er auch groß sagen? Es war jedes Jahr dasselbe, und alle wussten es. Die Mutter kam, alle zu umarmen. Auch die Börnickes waren angereist, und Hermann Kappes Cousine Hertha errötete heftig, als sie ihn erblickte.

Kappe fühlte sich ungemein wohl im Schoße seiner Familie, zugleich aber erschien ihm alles fremd. Zu sehr war er schon Berliner und Kriminaler geworden.

Zum Mittag gab es Fisch – was sonst? –, und dann hieß es: «Nach dem Essen soll man ruh'n oder tausend Schritte tun.» Kappe wählte eine dritte Variante: Er holte sein altes Fahrrad aus dem Schuppen, um zum Major nach Storkow zu fahren. Das gehörte zu jedem Besuch in Wendisch Rietz. Mitkommen wollte keiner.

Es war ein trüber und nasskalter Tag, und Hertha hatte gemeint, so müsse es sein, wenn man elegische Gedichte schreiben wolle. Wie Goethe etwa: So überschleicht bei Tag und Nacht / Mich Einsamen die Pein, / Mich Einsamen die Qual. / Ach, werd ich erst einmal / Einsam im Grabe sein, / Da lässt sie mich allein.

Kappe erschrak. Wie nahe war er doch – trotz seiner Jugend – dem Grabe schon gewesen! Fast wäre er, weil er eine hervorstehende Wurzel übersehen hatte, kopfüber zu Boden gestürzt. Schlammig war der Weg am südwestlichen Ufer des Storkower Sees, und er bereute schon, sich aufs Rad gesetzt zu haben. Länger als eine Stunde konnte er ohnehin nicht beim Major von Vielitz verweilen, dann brach die Dämmerung herein. Hoffentlich war der Alte überhaupt zu Hause. Doch als sich Kappe der Villa von der Seeseite her auf etwa fünfzig Meter genähert hatte, sah er Licht in einem der hinteren Zimmer. Ein Mann stand im geöffneten Fenster, das Gesicht war deutlich zu erkennen. Das war aber nicht der Major, das war doch ... Kockanz!

Kappe bremste so heftig, dass er nun doch vom Rad fiel und im feuchten Gras landete. Und während er stürzte, begriff er schlagartig, wie alles zusammenhing.

Alle wussten, dass der Major in seiner Berliner Zeit viele Amouren gehabt hatte, und es wurde gemunkelt, dass er einige uneheliche Kinder in die Welt gesetzt habe. Und eines von ihnen trug also den Namen Gottfried Kockanz. Der reiche Onkel aus Koblenz, von dem alle berichtet hatten, die Kockanz kannten, war in Wahrheit der wohlhabende Major Ferdinand von Vielitz aus Storkow. Und zu dem, zu seinem leiblichen Vater, hatte sich Kockanz nun geflüchtet.

Während sich Kappe wieder aufrappelte, hörte er seine Cousine Hertha spotten: «Du, das ist ja wie bei der Courths-Mahler, wie wunderschön.» Er schalt sich einen Narren.

Als er sich ausreichend gereinigt hatte, schob er sein Rad durch das Gras zur befestigten Straße und kam so zur Toreinfahrt. Der Major stand schon oben auf der Freitreppe, um ihn zu begrüßen.

«Schön, dass du vorbeikommst, mein Sohn», sagte von Vielitz.

«Es ist mir stets ein Herzensbedürfnis», erwiderte Kappe und fand selber, dass das etwas gespreizt klang, schaffte es aber nicht, so unbefangen wie üblich zu sein. Wenn das mit dem nichtehelichen Kind nun doch kein Hirngespinst war und Kockanz wirklich ...? Er war viel zu aufgeregt, um strategisch vorzugehen, und fiel gleich mit der Tür ins Haus. «Störe ich? Haben Sie schon Besuch?»

«Nein», antwortete der Major. «Ich bin allein im Haus.»

Kappe lehnte sein Rad gegen die Mauer, um von Vielitz nicht ansehen zu müssen. Warum log er? Doch wohl nur, weil er Kappe seinen anderen Besucher verheimlichen wollte. Und ohne dass er eine Chance hatte, diesen Impuls zu unterdrücken, setzte er an, die Szene zum Tribunal zu machen. «Pardon, Herr Major, aber ich bin dienstlich hier.»

«Warum denn das?»

«Weil uns aus zuverlässiger Quelle berichtet worden ist, dass sich ein gewisser Gottfried Kockanz bei Ihnen aufhalten soll.»

«Ich kenne keinen Kockanz!», rief von Vielitz.

«... der Mörder des Kohlenarbeiters Paul Tilkowski.»

«Komm doch erst einmal herein», sagte der Major und trat zurück, um ihn vorbeizulassen.

Kappe leistete dieser Aufforderung nur zögernd Folge, zumal er keine Waffe bei sich führte. Als sie an der Stelle vorbeikamen, an der er von Weißagk erschossen worden wäre, hätte er das Schild aus dem Eisenbahncoupé nicht in der Brusttasche gehabt, knickten ihm fast die Beine weg. Zugleich aber nahm er das als Beweis für seine Hypothese, dass Kockanz und der Major zusammenhingen: Weißagk hatte bei Kockanz mitbekommen, dass es in der Villa des Majors viel zu holen gab, und sich auf den Weg nach Storkow gemacht.

«Setzen wir uns», sagte der Major. «Möchtest du etwas trinken?»

«Nein, danke, ich sage doch, dass ich im Dienst bin.»

«Vergiss das doch bitte für einen Augenblick.»

«Das kann ich nicht», beharrte Kappe.

Der Major goss sich ein Glas Rotwein ein und nahm einen Schluck. «Du hast mir viel zu verdanken, mein Sohn.»

«Ja, aber Sie mir auch. Ohne mein Eingreifen hätte Weißagk Sie erschossen. Haben Sie eigentlich von Anfang an gewusst, dass es der Diener Ihres Sohnes war?»

Der Major lächelte. «Was bist du schon für ein guter Kriminaler geworden! Eine solche Frage ... Welch ein Falle!»

Kappe war ein ungeduldiger Mensch, und als solcher wollte er die Entscheidung so schnell wie möglich. «Ich weiß hundertprozentig, dass sich Kockanz hier bei Ihnen aufhält – ich habe ihn eben beim Kommen im Fenster gesehen. Sie wissen, dass er ein Mörder ist, aus welchen Motiven heraus auch immer, und da Sie ein Ehrenmann sind, würden Sie nie einem solchen Menschen Zuflucht bieten – es sei denn, er wäre Ihr Sohn.»

«Das ist in der Tat sehr scharfsinnig geschlossen.»

«Ist es nun so, wie ich vermute, oder nicht?» Kappe führte das Gespräch immer mehr wie ein Verhör.

Der Major leerte sein Glas. «Und wenn es so wäre?»

Kappe zögerte einen Augenblick. «Dann müsste ich Kockanz festnehmen – und Sie ebenfalls.»

«Und du meinst, wir würden das zulassen?»

«Meine Familie weiß, dass ich hier bin, und meine Kollegen sind nicht aus Dummsdorf.»

Von Vielitz wollte die beiden Kerzen anzünden, die in seiner Nähe auf einem Beistelltisch standen, doch seine Hände zitterten derart, dass er mehrere Streichhölzer zerbrach und es dann sein ließ. «Ich habe Geld genug ... und ich habe in Berlin Einfluss genug, jemanden schnell steigen zu lassen ...»

«Darf ich das als Bestechungsversuch werten?»

Der Major sah ihn lange an. «Du hattest einmal gesagt, du würdest mich mehr lieben als deinen eigenen Vater. Nun beweise es ...»

Kappe war den Tränen nahe. «Und wie?»

Der Major atmete tief durch. «Ja, Gottfried Kockanz ist mein Kind, und ich muss mein Kind davor bewahren, gehängt zu werden, so groß seine Schuld auch sein mag. Niemand außer dir hat Gottfried hier gesehen, und wenn du alles vergisst, was du weißt und was du gesehen hast, dann ist er gerettet. Morgen wollte ich ihn zur Grenze bringen und sehen, dass er über Russisch-Polen in die Vereinigten Staaten kommt. Bitte, Hermann, bitte.»

Kappe saß da und war unfähig, einen Entschluss zu fassen. Es zerriss ihn schier. Ließ er Kockanz laufen, war das ein Verbrechen, und er würde nie ein großer Kriminaler werden, nahm er Kockanz fest, hatte er seinen Förderer ein für allemal verloren und musste sich vorwerfen, grob undankbar zu sein.

Auch der Major schwieg und wartete ab, wie der Kampf, der im Innern des jungen Beamten tobte, ausgehen würde. Gänzlich reglos saßen sie im Halbdunkel. Der Regulator an der Wand tickte wie ein Metronom. Die Minuten vergingen.

Da fiel nebenan im Zimmer ein Schuss, und als sie hinüberliefen, sahen sie, dass sich Gottfried Kockanz selbst gerichtet hatte.

Die Reihe

Es geschah in Berlin 1910
Horst Bosetzky
Kappe und die verkohlte Leiche
ISBN 978-3-89773-554-5

Es geschah in Berlin 1912
Sybil Volks
Café Größenwahn
Kappes zweiter Fall
ISBN 978-3-89773-555-2

Es geschah in Berlin 1914
Jan Eik
Der Ehrenmord
Kappes dritter Fall
ISBN 978-3-89773-556-9